FALSEDAD DOCUMENTAL

Y FALSEDAD TESTIMONIAL

Estudio histórico -jurídico de dos tipos delictivos

Juan Antonio Alejandre García

FALSEDAD DOCUMENTAL

Y FALSEDAD TESTIMONIAL

Estudio histórico-jurídico de dos tipos delictivos

Dykinson, S.L.

Editorial DYKINSON, S.L. Meléndez Valdés, 61 - 28015 Madrid
Teléfono (+34) 91 544 28 46 - (+34) 91 544 28 69

e-mail: info@dykinson.com
http://www.dykinson.es
http://www.dykinson.com

Consejo editorial véase www.dykinson.com/quienessomos

ISBN: 978-84-15454-56-4
Depósito Legal: M-4841-2012

Maquetación:
BALAGUER VALDIVIA, S.L. - german.balaguer@gmail.com

Impresión:
Coimpress, S.A. - clientes@coimpress.es

ÍNDICE

INTRODUCCIÓN*

Cuando en la década de los pasados años setenta me interesé por algunas modalidades del delito de falsedad, pude constatar que desde una perspectiva histórico-jurídica no existían estudios monográficos al respecto. Faltaban, en efecto, trabajos de conjunto o que se ocuparan de la falsedad en el Derecho histórico español[1]. Referencias escuetas a la institución sólo las hallábamos en las obras de algunos juristas clásicos, más o menos relevantes, quienes se centraban en la época romana[2], en tanto que penalistas contemporáneos y autores de tratados generales sobre el Derecho penal histórico sólo prestaban una mínima atención a este tipo de delito, no obstante su incidencia y su variedad a lo largo de la historia[3]. Las fuentes legales, por otra parte, no eran tampoco pródigas en cuanto a su tratamiento. Sus frecuentes silencios, sus oscuridades en ocasiones, las versiones no siempre coincidentes de

* Este trabajo se enmarca en el Proyecto de Investigación "Delincuencia y represión jurídica en España: teoría y praxis histórica de las figuras delictivas", financiado por el MICINN, y con referencia DER2009-11446-C04-01.

1 "Estudio histórico del delito de falsedad documental", en *Anuario de Historia del Derecho Español* (en adelante *A.H.D.E.*), XLII, Madrid 1972, págs. 117-187, y "El delito de falsedad testimonial en el Derecho histórico español", en *Historia, Instituciones, Documentos*, 3, Sevilla 1976, págs. 9-139.

2 Es el caso de G.G. ARCHI, "Problemi in tema di falso nel Diritto romano", en *Studi nelle Scienze Giuridiche e Sociali*, XXVI, Pavía 1941, y A. D'ORS, "Contribuciones a la historia del «crimen falsi»", en *Studi in onore di Edoardo Volterra*, vol. II, Milano 1969.

3 M. SCARLATTA-FAZIO, voz "Falsità e falso", I. Parte storica", en *Enciclopedia del Diritto*, tomo XVI, Milán 1967.

los intérpretes de los textos, planteaban una rica problemática no fácil de resolver, si bien el estudio a fondo de esos datos, la aplicación de unos criterios de valoración de la realidad y de un método histórico-jurídico me ayudaron en ese intento de reconstruir lo que ha sido la vida de la institución durante casi veinte siglos. Hoy, casi cuarenta años después de mis publicaciones, siguen siendo éstas las únicas que de modo específico abordan el estudio de estos crímenes en su dimensión histórica, lo que supone que su conocimiento no ha sido completado o actualizado desde entonces[4].

Pretendí en aquella época desbrozar el conocimiento de unas determinadas conductas, unas realidades que han existido en todo momento histórico y que se resumen en la alteración de la verdad en unas determinadas circunstancias y con unas condiciones que atribuyen a este proceder una cualificación delictiva y por ello punible.

Ahora, cuando un amplio y experimentado equipo investigador que tengo el honor de coordinar se dispone a abordar un estudio global sobre el cuadro general de delitos y penas, retomo el material que en su día publiqué y, revisándolo y refundiéndolo, me propongo ofrecer una visión de conjunto de dos tipos penales íntimamente relacionados en su devenir.

---

[4] Con posterioridad a los trabajos citados en la nota anterior se ha publicado, hace pocos años, una extensa obra, a cargo de Juan SAINZ GUERRA, *La evolución del Derecho penal en España*, Jaén 2004, que trata de los delitos que aquí nos ocupan, al estudiar los distintos sistemas jurídico-penales desde la Recepción hasta la Codificación. Pero una visión tan dilatada del Derecho penal en su conjunto condicionaba inevitablemente la profundidad del tratamiento de los tipos penales, lo que obligó al autor a limitar su estudio a las fuentes jurídicas incluidas en las Recopilaciones de carácter general, con escasas referencias a la doctrina de la época. Siendo una obra útil, a nivel manualístico, no podía, sin embargo, descender al análisis matizado de cada uno de los delitos, tarea propia de otros trabajos monográficos. Aun sin ocuparse, tampoco, de los delitos de manera pormenorizada, son válidas, respecto de los de falsedad, como respecto de cualquier otro delito, las consideraciones de conjunto formuladas en las obras ya clásicas de Francisco TOMAS Y VALIENTE, *El Derecho penal de la Monarquía absoluta (siglos XVI-XVII-XVIII)*, Madrid 1965; María Paz ALONSO, *El proceso penal en Castilla (siglos XIII-XVIII)*, Salamanca 1982, así como la monografía de esta misma autora, "Aproximación al estudio de las penas pecuniarias", en *A.H.D.E.*, LV, 1985, págs. 9-94, o las de César HERRERO HERRERO, *La Justicia penal española en la crisis del poder absoluto*, Madrid 1989, y José Luis DE LAS HERAS SANTOS, *La Justicia penal de los Austrias en la Corona de Castilla*, Salamanca 1994.

Un trabajo sobre el delito de falsedad en una perspectiva histórica exige, ya de entrada, advertir al lector acerca del ámbito o contenido del estudio así como del criterio metodológico con el que a él he pretendido aproximarme.

1. Desde un primer momento creí conveniente no limitar mi trabajo investigador a una época concreta, convencido de que ninguna etapa significaba una tajante ruptura con el orden de valores y con la regulación de épocas precedentes o sucesivas. Si se pretendía comprender el juego de la tendencia a la estabilidad pero también al cambio del ordenamiento jurídico, manifestado a través de la evolución de esta figura jurídica, y si se trataba de explicar en cada momento el origen de la coexistencia de antiguos principios y criterios de valoración junto a otros nuevos y a nuevas formas, había que empezar el estudio desde el primer momento de vida de la institución.

Buscando, pues, una mayor claridad expositiva, y en función de las conclusiones de la misma investigación, he dividido el estudio en cuatro etapas. Una primera en la que la conducta constitutiva de falsedad comienza a ser objeto de sanción y en la que el interés del Derecho romano, y también de la Iglesia especialmente ante ciertas modalidades de falsedad, elaboran una doctrina que perfilan los rasgos que en el futuro caracterizarían el hecho punible. Dicha primera etapa encuentra su continuidad en los tiempos visigodos, particularmente bajo Chindasvinto, a partir del cual el sistema jurídico heredado del pasado romano y perfilado desde su reinado se abre paso para permanecer en vigor, en algunos territorios ininterrumpidamente, durante siglos.

La Alta Edad Media si por una parte refleja la vigencia del sistema jurídico romano-visigodo, se caracteriza en general por la aparición de uno nuevo de líneas no uniformes. Una nueva valoración del concepto de falso exige diferenciar el estudio de esta época. Luego, a partir de la Baja Edad Media, por el fenómeno de la Recepción romano-canónica, se advierte una doble corriente de influencias, que conducirá a lo largo de este período y de la subsiguiente Edad Moderna a una mayor uniformidad. De un lado, la incidencia del sistema romano es clara; de otro, los criterios de valoración aportados por el Derecho canónico, especialmente en el caso de la falsedad testimonial, conseguirán imponerse. Ambos factores se verán favorecidos por un proceso de desarrollo y perfeccionamiento del procedimiento judicial, lo que proporciona a la regulación de la falsedad unas características y unos rasgos propios y diferenciados.

Finalmente, el estudio de los códigos penales históricos cerrará el panorama de la evolución. Una nueva perspectiva, unos nuevos criterios de valoración no siempre inalterados, impuestos por las nuevas tendencias políticas y filosóficas que se suceden y alternan llegarán a caracterizar la época decimonónica y una gran parte del pasado siglo, de forma que la regulación tradicional del delito en su diferente tipología será desplazada.

El lector advertirá que dedico, comparativamente, mayor atención a las épocas intermedias. Era necesario hacerlo así: la diversidad de soluciones que ofrecen las fuentes altomedievales y los problemas interpretativos de las mismas requerían un estudio más detallado; por otra parte, la riqueza de datos que las fuentes doctrinales aportan en las épocas Bajomedieval y sobre todo Moderna exigían igualmente un planteamiento más amplio.

2. Es indudable que todos tenemos una idea clara de lo que en el lenguaje común se entiende por falsedad, pero en cambio no resulta fácil delimitar el concepto bajo un prisma estrictamente jurídico y mucho menos si de enfocarlo en una dimensión histórico-jurídica se trata. La mayor parte de los autores que de alguna forma se han ocupado del tema han eludido esa responsabilidad, limitándose a presentar una serie de supuestos que caen dentro de un pretendido denominador común de "falsos", circunstancia que por otra parte aparece ya, como veremos, en la primera ley que sobre la falsedad conoció el mundo romano[5].

Sucesivamente a las figuras consideradas en un principio como constitutivas del delito de falsedad se han ido agregando supuestos dispares, cuya relación con aquéllas resultó a veces tan poco clara que dio lugar a la aparición del término "quasi falsum"[6] bajo el que englobarlos,

[5] Es la postura adoptada, entre otros, por W.REIN, *Das Criminalrecht der Römer von Romulus bis auf Justinian*, Leipzig 1844, págs. 774 y ss.; C. FERRINI, voz *"Falso (Materia penale. Diritto Romano)"* en *Il Digesto Italiano*, vol. XI, parte 1ª, ed. Torino 1895, págs. 218 y ss.; G. SALVIOLI, *Storia del Diritto italiano*, Torino 1921, parte IV, cap. VII, pág. 731.

[6] MARCIANO (*Digesto* 48,10,1,13) se refiere a la *pœna falsi vel quasi falsi*; MODESTINO (D. 48,10,27,pr.) se ocupa del *quasi falsum*, y en el *Código* 4,19,24 (378) se encuentra la expresión *quasi falsarii*. Manejo el *Corpus Iuris Civilis*, ed. KRUEGER, MOMMSEN, SCHOELL, Berlin 1928–1929.

lo que supone una obligada constatación de la divergencia apuntada, ya que el único punto común entre unos y otros, y a la vez motivo de la expansión conceptual operada, fue en ocasiones la identidad en cuanto al tipo de penas aplicable a todos ellos: el cohecho o la venalidad de jueces o testigos, la suposición de parto o el uso indebido de insignias eran algunos de los casos englobados bajo el concepto de falsedad.

Esta somera enumeración de tipos de falsedad, ofrecida por vía de ejemplo, es suficiente ya por sí misma para ponernos en guardia ante el peligro de dispersión que lleva consigo el estudio del delito si en él nos adentramos guiados por un concepto. En nuestro caso concretamente, aparte del desbordamiento al que nos conduciría este método de trabajo, es necesario advertir que el propio término "falso" ha experimentado una evolución semántica que, forzosamente, incrementaría las dificultades apuntadas. Así, si falso en Roma es quien altera un testamento, quien fabrica moneda sin autorización o quien declara en juicio lo contrario de la verdad, en la Edad Media falso es quien merece desconfianza o parece engañoso. Las expresiones ya entonces usuales "falso y traidor", "ser más falso que Judas", etc., denotan bien claramente la idea apuntada.

La imprecisión terminológica de las fuentes no contribuiría, por otra parte, a facilitar una historia conceptual de la falsedad. Las expresiones "falsum", "falsitas", "falsía", "falso", "falsario" aluden tanto a la cualidad o condición de lo falso, material o personal, como a la acción o efecto de falsificar, ignorando todo matiz que entre ellas pudiera revelar una cierta diferenciación.

No quiere esto decir que el estudio histórico del concepto de la falsedad carezca de interés, pero sin duda este sistema no podría servir de base a un trabajo que se refiere a instituciones y a un método bien definido que tiene en cuenta ante todo unos hechos y no sólo la calificación de los mismos. Este planteamiento significa que fuera de este estudio habrán de quedar muchos supuestos que en algún momento las fuentes han calificado como falsedad, en tanto que conductas que han sido penadas sin recibir tal nombre serán objeto de atención.

Así, pues, necesariamente habremos de conocer desde un principio las circunstancias que concurren y delimitan tales hechos o conductas a fin de ser incluidos en este trabajo. Y para ello conviene no despreciar algunos intentos de definición de la falsedad ofrecidos desde varios puntos de vista y con diferentes criterios, pues en ellos late siempre

–y en este sentido merecen ser considerados– una idea más o menos completa y aprovechable de la institución.

Entre los jurisconsultos de la época clásica la falsedad se identifica con la imitación de la verdad[7], y en el mismo sentido se expresa la idea en una constitución de Justiniano del año 538[8]. La amplitud es, pues, el común denominador de estas definiciones, y esa misma característica la encontramos en San Isidoro –para quien falsedad "aliud quam verum est"[9]– o en los posglosadores[10], reflejándose al fin en la concisa y tantas veces repetida afirmación de las *Partidas*: "falsedad es mudamiento de la verdad"[11]. En la misma línea y en fechas no lejanas otras definiciones insisten en relacionar el término con una idea amplia de engaño, de alteración de la verdad[12]. De esta forma falsedad y mentira devienen términos similares y la materia sobre la que pueden recaer coincide prácticamente con todo género de actividad humana.

Pero fácil es comprender que quienes pretenden hallar un concepto válido de la falsedad desde un punto de vista jurídico se ven compelidos a recortar los anteriormente expuestos, mediante la inclusión de ciertos elementos que componen la figura penal que aquí se estudiará. En este sentido se ha querido encontrar en la idea de la necesaria presencia de dolo el requisito esencial para perfilar la noción de delito. Pero tampoco basta: téngase en cuenta que, partiendo de la consideración

---

7 La frase de PAULO, *Sententiæ Receptæ* –edit. *Fontes iuris romani anteiustiniani* (F.I.R.A.), *Auctores*, Florencia 1940, pág. 410–, V,25,3: "Falsum est quidquid in veritate non est, sed pro vero adseveratur", recoge la idea común de la falsedad. Esta regla pasa a la *Collatio legum Mosaicarum et Romanarum*, ed. F.I.R.A. cit., pág. 565: VIII,6,1.

8 *Nov. Just.* LXXIII pr.: "nihil aliud est falsitas nisi imitatio veritatis".

9 ISIDORI HISPALENSIS EPISCOPI, *Etymologiarum sive originum libri XX*. Instruxit W.M.LINDSAY, Oxonii 1966, tomo I: V,26 De criminibus in lege conscriptis, 9: "Falsitas appellata a fando aliud quam verum est".

10 Así, en PLACENTINO, *Summa Codicis*, reed. Torino 1962, glos al libr. IX del Código, tít. 22 *Ad leg. Cornel. de falsis* (pág. 439): "Falsitas nihil aliud est quod veritatis inmutatio". La misma definición sería aceptada por P. NÚÑEZ AVENDAÑO, *Quadraginta responsa, quibus quam plurimæ leges regiæ explicatur*, Salamanca 1576, fol. 150 r., núm. 31, tit. De las exceptiones.

11 *Partidas*, ed. Los *Códigos españoles concordados y anotados*, Madrid 1872: VII,7,1, "Que es falsedad, e que maneras son della...".

12 Ya J.F.PACHECO, *Comentario histórico, crítico y jurídico a las Leyes de Toro*, Madrid 1876, tomo II, pág. 472, explicaba que "falsear los hechos, afirmar lo contrario de lo que pasó es lo que se llama pura y sencillamente ocultar la verdad, desfigurarla, contradecirla, sustituir en suma la mentira a la certeza".

de que falsedad es ocultación de la verdad con dolo y "veritas" es un término sinónimo de "directum", llegaríamos a la conclusión de que falsedad es todo acto contra derecho, con lo cual todo acto penal o civil contrario a derecho sería objeto de esta investigación. Por otra parte, la exigencia de dolo, si bien suele acompañar a la noción jurídica de la falsedad, no siempre ha estado presente: las primeras formulaciones del delito de falsedad en la Ley Cornelia contemplaban el "crimen falsi" y no exigían que la actuación del reo hubiera de ser dolosa. Y es que en este punto habría que distinguir según qué objeto o qué conducta es motivo de falseamiento. Así, la falsificación de monedas o de testamentos encierra una ofensa contra el príncipe, cuyo rostro está esculpido en aquélla, o contra la fe pública que protege el testamento. Aunque no existiera dolo, cuando tales ideas están en vigor, habría delito. Si, por el contrario, se trata de un documento privado, resultaría esencial. Por ello, sin perjuicio de afirmar con carácter general que la actuación dolosa del sujeto es relevante en este punto, habrá de ser examinado cada caso concreto y dentro del contexto de cada época para ver de qué forma influye en la configuración del delito[13].

Algo similar se podría decir del perjuicio ajeno (o del beneficio propio injusto) derivado del proceder del sujeto activo del delito. ¿Es necesario que el "animus fraudandi" se traduzca efectivamente en un daño apreciable? En unas ocasiones ese perjuicio es consustancial con la realización material del acto (la fabricación de moneda falsa lesiona los intereses de la comunidad), pero otras veces el daño no se produce aunque el delito exista (la modificación del contenido de un documento nulo; la declaración falsa de un testigo si, pese a ella, el acusado es absuelto). Una afirmación categórica sobre este extremo no puede formularse. La doctrina discrepa sobre si basta con el riesgo

[13] La regla formulada por ULPIANO a propósito del testamento y el testimonio fue entendida en sentido genérico por los glosadores y comentaristas que posteriormente se ocuparon del desarrollo de esta cuestión. Dicha fórmula aparece recogida en los siguientes términos en el *Digesto* XLVIII, 10,9,3: "Pœna legis Corneliæ irrogatur ei, qui quid aliud, quam in testamento, *sciens dolo malo* falsum signaverit signarive curaverit; ítem qui falsas testationes faciendas testimoniave falsa invicem dicenda *dolo malo* coierint". Entre muchos autores modernos la idea del dolo sigue siendo esencial. Ver W: REIN, *Das Criminalrecht der Romer*, cit., pág. 774: C. FERRINI, voz *"Falso"*, cit., pág. 218 –para quienes falsedad es "alteración dolosa de la verdad"– y T. MOMMSEN, *Römisches Strafrecht*, Darmstadt 1955, pág. 668 –"engaño intencionado de palabra o de obra"–.

de perjudicar a alguien o si el necesario que el daño sea efectivo para que la acción sea punible. Por ello basta por ahora con dejar constancia de que, como en el caso del dolo, el perjuicio ajeno es un elemento a tener en cuenta en cada circunstancia, en cada época y en cada lugar. Las definiciones del delito de falsedad como alteración de la verdad en forma dolosa y en perjuicio ajeno sólo sirven de orientación y nunca pueden ser aceptadas con carácter absoluto[14].

Sin olvidar el papel que estos dos últimos elementos representan en cada momento, la alteración de la verdad se ha plasmado en principio en tres actuaciones concretas cuyo objeto es el testamento, las monedas y los sellos. He aquí el núcleo inicial, el conjunto de hechos punibles como falsos del que derivan otros muchos en virtud de una evolución gradual e histórica que se prolonga hasta la época actual.

Del testamento, como tipo especial y relevante de documento protegido por la "fides publica", se pasaría a través de una evolución paulatina a considerar como falsa la alteración de cualquier otro documento extratestamentario provisto, como aquél, de sellos, y posteriormente a todo tipo de documentos, entre los que en cierto momento se distinguirían por su diferente régimen, los procedentes del rey o del papa, y más adelante los documentos públicos de los privados, según reciban su autoridad y fuerza de la función pública que ejerce alguno de los

[14] La idea de la exigencia de que de la alteración de la verdad derive un perjuicio ajeno para que aquélla sea sancionable es formulada con claridad por BALDO, *Consiliorum sive responsorum*, Venetiis 1575, I, cons. XIV, núm 2, fol. 6 r.: "fraus non dicitur nisi damnum euenit vel venire possit". Sin perjuicio de que en su momento se señalen las discrepancias al respecto, he aquí cómo formulan las reglas en términos generales algunos autores: J. SESSÉ, *Decisionum Sacri Senatus Regii Regni Aragonum, et Curiæ Domini iustitiæ Aragonum, causarum civilium et criminalium*, Zaragoza 1611-1624, vol. I, pág. 721, dec. CIX, núm. 11: "Falsitas (ut puniatur) debet nocere vel posse nocere". La influencia de los comentaristas y, concretamente, de BALDO, es indudable. Aludiendo a los tres requisitos, Antonio GOMEZ, *Ad leges Tauri commentarium*, Madrid 1794, pág. 726, señala que "falsitas est delictum publicum quod committitur quando quis scienter et dolose mutat substantiam veritatis in praejudicium alterius", y en el mismo sentido Diego FRANCO, *Fueros y Observancias de Aragón*, ed. Zaragoza 1743, tomo II, pág. 387, coment. al fuero *De crimine falsi*, 1, de 1247: "Sciendum tamen et animadvertendum est quod falsitas tria copulative requirit, videlicet: mutationem veritatis, dolum atque partis interesse". Y aún a comienzos del siglo XIX, DOU Y BASSOLS, *Instituciones de Derecho público general de España con noticia del particular de Cataluña*, Madrid 1802, tomo VII, pág. 417, recordaba que "el delito de falsedad no es otra cosa que alteración de la verdad con dolo y perjuicio de tercero".

que en ellos intervienen o del carácter particular de los otorgantes. Especialmente tendrá en cuenta el Derecho la actuación fraudulenta realizada por medio del escrito cuando el sujeto que la ejecuta está investido de la fe pública o pertenece al estado religioso, en cuyos casos la gravedad del delito se incrementa.

El mismo desarrollo de la escritura y la diversificación documental que, especialmente, la vida burocrática origina, determinará la aparición de nuevas formas delictivas de falsificación documental que encontrarán su más amplio reflejo en los Códigos modernos.

En íntima relación con el documento, los sellos o "signa" representan en un principio la prueba de autenticidad de aquél. De ahí su importancia y el hecho de que su necesaria protección determine el especial tratamiento penal de las manipulaciones fraudulentas sobre los mismos o su fabricación dolosa, supuestos ambos que se califican de falsedad. Pero con el tiempo su función iba a ser representada mediante otro procedimiento, y al complicado mecanismo de su confección y colocación sustituiría otro sistema más sencillo y no menos eficaz que habría de merecer la misma protección jurídica que aquél recibiera. A la falsificación de sellos propiamente dicha sucede la de estampillas y firmas que recogen en su lugar los Códigos modernos, y que acaban por confundirse con una forma más de falsificación documental.

Por otra parte, desde fechas remotas fue objeto de sanción, como una modalidad también de falsedad documental, la confección o utilización en juicio de falsas pruebas testificales escritas. La evolución procedimental hacia formas orales había de determinar una lógica expansión del concreto supuesto previsto en un primer momento a otros testimonios no escritos, para comprender finalmente toda actuación fraudulenta cometida tanto por los testigos como por las partes, es decir, el falso testimonio en términos amplios.

He aquí sucintamente expuesto el objeto de este trabajo, al que he de dedicar por este orden las páginas que siguen. Las dos modalidades básicas de falsificación que algunos autores han distinguido, la realizada por medio de la escritura y la ejecutada por medio de la palabra (dejando para otro momento lo referente a la falsificación de moneda), serán expuestas en los capítulos que siguen.

LA FALSEDAD DOCUMENTAL

I. SISTEMA ROMANO-VISIGODO

A. Evolución

1. A la regulación de la falsedad documental se llega a través de la evolución experimentada a partir de un supuesto concreto: la falsedad testamentaria. Tal circunstancia exige, por tanto, que este estudio deba comenzar refiriéndose a aquel núcleo o punto de partida y a la ley que lo contempla, para comprender después las líneas evolutivas que, tomando como base la especie, conducen en el transcurso del tiempo a la generalización del delito a toda clase de documentos.

Al parecer, la más antigua regulación de la falsedad data de la llamada *Ley Cornelia testamentaria nummaria*, cuyo texto y contenido no nos es conocido directamente sino por referencias posteriores que, si bien pueden ser exactas, también pueden haber sido interpoladas o recoger una imagen deformada de la primitiva ley. De ahí que el estudio de ésta haya planteado una serie de dudas y problemas, en parte aún no resueltos. Las discrepancias surgen ya a propósito de su fecha. Sin profundizar en este punto, señalemos que hoy parece aceptarse el año 81 a.C., como el momento de su promulgación, lo que la haría coetánea posiblemente de otra ley Cornelia contra sicarios y envenenadores, y pertenecería como ésta al grupo de leyes criminales silanas[15].

---

[15] A. D'ORS, "Contribuciones a la historia del «crimen falsi»", cit., pág. 544, parece aceptar sin discusión la fecha indicada. Tampoco la denominación de la ley parece fuera

Sabemos ciertamente que en la citada ley se sancionaba la falsedad de testamentos y ello da pie para plantearse una primera pregunta: ¿cuál es la razón de que la ley se limite sólo a esta especie documental, dejando al margen de su ámbito la posible falsedad de cualquier otro tipo de documentos? Las opiniones se dividen una vez más en este punto. Unos autores llegan tan sólo a afirmar que tal limitación resultaba inadmisible, pero sus opiniones no son argumentadas[16]; otros esquivan el problema[17]; y sólo algunos, como Archi, aportan soluciones dignas de tenerse en cuenta. Para este autor la explicación –que D'Ors no discute[18]– se halla en la importancia que el testamento tuvo desde antiguo en la vida jurídica y social romana, y por ello, en virtud de una disposición del "ius honorarium" el pretor concede la "bonorum possessio secundum tabulas" a quien presenta a su favor las "tabulæ

de dudas. Junto a la forma apuntada, que parece más general, las fuentes la designan también *Lex Cornelia de testamentis*, *Lex Cornelia testamentaria* y *Lex Cornelia de falsis*, aunque esta última terminología correspondería a una época posterior –tal vez a la época clásica tardía– en la que se ha operado una evolución sustancial en cuanto a su ámbito, que excede ya no sólo del testamento en sí sino incluso del documento propiamente dicho (G.G. ARCHI, "Problemi in tema di falso nel Diritto romano", cit., pág. 11, nota 1). Pero en cualquier caso, la denominación más frecuente recuerda de una parte al dictador Lucio Cornelio Sila, que la promulgó, y de otra el doble contenido inicial de la misma, referente sobre todo al testamento y a las monedas como objetos de falsificación. Pero esta última afirmación también ha sido ampliamente discutida y modernamente la doctrina discrepa acerca del hecho de tratarse de una única ley o de dos. Así, basándose en el doble calificativo y en la diversidad de materias de que se ocupa, Pothier, secundado por otros autores, mantuvo la tesis de la existencia de dos leyes distintas, una Cornelia "testamentaria" y otra Cornelia "nummaria" (R.G. POTHIER, *Le Pandette di Giustiniano*, vol. VI, Prato 1836, pág. 548. Posteriormente, P. COPELLI, *Il delitto di falso documentale (falsità in atti)*, Bologna 1911, pág. 56.), pero frente a esta hipótesis se manifiesta hoy la común opinión de los investigadores que con más profundidad se han ocupado del tema, para los cuales se trataba de una sola ley dividida en dos capítulos, dedicados respectivamente a las materias citadas. Pareciendo esta última opinión más fundada, según más adelante tendré ocasión de exponer, prescindo ahora del estudio de la falsedad de monedas y, limitando las referencias a la falsedad de sellos en la medida en que guarda relación con la de documentos, me ocuparé inicialmente de la falsificación testamentaria.

16 ZUMPT, *Criminalrecht*, II, 65, cit. Por ARCHI, *Problemi in tema di falso*, pág. 61.

17 C. FERRINI, *Diritto penale romano. Esposizione storica e dottrinale*, Milano 1902.

18 A. D'ORS, "Contribuciones", pág. 545.

testamenti" en la forma que el Derecho prescribe[19]. De esta forma se acrecienta la importancia del testamento sobre cualquier otro documento, fenómeno que la doctrina expresa señalando que aquél pasa de ser mero instrumento de prueba a convertirse en elemento esencial del Derecho, ya que sin la existencia de las "tabulae" no se puede invocar la ayuda del pretor.

En cualquier caso conviene advertir que el documento romano comienza siendo privado, pero en algunos casos –como en el del testamento que examinamos– su repercusión en la sociedad es amplia, ejerciendo una indudable influencia política (tal sucede en virtud de la institución de heredero, merced a la manumisión de esclavos, etc.), por lo que puede afirmarse que el testamento goza de la autoridad de ley, aunque sea privada. Todo ello supone que el interés general hacia ese tipo concreto de documentos –puesto que excede de la esfera estrictamente particular– motivara sin duda una tutela jurídica especial de los mismos, así como la necesidad de salir al paso de cualquier manipulación fraudulenta que, realizada sobre ellos, alterara sus contenidos o sus normales efectos jurídicos.

Pero aún cabe preguntarse cuál es la razón de que hasta la ley Cornelia no hubiese sido objeto de sanción específica la falsedad testamentaria, y la respuesta se nos presenta en consonancia con la evolución misma que el testamento ha experimentado. Antes, en efecto, la sucesión tenía lugar generalmente *ab intestato*, o bien el testamento era realizado en presencia del pueblo, "comitis calatis", o bajo la fórmula "per aes et libram". Incluso el testamento "in procincto" del soldado tenía lugar ante el ejército en armas. En tales casos el testamento no resultaba fácilmente susceptible de falsificación. Pero posteriormente, en una fecha inconcreta pero no lejana de la época de Sila, nuevas formas testamentarias comienzan a ser usuales, llegando a hacerse en privado, en secreto, y dando lugar al triunfo de la forma escrita en el "testamentum per scripturam"[20] , mucho más al alcance de la obra del falsificador[21], y no es de extrañar que la ola de alteraciones y violencias que caracterizó la época de Sila alcanzara también al testamento –y mucho más fácilmente a la moneda– dando lugar a la ley Cornelia, llamada a reprimir tales abusos. La falsedad testamentaria, hasta

[19] G.G. ARCHI, "Problemi in tema di falso", pág. 61.
[20] B. BIONDI, *Istituzioni di Diritto romano*, Milano 1952.
[21] P. COPELLI, *Il delitto di falso documentale*, pág. 58.

entonces "delictum", pasaría de esta forma a convertirse en "crimen" perseguible por el Derecho público.

Sin embargo, antes de la citada ley la falsedad testamentaria debió ser también objeto de sanción, aunque por una vía distinta. No regulada por ninguna ley especial, sólo podía ser perseguida, como apunta Mommsen, por uno de estos dos medios: invocando el vago concepto de los delitos contra el Estado o bien aplicándole por interpretación extensiva alguna de las leyes especiales publicadas en vista de otros casos[22].

En estas circunstancias surge la ley Cornelia, regulando conjuntamente la falsificación de testamentos, de monedas y de sellos, triple objeto que aparentemente puede resultar falto de conexión, y por ello extrañar –como sucedió a Pothier– su tratamiento conjunto en una misma ley. Y ante ese hecho los autores buscan una explicación, una justificación del común tratamiento con respecto a los tres delitos. De esta forma, examinándolos conjuntamente, llegan a encontrar entre ellos una identificación cualitativa o circunstancial, aunque en su determinación no coincidan los investigadores. Archi y D'Ors –por citar a dos de los que con notable profundidad se han ocupado del problema– discrepan sobre este extremo, si bien sus respectivas opiniones no son excluyentes. Para el primero el dato común es el interés tutelado, la "fides publica", la que a su vez será causa de la posterior extensión del ámbito del "crimen falsi"[23]; para D'Ors, tal elemento consiste en el abuso del "signum"[24].

2. En este punto hemos de ocuparnos del ámbito primitivo de la falsedad testamentaria, con el que en un momento posterior se identificará plenamente el de la falsedad de documentos en general.

De acuerdo con las referencias de Paulo en sus *Sententiæ Receptæ*, debió distinguir la ley Cornelia testamentaria la creación y uso de un testamento falso, junto a una serie de operaciones que, procurando en realidad hacer ineficaz uno auténtico, son conceptuadas igualmente como "falsedad". En el primer caso el delito se produce cuando alguien escribe un testamento falso, imitando la caligrafía del supuesto testador ("scribere") o colocando en él los correspondientes sellos que lo hagan

22 T. MOMMSEN, *Römisches Strfrecht*, pág. 670.
23 G.G.ARCHI, "Problemi in tema di falso", pág. 114.
24 A. D'ORS, "Contribuciones", pág. 546.

aparecer como auténtico ("signare"). Aunque previsiblemente ambas operaciones sean sucesivas y complementarias, la ley les atribuye una entidad independiente desde el punto de vista penal; y junto a ellas es también objeto de sanción el uso de testamento falso en juicio ("recitare"), finalidad a la que en muchas ocasiones habrían de servir las dos operaciones antes señaladas.

Las otras acciones delictivas no se refieren expresamente en el texto de la ley al testamento auténtico, pero por su propia naturaleza hay que entenderlas en función del mismo. Son éstas las que consisten en sustituir el testamento auténtico por otro que, lógicamente, cabe suponer falso ("subicere"); abrirlo indebidamente o por persona no autorizada ("resignare"); destruirlo ("delere"); sustraerlo ("amovere") y ocultarlo ("supprimere"). Este último caso, según especifica la misma fuente en otro lugar, se produce además cuando el legítimo depositario del mismo no lo exhibe a su tiempo en perjuicio de terceros[25].

Estas operaciones se entienden realizadas sobre un testamento. De la misma forma, el fragmento V,25,7 de *Pauli Sententiæ* alude con claridad a la manipulación fraudulenta en un testamento auténtico, pero –según se especifica en él– perteneciente a una persona viva. La falsedad se comete aquí igualmente por la apertura, ulterior colocación de sellos y lectura en juicio de aquél ("aperire", "resignare" y "recitare", respectivamente)[26].

3. Es muy improbable, y la cuestión parece hoy fuera de toda duda, que la falsificación de documentos no testamentarios hubiera sido ya contemplada en la ley Cornelia, pero es indudable que a ella se llegaría –como antes se apuntó– al referir los hechos delictivos previstos en la

[25] PAULO, *Sententiæ* IV,7,1: "Qui testamentum falsum scripserit, recitaverit, subjecerit, signaverit, suppresserit, amoverit, resignaverit, deleverit, pœna legis Corneliæ de falsis tenebitur"; V,25,1: "Lege Cornelia testamentaria (tenentur): qui testamentum quodve aliud instrumentum falsum sciens dolo malo scripserit, recitaverit, subjecerit, suppresserit, amoverit, resignaverit, deleverit..."; IV,7,3: "Testamentum supprimit qui sciens prudensque tabulas testament in fraudem heredum vel legatariorum fideivecommissariorum aut libertatium non profert"; IV,7,4: "Supprimere tabulas videtur qui, cum habeat et proferre posit, eas proferre non curat"; IV,7,5: "Codicilli quoque si lateant nec proferantur, supprimi videbuntur".

[26] PAULO, *Sententiæ*, V,25,7: "Qui vivi testamentum aperuerit, recitaverir, resignaverit, pœna legis Corneliæ tenetur".

citada ley a los demás documentos, extensión que se habría de producir en sucesivas etapas.

Un siglo después de promulgada la ley de Sila, exactamente en el año 16 d.C., el senadoconsulto "Liboniano" tal vez añadiera a los supuestos punibles ya conocidos el consistente en la atribución a sí mismo por el escriba de un legado en provecho propio[27], pero esta ampliación de la falsedad testamentaria hay que admitirla con reservas, por cuanto no es clara la identificación de este senadoconsulto con el que realmente sanciona el hecho citado[28].

Más seguro parece en cambio que dicho senadoconsulto inicia la expansión de la ley Cornelia a ciertos documentos no testamentarios, de forma que las operaciones previstas en aquélla con respecto a los testamentos falsos aparecen ya contempladas en función de otros documentos, aunque con ciertas limitaciones. En efecto, existe una limitación en cuanto a las operaciones punibles, puesto que se trata tan sólo de las que consisten en hacer, sellar o recitar un documento falso, pero además la disposición no alcanza a todo tipo de documento falso, sino tan sólo a aquéllos que han de ir cerrados, provistos de sellos, es decir, a los documentos "cum consignatione"[29]. Y aunque es probable que el senadoconsulto tuviese en cuenta también la falsedad en las declaraciones escritas de testigos ("falsas testationes facere")[30] –lo que supondría involucrar ya en la falsedad de documentos la falsedad testifical–, es indudable que el primer paso en la generalización del ámbito de la falsedad documental es limitado, pero no carente de importancia. El hecho, efectivamente, es significativo, por cuanto supone el comienzo del desarrollo de la falsedad documental, y esto nos exige conocer el proceso que ha seguido esta inicial evolución.

A mi entender, el motivo se encuentra en el valor que el sello o "signum" ha adquirido. Sobre su importancia no existe duda: la función que el sello cumple respecto del documento, cualquiera que sea

---

[27] Este senadoconsulto aparece ya referido en la rúbrica del *Digesto* XLVIII,10, "De lege Cornelia de falsis et de senatus consulto Liboniano". Ver M. FINZI, *I reati di falso*, vol. I, Torino 1908, págs. 252.253; A. D'ORS, "Contribuciones", pág. 546.

[28] Sobre la relación de este senadoconsulto con el edicto Claudiano, Ver A. D'ORS, "Contribuciones", págs. 531 y ss., nota 13.

[29] A. D'ORS, "Contribuciones", pág. 547.

[30] MARCIANO, en *Digesto* XLVIII,10,1; ULPIANO, en *Digesto* XLVIII,10,9,3; *Collatio* VIII,7.

la naturaleza de éste, consiste en la protección y defensa del secreto del mismo. Precisamente lo que garantizaba al juez o a las partes sobre la integridad y autenticidad del escrito, como Archi recuerda, era la seguridad de la clausura de éste[31], y de aquí la importancia que en el mundo romano asume el "signare" en materia de prueba. En consecuencia, el interés tutelado no era sólo de naturaleza privada, sino que atendía también a evitar todo aquello que pudiera dañar la "fides publica", y el hecho de que ésta exigiera que el documento estuviera sellado determina la íntima relación entre "fides" y "signum". Por ello, si en un principio sólo el testamento fue objeto de protección especial por el Derecho, la importancia que el "signum" adquiere desde entonces justifica la extensión del ámbito de la falsedad a otros documentos provistos, como aquél, de esta garantía.

Sorprende, sin embargo, en el senadoconsulto el hecho de que los tres únicos supuestos punibles que recoge se refieran a documentos falsos, quedando fuera de su ámbito toda manipulación fraudulenta sobre documentos auténticos, aunque éstos estuvieran provistos de "signa". La explicación de este fenómeno no resulta clara ni precisa. Podría pensarse que el texto atribuye una mayor gravedad a la fabricación o uso de un documento falso –que resultaría así más necesitado de regulación penal– que a la inutilización o falsificación de uno verdadero. El razonamiento no parece decisivo, pero a él se aproxima la explicación que Archi ofrece al respecto y que, a falta de otra más convincente, resulta aceptable, aunque con reservas.

El autor italiano recurre a la comparación de dos preceptos extraídos del *Edictum Theodorici*, cuyos compiladores tuvieron sin duda presentes las *Sententiæ* de Paulo. El capítulo 41 de aquél indica: "Qui falsum fecerit, vel sciens falso uso fuerit, aut alterum facere suaserit, aut coegerit, capital pœna feriatur", fragmento en el que se ignoran las alteraciones de la verdad producidas sobre documentos auténticos. Estas, en cambio, aparecen en el capítulo 90, y respecto de sus autores o responsables se dice que "pœnam sustineant falsi crimini constitutam". Es decir, según esta afirmación el "crimen falsi" propiamente dicho no es el que consiste en la alteración del contenido de documentos auténticos –supuesto al que por asimilación se le aplica el régimen de la falsedad–, sino de la creación, sellado o uso de documentos falsos[32].

[31] G.G. ARCHI, "Problemi in tema di falso", pág. 83.

[32] Ambos textos, en F.I.R.A., *Auctores*, cit, págs. 690 y 700, respectivamente.

De ser cierto este razonamiento, en él pudiera hallarse el motivo de la extensión parcial del ámbito de la ley Cornelia a los supuestos señalados, así como el de la exclusión de los restantes[33].

Lo cierto es que, por una u otra razón, el senadoconsulto dejaba una amplia laguna sin cubrir que, no obstante, iba a ser completada a mediados del siglo III por obra, sobre todo, de la doctrina. Este fenómeno se refleja por Paulo en su obra antes citada, cuando, unas veces en términos generales, habla de la falsedad de "testamentum quodve aliud instrumentum"[34], y otras en forma analítica se refiere a la falsedad de "instrumenta, acta, epistula, rescripta"[35] o de "rationes, acta, libelli, album propositum, testationes, chirographa epistulæ"[36].

De esta forma, sucesivamente, las operaciones que en un principio la ley Cornelia preveía sólo respecto de los testamentos van a ser consideradas en función de todo documento. Entre los tipos de documentos que se acaban de citar se incluyen indiscriminadamente los de carácter administrativo o burocrático –"album propositum"– junto a documentos legales –"rescripta" y tal vez también los denominados "epistula", distintos de los "chirographa epistulæ" meramente particulares–, los cuales serán objeto de una ulterior diferenciación.

Ante la generalización de la falsedad documental que se ha producido, hemos de interrogarnos nuevamente acerca de las causas. A este respecto, conviene recordar que si la causa que determinó la sanción de la falsedad testamentaria consistía en la particular importancia que el testamento llegó a adquirir en la vida social desde un principio, siguiendo el mismo razonamiento no sería aventurado pensar que la generalización a otros supuestos extratestamentarios es síntoma de que el documento ha adquirido en todas sus formas una notoria importancia, o bien han aparecido nuevos factores que hay que tener en cuenta. Dos son, fundamentalmente, los motivos que pueden ser considerados. En primer lugar, y en consonancia con el planteamiento que antecede, hay que mencionar una posible causa material, que consiste en la propia evolución que experimentan los elementos de la escritura: del sistema de las "tabulæ" enceradas, cuya protección exigía la forma cerrada y la colocación ineludible de sellos, se pasa progresivamente al

---

33 G.G. ARCHI, "Problemi in tema di falso", pág. 38.

34 PAULO, *Sententiæ*, V,25,1.

35 PAULO, *Sententiæ*, V,25,9 (10).

36 PAULO, *Sententiæ*, V,25,5.

uso generalizado del pergamino o del cuero, materiales nuevos que no siempre van a convertirse en documentos "cum consignatione" y, dada su mayor utilidad práctica, serán causa del abandono de las "tabulæ" al tiempo que han de favorecer la difusión del quirógrafo. Quizá a la generalización de este tipo de escritura quirografaria haya contribuido la exigencia de la actividad burocrática.

La otra causa apuntada es de tipo formal. El sello, garantía de que el contenido de las tablas permanecía inalterado, deja de ser símbolo único de la "fides", puesto que el nuevo tipo de escritura que no siempre va provista de sellos exige igualmente una protección. Asi, pues, para tutelar la "fides publica" no basta con sancionar a quienes construyan o usen documentos "cum consignatione" falsos, siendo necesario prever y castigar a quienes, imitando la caligrafía de otros, crean cualquier tipo de quirógrafo falso, ya que es la escritura en sí la que representa el objeto que hay que proteger, por la que inspira la garantía. Por otra parte, este planteamiento significa que el objeto de la ley es tanto la fabricación de documentos falsos como la falsificación de los auténticos, es decir, toda manipulación que consista en alterar de alguna forma la verdad representada por la escritura. El avance experimentado no supone sino el intento de concordar las normas con las nuevas condiciones de vida.

A partir de Paulo, cuantas formas de realización del delito eran antes señaladas a propósito de los testamentos van a ser ahora contempladas en función de cualquier documento. De esta generalización de la falsedad se deduce que el testamento deja de ser el núcleo fundamental de la falsedad para diluirse o subsumirse bajo el régimen jurídico-penal general de la falsedad documental, en el que las peculiaridades dispositivas sobre la falsedad de testamentos son ya escasas y de contenido cada vez más restringido. Por ello puede decirse que la falsedad testamentaria deja de ser una figura autónoma de delito, y a partir de este momento puede hablarse con propiedad de falsedad documental, sin perjuicio de que bajo esta figura subsistan disposiciones especiales respecto a determinados documentos. Sin embargo, todavía en las *Sententiæ* se advierte la regulación paralela de la falsedad de testamentos y la genérica de documentos, aunque coincidentes en muchos puntos; y este esquema, recogido en la *Lex Romana Visigothorum*, perdura en la época visigoda e incluso en la medieval en algunas zonas, al mantenerse en el *Liber Iudiciorum* dos "antiquæ" específicas sobre la falsedad testamentaria, que no obstante remiten ya, en el orden estrictamente penal, a lo establecido con carácter general contra las falsificaciones de documentos[37].

Desde el siglo III d.C. aproximadamente, la falsedad documental abarca la de documentos públicos en general, la de testamentos y la de documentos privados. Respecto de todos estos tipos de documentos es aplicable la amplia serie de actividades delictivas comprendidas en la primitiva ley Cornelia testamentaria, incluso en algún caso sin las restricciones que allí existían: así, aunque el uso del testamento falso estaba incluido entre los supuestos punibles de la ley Cornelia e igualmente en *Pauli Sententiæ,* se entendía –como en otro lugar se expuso– como tal la "recitatio" o lectura del mismo en juicio. Esta limitación desaparece respecto de los documentos en general, castigándose ahora su uso tanto si se produce en juicio como fuera de él. Así se desprende del empleo del término "qui dolo malo usus fuerit", que sustituye el tradicional "recitaverit"[38].

4. Conocido el régimen jurídico-penal contra la falsedad testamentaria o documental en Roma, interesa saber hasta qué punto se ha observado en Hispania. Hasta la época visigoda carecemos de datos concretos que nos permitan afirmar la vigencia del sistema. Es posible, sin embargo, que a través del Derecho romano vulgar se hayan conocido, al menos parcialmente, algunas disposiciones o normas sobre este tipo de delitos. La *Collatio* recoge un pasaje del libro octavo del *De officio proconsulis* de Ulpiano referente a la falsedad testamentaria y a la de pruebas testificales escritas, que tal vez llegara a ser conocido en Hispania[39].

[37] *Liber Iudiciorum,* VII,5,4: *Antiqua.* "De his, qui testamentum contra viventis voluntatem aperuirint.– Qui viventis testamentum, aut ordinationis eius quamcumque scripturam contra ipsius falsaverit vel aperuerit voluntatem, ut falsarius iudicetur"; VII,5,.5: *Antiqua.* "De his, qui voluntatem defuncti celare, vel falsare pertentant.– Qui defuncti celaverit voluntatem, aut in eadem aliquid falsitatis intulerit; lucrum quod forsitam iudicio testatoris per ipsam scripturam fuerat habiturus, amittat, ilis quibus fraudem facere conatus est profuturum: et insuper pro falsitate ferat infamium. Nam si parvam, aut nullam rem exinde consequi potuisset, ut falsarius condemnetur". Manejo los *M.G.H.,* I, *Leges Nationum Germanicarum,* tomo I, *Leges Visigothorum,* ed. K. ZEUMER, Hannoverae et Lipsiae, 1902.

[38] PAULO, *Sententiæ,* V,25,9 (10).

[39] *Collatio* VIII,7,1. "Ulpianus libro octavo "de officio proconsulis" sub titulo de pœna legis Corneliæ testamentariæ".

En cuanto a la época visigoda, el fragmento conservado del Código de Eurico no recoge ninguna ley sobre la materia; sin embargo, D'Ors apunta la posibilidad de que las "antiquæ" VII,5,4 y VII,5,5 del *Liber*, referentes a la falsedad testamentaria, sean euricianas. Con más reservas aventura que también pudo haber en el citado Código una ley que sancionara la falsedad de documentos regios[40].

La *Lex Romana Visigothorum* recoge plenamente el contenido de *Pauli Sententiæ* referente a la falsedad documental[41], mientras Chindasvinto a la vez que reprodujo el planteamiento anterior sobre la falsedad documental, dedicó atención especial a un caso concreto de falsedad en documento privado –la redacción de falsas cartas de crédito con la finalidad de evitar o postergar el pago de los créditos legítimos[42]–, y Recesvinto se ocupó igualmente de un tipo de falsedad documental que podríamos llamar ideológica, en cuanto consiste en la promesa o donación por escrito de algo inexistente real o jurídicamente[43].

Recogidas estas últimas disposiciones en el *Liber*, este Código ofrece un conjunto de normas sobre la falsedad documental que supone una continuidad del sistema romano, a la vez que un desarrollo del mismo merced a la casuística en unos casos –como hemos visto– y a la consideración especial de un tipo de falsedad (la de documentos regios), ya conocida aunque no destacada en aquél, en otras ocasiones. Esta circunstancia permite hablar propiamente de un sistema jurídico romano-visigodo que, aunque de duración variable, permanecerá en vigor en algunas regiones hasta bien avanzada la Edad Media. No hay que olvidar a este respecto la persistencia del *Liber* entre los mozárabes así como en determinadas zonas no dominadas por los musulmanes. A la influencia de aquéllos, emigrados en el siglo XII a Aragón, se debería precisamente la inclusión en la II Recopilación aragonesa de un

---

[40] A. D'ORS, "El Código de Eurico", en *Estudios visigóticos,* II, Roma-Madrid 1960, pág. 72.

[41] *Lex Romana Visigothorum,* edit. G. HAENEL, 1962. En ella, *Pauli Sententiæ* V,25 aparece con la referencia V, 27.

[42] *Liber Iudiciorum* VII,5,7. "De callide et fraudulenter anterioribus scripturis confectis".

[43] *Liber Iudiciorum* VII,5,8. "De callide et fraudulenter posterioribus scripturis confectis".

cierto número de disposiciones del *Liber,* entre las que se encuentran las VII,5,4 y VII,5,5, referentes a la falsedad documental[44].

Por otra parte, en Cataluña, como en Toledo, no ha habido interrupción en cuanto a la vigencia del Código visigodo. En aquélla, aunque paulatinamente ha ido perdiendo su preponderancia, la aparición de los *Usatges* no ha debido alterar las normas sobre el delito del que nos ocupamos, por cuanto esta nueva fuente guarda silencio sobre la materia. Y cuando más tarde comienza a recibirse el Derecho común, el *Liber* es glosado en Cataluña sobre la base del derecho justinianeo. Esto tiene lugar en el siglo XIII pero indica que aún existe un interés –mucho más fácil de explicar si se considera que es un Derecho vigente– por el *Liber* y, concretamente, por las normas sobre falsedad documental[45].

En Toledo, el *Liber,* que primero rigió como derecho personalista de los mozárabes, acabaría por desplazar a los otros ordenamientos para convertirse en ley general del Reino de Toledo y punto de arranque de una ulterior expansión. En el reino astur y luego en el de León, por el contrario, interrumpida su vigencia a raíz de la ocupación musulmana, y restaurado más tarde por Alfonso II, su aplicación no ha debido ser intensa, por lo que no cabe afirmar que la falsedad documental se rigiera por sus normas[46].

En todo caso, la vigencia del *Liber* se consolidaría al difundirse a mediados del siglo XIII por Fernando III (y traducirse como *Fuero Juzgo*) y Alfonso X, lo que supondría la prolongación del sistema romano-visigodo.

---

[44] J.M. RAMOS LOSCERTALES, "Textos para el estudio del Derecho aragonés en la Edad Media, I: Recopilación de los Fueros de Aragón", en *A.H.D.E.*, V, 1928, págs. 389-408. Los preceptos 68 y 69 de la Recopilación corresponden a VII,5,4 y 5.

[45] Tales glosas, juntamente con un detallado estudio acerca de ellas, han sido publicados por Burkhard v. BONIN, "Eine Glosse zur Lex Visigothorum", en *Neues Archiv der Gesellschaft für ältere deutsche Geschischtskunde*, XXIX, 1903, págs. 50-94.

[46] A. GARCIA-GALLO, *Manual*, I, págs. 377-378, como texto clásico de consulta; y también, entre otras muchas obras generales, E. GACTO FERNANDEZ, J.A. ALEJANDRE GARCIA y J.M. GARCIA MARIN, *Manual básico de Historia del Derecho (Temas y antología de textos)*, 7ª edic. Madrid 2010, págs. 129 y ss.

B. Régimen jurídico-penal

1. En este sistema, la esencia del delito consiste en la alteración material del escrito o en la alteración de la verdad por medio de la escritura –lo que se ha llamado falsedad "ideológica"–. Pero junto a este hecho, otros requisitos han sido necesarios para que surgiera la imagen del delito: se trata de la actuación dolosa y consciente del autor del mismo, circunstancia que si bien la ley Cornelia no debió exigir de forma expresa, debía estar inmanente en su contenido. Su formulación explícita se atribuye a los juristas Paulo o Ulpiano, quienes introducen la frase "sciens dolo malo". Por tanto, la ausencia del "animus fraudandi" debe llevar consigo, *sensu contrario*, la falta de responsabilidad. En este sentido, la "antiqua" VII,5,3 del *Liber* señala que el uso inconsciente de documento falso excusa la pena y a la misma conclusión llega VII,5,2 de Chindasvinto respecto del siervo que realiza la operación material de falsificar un documento por orden de su dueño.

Cabe, por último, preguntarse si es necesario que el "animus fraudandi" se traduzca efectivamente en perjuicio ajeno. Entiéndase a este respecto como perjuicio ajeno tanto el daño directo que con la falsedad se causa a otro, como el beneficio propio e injusto que de él se derive. Las fuentes generalmente no lo señalan, pero la naturaleza de cada una de las operaciones delictivas revela la finalidad que con ellas se pretende alcanzar; otras veces a esta circunstancia se alude de forma explícita. La supresión de sellos testamentarios o la destrucción del documento auténtico presuponen un efectivo daño ajeno, puesto que llevan aparejada la ineficacia del documento; el perjuicio causado a los beneficiarios mediante la ocultación del testamento es expresamente destacado en *Pauli Sententiæ* IV,7,3. La confección de documentos falsos y la alteración del contenido del auténtico, la atribución por el escriba en beneficio propio de un legado, el uso de documento falso o de falsa ley y la falsificación del testamento auténtico que prevé la "antiqua" VII,5,5 del *Liber*, suponen primordialmente una ganancia injusta, aunque ello se traduzca en la privación de sus legítimos derechos a otra persona. Pero queda aún pendiente una cuestión: ¿existe delito aunque el propósito de perjudicar a alguien no se consiga? La ley no lo dice y la doctrina, que tras la Recepción se ocupará ampliamente de este tema, guarda silencio sobre ello. Sin embargo, distintos textos extienden la pena de la ley Cornelia no sólo a quien realiza el delito sino también a quien "faciendum curavit". La frase se presta a doble interpretación, puesto que puede aludir tanto al instigador de la falsedad como a un supuesto de tentativa de comisión del delito, circunstancia esta última que, de ser cierta, equivaldría a afirmar que la sanción del delito es independiente del resultado producido. Algún autor se inclina hacia esta postura, llegando a considerar incluso que la falsificación de sellos en la ley Cornelia es objeto de sanción no tanto como delito autónomo en sí, como en cuanto medio u operación que conduce a la consumación de la falsedad documental[47].

2. Si el delito del que nos ocupamos consiste en la falsificación de un documento, es evidente que, entendida ésta en un sentido material como alteración fraudulenta o manipulación de su contenido, cualquier persona que tenga acceso a aquél puede ser autor del delito, en tanto que desde un punto de vista sustancial o ideológico, que supone la divergencia dolosa entre la realidad y su reflejo por escrito, el delito suele ser cometido por la persona encargada de esta operación. Este último supuesto se aprecia claramente en la falsedad testamentaria, cuando el escriba desfigura en el escrito –a veces en provecho propio o de tercera persona– la voluntad del testador[48].

En todo caso puede ser una misma persona quien proyecta y lleva a cabo la falsificación, o bien pueden ser responsables de ella el autor material y el instigador de la misma, distinción que, al menos respecto de la falsedad de testamentos, ha debido observarse en principio, puesto que a uno y otro, según Paulo, era aplicable el sistema de la ley Cornelia[49]. Sin embargo, esta responsabilidad compartida no implica un diferente tratamiento penal, supuesta la actuación dolosa, consciente y libre de ambos. La posibilidad de que el instigador sea el único responsable de la falsedad cuando impone su voluntad al que –como en el caso del siervo[50]– materialmente la realiza, es tenida en cuenta

47 PAULO, *Sententiæ*, IV,7,2: "Non tantum is, qui testamentum subjecit, suppressit, delevit, pœna legis Corneliæ coercetur, sed et is, qui sciens dolo malo id fieri jussit faciendumve curavit". Aunque el supuesto queda fuera de nuestra atención, Ver *Sententiæ*, V,25,2. La opinión aludida corresponde a ARCHI, "Problemi in tema di falso", pág. 40.

48 PAULO, *Libro singulari ad Senatusconsultum Libonianum (Digesto* XLVIII,10,22).

49 *Sententiæ* IV,7,2, transcrito en nota precedente.

50 El "scriba" en Roma es muchas veces un esclavo. Acaso también lo fuera más tarde, entre los visigodos.

en la ley de Chindasvinto, otras veces citada, referente a la falsedad de documentos en general[51].

La figura del cómplice no aparece en principio en la ley Cornelia y tampoco Paulo recoge esta posibilidad que, sin embargo, se introduce a través de la "interpretatio" al fragmento IV,7,2 de sus *Sententiæ*[52]. Así cabría entender la sanción a quien "consenserit" en la falsificación de testamentos, es decir, a quien, pudiéndola tal vez evitar, prestara no obstante su colaboración –que cabe suponer decisiva puesto que se sanciona con el mismo rigor que al autor o instigador– a la consumación del delito. Esta idea vuelve a aparecer en la ley de Chindasvinto VII,5,2, que también equipara en cuanto a la responsabilidad a los autores y a "eorum conscii". Pero además el mismo Código encierra dos supuestos especiales de complicidad punible: el primero aparece en la ley de Chindasvinto VII,5,7, donde al sancionar a quien comete la falsedad simulando la preexistencia de otra o varias deudas, castiga también como cómplice a quien, consciente del delito, se presta a que su nombre aparezca en los falsos escritos como si de un legítimo acreedor con derecho preferente sobre los demás se tratara[53]; el segundo se encuentra en la VII,5,8 de Recesvinto, la cual, relativa a la falsa promesa o carta de donación, sanciona como cómplice a la persona en cuyo poder se encuentra empeñada la cosa prometida, si es conocedora y consentidora del engaño[54].

Si el grado de participación en la comisión del delito (autoría, complicidad) no implica un diverso tratamiento penal, otras circuns-

---

51 *Liber Iudiciorum* VII,5,2: "...Si servi hoc fecerint, et eos alieni iuris ese patuerit, illis consignentur perenniter servituri, quibus scripturam subtraxisse, aut celasse, vel laesise fuerint adprobati. Quod si iubentibus dominis suis talia fecerint, omne damnum redundet ad dominum...".

52 *Lex Romana Visigothorum, Pauli Sententiarum*, IV,7,2. *Interpretatio*: "Si quis testamentum suppresserit, amoverit, resignaverit, deleverit aut consenserit aut fiery iusserit, ut falsarius in insulam deportetur".

53 *Liber Iudiciorum*, VII,5,7: "...Ita ut tam ille qui sub hac fraude talem scripturam fecisse detegitur, quam ille in cuius nomine facta fuisse constiterit, si conscious fraudis huius agnoscitur, eadem, qua supra taxatum est, et in rebus, et in corpora iactura damnetur...".

54 *Liber Iudiciorum*, VII,5,8: "...si repertum fuerit conscio illo eandem fraudem intercessisse, in cuius nomine prior scriptura conscripta dinoscitur, tam ille qui fecit, quam iste qui conscious extitit, ad satisfactionem promissionis vel pene quam posterior scriptura continent, secundum superiorem ordenem æqualiter teneantur".

tancias influyen en este sentido. Así, en primer lugar, la clase social del delincuente. No es fácil precisar si la sanción de la falsedad documental fue discriminatoria en orden al rango social de aquél ya desde un principio, pues el mismo sistema de la ley Cornelia a propósito de la falsedad testamentaria parece confuso. En efecto, las referencias al contenido de la misma son en este punto contradictorias: Paulo en sus *Sententiæ* indica en una ocasión que la pena contra los falsificadores de testamentos es única, lo que significa desconocer las circunstancias personales, así como de otro tipo, que pudieran condicionar aquélla, pero en cambio en otros lugares atribuye a la ley, cuando su ámbito se ha extendido ya a los falsificadores de documentos en general, una discriminación, de acuerdo con la categoría social, entre "honestiores" y "humiliores"[55].

No es de extrañar, sin embargo, que en un principio la condición del sujeto no hubiera influido en la naturaleza o gravedad de la pena. A esta conclusión conducen las palabras de Archi en el sentido de que en un principio aquélla debió ser única[56] y la creencia de que Paulo no recoge en contenido primigenio de la ley en lo referente a la sanción penal sino que refleja el tipo de pena que se aplicó en un momento posterior. Esta inexactitud, que ha sido advertida por diversos autores, da pie para pensar que la discriminación apuntada se produce en un momento tardío[57]. Téngase en cuenta además que es en el Bajo Imperio cuando se acentúa la división social y, ante la crisis económica, la sociedad es dividida en castas, constituyendo los "honestiores" o "mediocres" una clase intermedia, por debajo de los potentes que ocupan los altos cargos, en tanto que los "humiliores" integran el grado ínfimo de la población libre[58]. Por todo ello, no puede descartarse que el texto de Paulo haya sido interpolado o modificado.

---

[55] PAULO, *Sententiæ*, IV,7,1: "Pœna legis Corn. de fals. tenebitur id est, in insula deportatur"; V,25,1: "...honestiores quidem in insulam deportantur, humiliores autem aut in metallum dantur aut in crucem tolluntur; servi autem postve admissum manumissi capite puniantur"; V,25,9 (10): "...humiliores in metallum damnatur, honestiores in insulam deportantur".

[56] G.G. ARCHI, "Problemi in tema di falso", pág. 17, nota 15; A. D'ORS, "Contribuciones", pág. 544.

[57] U. BRASIELLO, *La repressione penale in Diritto romano*, Napoli 1937, págs. 297 y ss. Ver a este respecto LEVY, "Gesetz und Richter im kaiserlichen Strafrecht", en *B.I.D.R.*, 45, 1938, pág. 75.

[58] A. GARCIA-GALLO, *Manual*, I, págs. 50 y 524.

Pero la terminología, y también la realidad que designa, se consolida y, aunque la discriminación social falta en alguna fuente en su referencia a la falsedad testamentaria o documental, como la *Collatio* –donde sin embargo se mantiene respecto de la falsedad de testigos–, vuelve a estar presente en la *Lex Romana Visigothorum* y después en el *Liber* bajo las fórmulas "honestior" y "minor persona" ("ome de grand guisa" y "ome vil" empleará con frecuencia la versión romance del siglo XIII)[59].

Una nueva cuestión a plantear es la de si la profesión del autor tiene relevancia en orden a la sanción penal. Una constitución de Constantino del año 316 que, recogida en el *Codex Theodosianus* pasa a la *Lex Romana Visigothorum*, contempla un supuesto de falsedad cometida en el ejercicio de su función por un escribano que posteriormente accede a la dignidad de "decurio"[60]. Los términos concretos en que se plantea la cuestión –que se resuelve con la pérdida de la dignidad– no permiten saber si el escribano como tal sería objeto de sanción especial en otras circunstancias. Pero de la formulación del precepto y de su "interpretatio" parece deducirse que el referido oficio no sería causa de discriminación penal. Tampoco la "antiqua" VII,5,9 del *Liber* es clara en este punto. Referente a la falsedad cometida sobre el texto de una ley, recomienda que tales disposiciones sean redactadas solamente por los escribanos y sanciona a todo aquel que ose falsear el texto legal. No es claro, pues, que el precepto se dirija expresamente contra los escribanos públicos; sin embargo, parece que, pese a su falta de claridad, así debe entenderse, puesto que existe otra ley posterior, incluida también en el *Liber*, la VII,5,1, que, sin establecer discriminación alguna entre los responsables en función de su oficio, sanciona igualmente la falsedad de las disposiciones regias[61].

---

[59] *Fuero Juzgo*, edic. *Códigos españoles*, I: VII,5,1 y VII,5,2.

[60] *Codex Theodosianus*, IX,19,1 (=IX,15,1 en *Lex Romana Visigothorum*). Interesa sobre todo la "interpretatio" de dicha ley, que se expresa en los términos siguientes: "Si quis curialis voluntatem morientis, aut quodlibet publicum documentum scripserit, et de falsitate accusatur, seposita primitus dignitate, si necesse fuerit subdatur examini; qui si convincitur, a Curia non expelletur, sed Curiæ dignitate privabitur, id est, ut honoratus ese non possit. Tabellio vero qui admanuensis nunc vel Cancellarius dicitur, etiam si ad Curiæ pervenerir dignitatem, si de falsitate fuerit accusatus aut convictus, subdatur examini, ut per ipsum, per quem confecta est, scripturæ veritas adprobetur". La ley interpretada pasa al *Código* de Justiniano, IX,22,21,pr. Y 1.

[61] *Liber Iudiciorum*, VII,5,9: "Et quia plerosque cognovimus iussiones regias non solum scribere, sed etiam recitare, ayque scriptas exhibere notariis roborandas ; nullus

3. Como se ha apuntado anteriormente, es probable que la ley Cornelia sancionara la falsedad testamentaria con una pena única, independientemente de las circunstancias subjetivas que concurrieran en la persona del autor. Pero no resulta fácil determinar cuál fuera esa pena, existiendo distintas interpretaciones al respecto. Para Archi, quien en este punto sigue a Levy, la pena aplicable en principio sería la capital, admitiéndose a fines de la República la alternativa entre ésta y el exilio, en tanto que en la época de Marciano y Ulpiano consistiría en la deportación. Por el contrario, Brasiello estima que la pena de "aqua et igni interdictio" debió estar en vigor durante toda la época clásica, siendo sustituida a fines de la República por la pena de muerte[62].

4. Esta divergencia de interpretaciones se debe a la inconcreción y posible interpolación de las referencias de Paulo, quien si en un pasaje de sus *Sententiæ* atribuye a la ley Cornelia el establecimiento de la pena de deportación a una isla contra los responsables de la falsedad de testamentos, en otros lugares[63] refiere la existencia de una diversidad de sanciones cuya aplicación variaba de acuerdo con el rango social del responsable del delito, correspondiendo así a los "honestiores" la "aqua et igni interdictio", que se entendía como deportación y confiscación de bienes, en tanto que a los "humiliores" era de aplicación la condena "ad metallum" o trabajo forzado en las minas, o bien la última pena, sanción ésta que recaía invariablemente sobre el delincuente si éste era un esclavo[64]. Pero cuándo, en los casos de ofrecerse una pena alternativa –como en *Pauli Sententiæ* V,25,1, con respecto a los "humiliores"–, se aplica una u otra, no se precisa en los textos.

scribere præsumat, nullus recitatum vel scriptum cuilibet notario ad roborandum dare intendat, sed tantum notarii publici". Sin embargo, ZEUMER, *Leg. Visig.*, cit., pág. 308, n.2, duda de que sea una "antiqua", aunque tampoco recesvindiana, sino más bien una Novela. Ver su *Historia de la legislación visigoda*, Barcelona 1944, pág. 123.

[62] G.G. ARCHI, "Problemi in tema di falso", pág. 17, nota 15.

[63] Ver la referencia en nota 55. Adviértase que en el primer caso se trata de la falsedad testamentaria exclusivamente, mientras en los otros lugares se alude ya a la falsedad tanto de testamentos como de cualquier tipo de documentos. Habría que preguntarse si se trata de la extensión a nuevos supuestos de la pena primitiva –lo que supondría admitir que ésta no era única– o si estamos ante una evolución de la pena, paralela a la generalización del supuesto punible de falsedad, lo que podría explicar la aparente contradición.

[64] PAULO, *Sententiæ*, V,25,1 y V,25,9 (10).

Quizá el régimen de penas señalado por Paulo constituyese el sistema general en vigor hasta Chindasvinto. Si Eurico estableció una pena única, como sospecha D'Ors, no lo sabemos. Por tanto, tampoco podemos determinar si la remisión de las "antiquæ" VII,5,4 y VII,5,5 sobre falsedad de testamentos, a las penas en vigor contra los falsarios, se entendía en función de las que el Breviario recogía o de la posible reforma de Eurico.

En todo caso, ese régimen general es compatible con el tratamiento específico de ciertos casos, tales como el que recoge la "antiqua" VII,5,9 contra escribanos públicos, que supone una unificación de penas tanto respecto del siervo como del hombre libre, a quienes se castigaba con la amputación del pulgar derecho, azotes y marcas infamantes. La también "antiqua" VII,5,5 sobre falsificación de testamento de quien ha fallecido, añade a la pena ordinaria la de infamia y la obligación de devolver los beneficios que el autor del delito hubiera percibido ilegítimamente, y esta misma pena fija Chindasvinto en el supuesto de la simulación de deuda[65].

Al mismo Chindasvinto se debe una reforma en orden a la sanción de la falsedad. Referida a la de documentos en general, su disposición, la VII,5,2 del *Liber*, aunque mantiene la diferencia de clase social apuntada, suprime la pena de muerte y recoge en cambio nuevas formas punitivas. Desde entonces, al responsable "honestior" se sanciona con la confiscación de la cuarta parte de sus bienes, debiendo además sufrir la pena de cien azotes y abonar los daños que su actuación delictiva hubiera ocasionado. Pero si sus bienes no alcanzan a cubrir la cuantía del perjuicio originado, subsidiariamente cabe una pena de servidumbre en beneficio de la víctima. Si el responsable es, por el contrario, "minor persona", la pena es de servidumbre, además de la de azotes. Por último, tratándose de un siervo en quien ni la pena de privación de libertad ni la económica tienen razón de ser, la ley determina tan sólo que pase a convertirse en siervo de la víctima, con lo que parece tenerse presente más el interés de ésta que el castigo en sí de aquél. No cabe duda de que con esta última medida quien realmente sufre las consecuencias del delito es el dueño a quien aquél servía, puesto

[65] *Liber Iudiciorum*, VII,5,9: "...Quicumque tamen ex his cunctis vetitis deprehensus, utrum ingenuus, an fortasse sit servus Principum vel iudicum instantia ducentis flagellorum verberibus turpiter decalvatus, ac insuper pollice in manu dextra absciso...".

que con la pérdida de su siervo soporta una merma económica. Esta circunstancia invita a pensar que, pese a la parquedad de la ley en este punto, tal vez el perjuicio del dueño supone una sanción por su negligencia o responsabilidad indirecta al delinquir su siervo. Otra interpretación sería la de que, sin dejar de servir a su dueño, el siervo responsable del delito hubiese de prestar también su trabajo a la víctima de la falsedad. Pero si la actitud delictiva del siervo se ha debido a la coacción de su dueño, toda la responsabilidad recaerá sobre éste, quedando aquél exento de culpa[66].

Desde el año 654 en que la ley de Chindasvinto comentada se recopila en el *Liber*, la remisión de las "antiquæ" sobre falsedad en testamentos a las penas contra los falsarios, debe entenderse en función de la VII,5,2, lo que supondría extender a la falsedad testamentaria de una forma definitiva la normativa penal que regía para la de documentos en general.

Con posterioridad a Chindasvinto, sancionó su sucesor la falsa escritura de donación con las penas patrimoniales y físicas ya en vigor, a las que añadió la obligación del autor de la falsedad de cumplir la promesa, disposición que cabe interpretar en el sentido de que sea obligado a entregar una cosa igual a su valor –pues en ocasiones la cosa se encuentra en poder de un tercero o no existe[67]–. Por último, el *Liber* castiga la falsificación de disposiciones legales con la confiscación de la mitad del patrimonio, si de "honestiores" y no escribanos se trata, y con la amputación de una mano, si el responsable es "humilior"[68].

II. SISTEMA POSTVISIGODO

1. Cuando en un lugar determinado se produce la desaparición o pérdida de la vigencia del *Liber*, puede decirse que se cierra el sistema

[66] *Liber Iudiciorum*, VII,5,2: *Flavius Chindasvinto Rex*: "De his qui scripturas falsas fecerint, vel falsare tentaverint".

[67] *Liber Iudiciorum*, VII,5,8: "...dum fraudis huius commentum manifeste patuerit, ipse quidem qui fecit si supprestis est, et promisionem et pœnam, quam ab eo edita scriptura testatur, subplere cogendus est...".

[68] *Liber Iudiciorum*, VII,5,1: "...honestior persona mediam partem suarum facultatum amittat, fisci commodis profuturam; minor vero persona manum perdat, per quam tantum crimen admisit...".

jurídico romano-visigodo, para dar paso a uno nuevo que perdura hasta el momento de la Recepción del Derecho común. Sabido es que el cambio no acontece al mismo tiempo en todos los territorios y que la duración del nuevo sistema es también variable y de límites confusos. Por ello, el calificativo de "altomedieval", aplicado al nuevo sistema, no es exacto, si por Alta Edad Media se entiende un período histórico de límites uniformes y rígidos.

Iniciado en algunos lugares en el siglo VIII, a raíz de la invasión musulmana, se caracteriza por la escasez y aislamiento de las fuentes relativas a la falsedad documental, lo que hace difícil su reconstrucción. Contribuyen a que la idea que del mismo tenemos sea fragmentaria la imposibilidad de conocer unas veces el contenido de las sentencias judiciales en las áreas de Derecho libre, cuando aquéllas no han sido conservadas, y la dificultad para depurar los fueros redactados en época tardía a fin de conocer su contenido originario, separando las influencias posteriores.

Esa falta de normas contrasta con las frecuentes falsificaciones documentales. La Edad Media europea –y la española no es una excepción– ha sido testigo de infinitas falsificaciones de documentos, lo que se explica en una época en que el documento gozaba de un valor privilegiado como instrumento más eficaz ante los tribunales[69]. Sin embargo, la valoración delictiva de este tipo de fenómenos ha debido cambiar profundamente. Para apreciarlos basta reparar en dos circunstancias: la procedencia de las falsificaciones y la frecuente ausencia de una sanción penal contra quienes las realizan. Reducida la cultura en grandes zonas a los centros monacales, son monjes –y a veces altas jerarquías de la Iglesia, como en el caso del obispo Pelayo de Oviedo– quienes con más frecuencia interpolan documentos o redactan otros apócrifos. Se trata generalmente de cartas de inmunidad, de privilegios, donaciones, etc. Nada sabemos de que sus autores alguna vez hayan sido penados, y difícilmente se acepta la idea de que los obispos de Lugo o los monjes de San Juan de la Peña, v. gr., fuesen responsables de un delito de falsedad reiterado[70].

[69] Cfr. CUSIN, *Introduzione allo studio della Storia*, Padova 1946, págs. 188-190.

[70] Repetidas veces se ha calificado al obispo Pelayo de Oviedo de interpolador y falsario (Ver P. FLOREZ, *España Sagrada*, 4, Madrid 1859, págs. 204-205). A. UBIETO ARTETA, *Cartulario de San Juan de la Peña*, I y II, Valencia 1962.63, ofrece numerosos ejemplos de documentos cuya falsificación por obra de los monjes del citado

Ante este sorprendente fenómeno creemos que cabe alegar la falta de una conciencia de delito. Aunque de la alteración del contenido de un documento o de la creación de falsos diplomas derivara una lesión de derechos ajenos, al tiempo que un enriquecimiento propio, esta circunstancia debía entenderse en relación con la idea de un dominio señorial excluyente, que no repara en los medios a utilizar para consolidar una posición social y jurídica prepotente.

La cuestión se plantearía en otros términos posiblemente si la falsificación no procediese de un monasterio o de un señor. A este respecto es interesante fijar la atención en las cláusulas conminatorias de ciertos diplomas. Como garantía y firmeza de la observación de lo establecido en el documento, aquéllas contienen imprecaciones, anatemas, multas, etc. contra los infractores. Como tal infracción se entiende generalmente el incumplimiento de lo preceptuado; sin embargo, en muchas ocasiones la fórmula empleada encierra un sentido más amplio, de forma que en ella se abarca no sólo a quien va contra el documento en un sentido formal sino también a quien lo altera en un sentido material, es decir, a quien de alguna forma lo inutiliza o falsifica[71]. Y estas imprecaciones y anatemas tuvieron su origen precisamente en los documentos eclesiásticos, de donde pasaron a los formularios y luego a las cancillerías[72]. Este origen puede responder al origen que se apuntaba al comienzo: frente a la impunidad señorial en la falsificación de documentos, surge

monasterio ha sido comprobada. Sobre otras falsificaciones de similar origen, C. SANCHEZ-ALBORNOZ, "Falsificaciones en Cardeña", en *Cuadernos de Historia de España*, 37-38, 1963, págs. 337-345.

[71] Del Cartulario de San Juan de la Peña se entresacan fragmentos de varios documentos –fáciles de encontrar en cualquier otro cartulario por ser frases de uso común– que expresan conm claridad esta idea: Doc. 22 (1 de enero de 983, reputado falso), "si quis hanc cartam donationis vel traditionis disrumperit tentaverit"; doc. 37 (año 1016, falso): "Si quis hanc cartam infringere quesierit"; doc. 46 (8 de enero de 1028, auténtico): "Si quis hunc meum testamentum factum disrumpere tentaverit"; doc. 173 (marzo de 1064, auténtico): "qui ista mea carta vel testamentum quesierir disrumpere aut rumpere". T. MUÑOZ Y ROMERO en la *Colección de fueros municipales y cartas pueblas*, vol. I, Madrid 1847, transcribe en diversos lugares frases similares: pág. 188, Fueros de la jurisdicción del Monasterio de Cardeña, 1039: "Si quis tamen hunc nostrum pretextum seu confirmationem nisus fuerit violare, aut disrumpere"; pág. 498, Fuero de Marañón: "Si aliquis homo forciavit istum testamentum"; pág. 543, Fuero de Daroca, 1142: "Qui voluerit corrumpere hanc cartam vel confringere".

[72] A. GIRY, *Manuel de Diplomatique*, París 1894, II, pág. 563.

ese sistema de defensa contra las alteraciones posibles realizadas por quienes no gozan de esa situación social y política[73].

Posiblemente, en un principio la sanción al respecto fue simplemente de tipo espiritual: la maldición de Dios, la excomunión, el deseo de castigos corporales en esta vida y de los eternos en la otra son frecuentes en los documentos españoles de los siglos IX al XIII. Pero la práctica debió acreditar su insuficiencia, lo que motivó que a estas cláusulas conminatorias se unieran penas de tipo pecuniario cuya cuantía no se determinaba o, por lo general, consistía en una cantidad fija[74].

2. Esta última solución es la que ha debido de estar más extendida. El *Fuero Viejo* de Castilla recoge una disposición de origen desconocido que, referente al testamento de un infanzón, sanciona –según una interpretación en consonancia con el contenido de los demás preceptos que se agrupan bajo la misma rúbrica– su destrucción material[75]. Aunque este hecho había sido asimilado en la época romana a los hechos constitutivos del delito de falsedad testamentaria, su consideración aislada en este caso y el desconocimiento de la finalidad perseguida no permiten catalogarlo sin reserva como tal delito. Pero la posibilidad existe, y a este respecto interesa destacar que la sanción fijada contra el autor del delito consiste en la multa de cinco sueldos.

Más fácilmente parece contemplarse la regulación de la falsedad documental en el derecho territorial castellano. En dos textos concordantes del *Libro de los Fueros de Castilla* y del *Fuero Viejo* de Castilla se supone la creación de un documento falso en el que se hace constar una deuda inexistente, o acaso –esta posibilidad sólo la desarrolla el

---

[73] No se nos oculta que en muchos casos las imprecaciones o anatemas van dirigidos contra miembros de la familia del otorgante, como posibles infractores del documento –"si aliquis de mea progenie"–. La circunstancia no afecta a nuestra hipótesis, pues el incumplimiento de lo preceptuado o la violación del documento por un familiar haría a éste indigno y equiparable a un extraño.

[74] Así, en T. MUÑOZ Y ROMERO, *Colección*, en el antes citado de la jurisdicción del Monasterio de Cardeña, pág. 188: "insuper secularia damna sit afflictus, et post regiam partem C auri talenta inferat"; Fuero de Roa, 1145, pág. 545: "a Deo sit maledictus et in inferno cum Iuda proditore nisi resipuerit Semper dampnatus, et pro temerario ausu pectet regia potestati mille marcas argenti"; Fuero de Marañón, pág.498: "pectet a Rege M. solidos"; Fuero de Orense, 1131, pág. 502: "et regiæ majestati centum libras auri persolvat".

[75] *Fuero Viejo* de Castilla, edit. *Códigos Españoles*, I. I,6,2: "Esto es Fuero de Castiella: Testamento de Jues de Ynfançon, quill' quebranta, a cinco sueldos de caloña".

Fuero Viejo, cuya redacción es más rica en detalle en este punto– la manipulación o falsificación de otro documento auténtico, de tal forma que, alterado, sirva para lograr la finalidad fraudulenta. En cualquier caso si la autenticidad del documento no puede ser demostrada o, lo que es lo mismo, su carácter falso se confirma, aquél es invalidado y quien lo exhibe sufre la pena de sesenta sueldos[76].

3. La misma solución es adoptada en el Derecho territorial aragonés, si bien en este caso es necesario matizar, puesto que las diferentes recopilaciones reúnen unas veces textos de distinto origen y otras recogen una misma norma pero con distinta transmisión. En el caso que nos ocupa, se trata de un texto repetido y retocado, por lo que su contenido no coincide en las distintas versiones[77]. Sin embargo, el estudio

---

[76] Galo SANCHEZ, *Libro de los Fueros de Castilla*, Barcelona 1924, 34 = *Fuero Viejo*, III,4,19. Trascribo este último precepto que permite observar más claramente el supuesto planteado: "Si algund judío demandare por carta debda, e gela negare aquel, a quien demanda, el Alcalle debe tomar la carta; e si el judío probare, como es fuero, debe auer sua debda, e pechará aquel que lo negó sesenta sueldos al Merino. E si el judío non poder probar la carta, ansi como es fuero, que sea quita la carta a la debda, e peche el judío sesenta sueldos. Si el judío demandare debda por carta, e se probare que fue pagada, tome el Alcalle la carta, e rómpala, e peche el judío sesenta sueldos".

[77] Las dos versiones aparecen recogidas en la edic. del *Fuero de Jaca*, de M. MOLHO, Zaragoza 1964. A este respecto es necesario advertir que no se trata en uno y otro caso del Fuero de Jaca adoptado a Aragón, como estima MOLHO (pág. XXXV), sino Derecho aragonés, en el Ms. A1 adaptado a Jaca, siendo A2 el derecho de Huesca. MEIJERS, "Los Fueros de Huesca y de Sobrarbe", en *A.H.D.E.*, 18, 1947, págs. 35-60, prueba que la redacción A del Fuero de Jaca reproduce al principio la llamada *Recopilación* II de Aragón (edic. RAMOS LOSCERTALES, "Textos para el estudio del Derecho aragonés", cit., págs. 389-408), y al final la Recopilación I (edic. RAMOS LOSCERTALES, en este mismo *A.H.D.E.*, II, 1925, págs. 491-522) y considera aquella redacción fuente inmediata del *Código de Huesca*. El *Fuero de Jaca* A, 35, es *Recopilación* II, 33, con ligeras variantes, y también *Fuero de Jaca* E, 280, que es el *Fuero de Pamplona*, pasando al *Código de Huesca*, 125, y posteriormente a la *Recopilación de Fueros, Observancias y Actos de Corte del Reino de Aragón*, edic. 1866, pág. 184. El *Fuero de Jaca* A, 257, que ofrece la segunda versión, es *Recopilación* I, 107. Su línea evolutiva tal vez pueda advertirse en *Fuero de Jaca* E, 259, y *Código de Huesca*, 102. He aquí los dos textos citados: *Fuero de Jaca* A, 35: "De carta mostrada e dira l'auersari que falsa es.- Si algún om mostrara carta contra so auersari sobre algun feyt et aquel auersari contra qui es mostrada la carta diz que aquela carta es falsa, la iusticia deu prende sempre la carta e la deu tener tant en so poder entro que aquel que la presenta pusca prouar en uertat que aquela carta que el mostra no ha en si alguna falsia per

comparativo del mismo permite conocer no sólo el procedimiento a seguir cuando un documento es impugnado de falsedad, sino también las consecuencias de este hecho. Las distintas redacciones señalan unánimemente que, acusado de falso un documento, corresponde a quien lo presenta probar su autenticidad. La forma, según especifica una versión, consiste en recurrir al testimonio de aquellas personas que en la carta aparecen mencionadas como testigos del hecho que en ella se refiere o de la situación jurídica que por ella se crea. Si ello no es posible por haber muerto los testigos o por cualquier otra circunstancia, se deja al arbitrio del juez la determinación del medio probatorio. En cualquier caso el plazo previsto para realizar tales pruebas es el de un año y un día. La imposibilidad de realizar esta prueba o el hecho de no atenerse al plazo para ella dan lugar a la presunción de falsedad del documento.

A partir de aquí las versiones del texto parecen discrepar, puesto que mientras unas coinciden en dejar el documento sin valor y sancionar a quien lo presentó con la multa de sesenta sueldos[78], otras se limitan a establecer su invalidez pero exigen que para que su alegación sea sancionada el impugnante pruebe a su vez la falsedad[79].

Teniendo en cuenta que estos preceptos del Derecho territorial aragonés pasaron a distintos fueros, como los de Jaca y Pamplona, y

aquels testimonis que son escritz en la carta, si son uius, o per altra manera bastant de iudici. Pero si dintz un an e un dia puys que la carta fo acusada de falsa aquel qui la presenta deuant la iusticia no prouara bastantment que uera es aquela carta que el presenta, per fuer d'Aragon, pus que un an e un dia a passat, aquela carta nunqua puxas ha ualor, mas totz temps d'aylli enant es dampnada e aquel qui la presenta deu dar LX ss. per calonia. Pero si pot prouar que uera es la carta, aquel qui la repta dou LX ss."; Fuero de Jaca A, 257: "D'om qui ditz deuant iusticia que carta falsa es contra el mostrada.- De om que mostra carta denant iusticia e diz so auersari que falsa es e "Ue't fiança que prouara que es falsa", la iusticia deu prendre la carta sempre e aquel qui la demostra deu demandar com defenna que no es falsa; car si no o fa e l'altre pot prouar que falsa es, aquest qui la presenta deu perdre del tot ço que's trabayllaua d'auer per aquela carta. Ço es assaber cosas moules e sedentz, e sobre tot LX ss. per calonia".

[78] Así en los textos concordantes con el párrafo 35 del *Fuero de Jaca* A, la multa no se condiciona a que quien acuse de falsedad al documento prueba su afirmación.

[79] La redacción que ofrece el Fuero de Jaca A, 257 exige expresamente que quien exhibe el documento no pueda probar su autenticidad –lo que determinaría su invalidez– y que a su vez quien lo acusa de falso lo demuestre –y en este caso tendría lugar la pena del primero–: "car si no o fa e l'altre pot prouar que falsa es".

fueron recogidos por los redactores del *Código de Huesca* y del *Fuero General de Navarra*, no puede extrañar que esta última fuente refleje un supuesto de falsedad documental cuya sanción está próxima a la última de las soluciones anteriormente apuntadas, ya que afecta tan sólo al documento falso, que por este motivo es declarado nulo, sin que contra el autor de la falsedad –como en una de aquellas redacciones cuando quien acusa la falsedad no la prueba– se señale algún otro tipo de pena[80]. En el *Fuero General de Navarra* la falsedad se comete tanto mediante la alteración del contenido del documento como por el hecho de ser redactado por quien no es escribano público –lo que induce a pensar que el texto está contemplando especialmente la falsedad de documentos públicos–.

4. De distinta manera enfocan la falsedad documental otras fuentes de la Extremadura castellana que, aunque conocidas bajo la forma que ofrecen redacciones tardías de las mismas[81], cabe suponer que en esencia su contenido no ha debido sufrir serias alteraciones en relación con las formas originarias. Los fueros de la llamada "familia del de Cuenca" sancionan en términos invariables la falsedad cometida por el escribano público ya sea en un sentido material, mediante la agregación o supresión de palabras que alteran el sentido del texto, o formal, al reflejar conscientemente por escrito un hecho falso –en este sentido debe entenderse la "defraudación" del notario: "deprehensus in fraudem"-[82]. La falsificación puede recaer sobre un documento o

[80] *Fuero General de Navarra*, ed. ILARREGUI Y LAPUERTA, Pamplona 1869, II,6,15: "En quoal manera se cognosce la falsa carta.- De carta que es escripta e es arayda o emendada o fayllesce el propio nombre o en el conto, o en la era, o en la incarnacion; si en tales logares fayllesce por ond omne pueda ser sospechoso de afrontaciones, o non fuesse escripta de escriuano publico et iurado de conceyllo, et que sea tenido por leal mandamos por fuero, que tal carta assi rayda o emendada en tales logares non valga, porque ningún engayno non debe auver en la carta". Compárese este texto con el de la Recopilación II de los *Fueros de Aragón* (*A.H.D.E.*, V, 33).

[81] La circunstancia de que en ellas se hable de un escribano o "notario" indica que el texto no es muy antiguo, o bien acusa una influencia del *Liber* que emplea este término: VII,5,9: "De his qui contra Notarios públicos ac regias iussiones Principum recitare vel scribere ausi fuerint".

[82] *Fuero de Cuenca*, XVI,29 (455): "De pena infidelis notarii.- Si notarius de falsitate, aut defraudatione convictus fuerit usque ad centum menkales, pectet eos duplatos ut latro; a centum et supra, si deprehensus fuerit in fraudem, aut in libro iudiciorum aliquid abraserit, vel apposuerit, abscindatur ei pollex dexter, et dampnum quod fecerit, pectet duplatum" (= *F. Baeza*, 425; *F. Béjar*,538; *F. Zorita*, 348; *F. Alarcón*, 389;

escritura no cualificada, sobre el texto original del propio Fuero o sobre el padrón del concejo, circunstancia que, junto con la valoración del perjuicio causado, influye en la fijación de la pena. Así, si el documento falso es de carácter privado y el perjuicio ocasionado es inferior a cien mencales, la pena aplicable al autor consiste solamente en una multa por el duplo del importe del daño, pero si éste excede del valor antes indicado o, con independencia del mismo, la falsedad recae sobre el texto legal, a la multa antes señalada se añade una pena física que consiste en la mutilación del pulgar derecho.

El mismo supuesto de hecho aparece, en términos idénticos en el *Fuero de Teruel*, pero en él, a diferencia de los anteriores, la falsificación del texto legal es castigada sólo con penas de tipo económico, a saber: el doble del perjuicio más una cantidad fija consistente en cien áureos en tanto que la insuficiencia económica o la negativa por parte del responsable a abonar la multa, en cualquiera de los supuestos previstos, dan lugar subsidiariamente, a la pena física de mutilación del pulgar derecho a la vez que a la publicación del hecho –lo que supone una pena de tipo infamante-[83]. La falsedad documental cometida por cualquiera de los oficiales del concejo lleva aparejada a la pena antedicha la pérdida del cargo[84].

F. Alcaraz, VI,33): los textos concordantes sólo difieren del de Cuenca en la moneda, v. gr., en Alarcón y Béjar, maravedises. Cfr. También *F. Cuenca* XVI,27.

[83] Compárense los párrafos que siguen del *Forum Turolii*, con el equivalente de Cuenca. Manejo una edición de aquél debida a F. AZNAR Y NAVARRO, con anotaciones marginales de Rafael de UREÑA, resultantes de su cotejo parcial con el Códice 690 de la Niblioteca Nacional. Ureña corrige la fecha atribuida al Fuero por Aznar, 1178, ofreciendo en su lugar aunque no sin reservas la de 1195. El párrafo 85 dice: "De falsitate notarii.- Tamen si notarius de falsitate aut de fraudacione conuictus fuerit, uel in libro iudiciorum sine precepto domini Regis uel Concilii aliquid mutauerit, siue abraserit, uel apposuerit, et dampnum fuerit usque ad Cm. solidos, pectet eos dupplatos, a Cm. ut supra, si in fraude ut dictum est deprehensus fuerit, uel in libro sine precepto aliquid matuerit, et ei ut fórum precipit de iuratis probatum fuerit, pectet dampnum dupplatum quod inde euenerit, et insuper Cm. aureos alfosinos". El precepto 86 indica: "De pena notarii infidelis.- Si uero pectare noluerit uel nequiuerit, dexter pollex illi sine remedio abscindatur. Et omnis hec calumpnia ponatur in hedificio turrium et murorum".

[84] *Forum Turolii*, 91: "De falsitate notariorum.- Et si de falsitate aliquis eorum ut supra scriptum est de aliis iuratis conuictus fuerit, hanc penam sustineat que superius scripta est de notario concilii in predictis et amplius oficium sive portellum concilii non teneat sua vita".

5. Pese a que las nuevas corrientes de la recepción romano-canónica modifican profundamente en el *Fuero de Soria* las normas del viejo Formulario del fuero en que, como los de la familia del de Cuenca, se basa, la distinción que aquél –en este punto coincidente con el *Fuero Real*– mantiene a propósito de la falsedad de escribano en función de la cuantía del pleito, recuerda la que acabamos de señalar y permite establecer una línea evolutiva que continuará, al margen de la influencia del Derecho común, en el Código de las *Partidas*[85]. Si, tratándose de documentos no regios, el autor es escribano público, la pena aplicable será la de amputación de una mano o pérdida del oficio, si el valor señalado es inferior a cien maravedíes, y la de muerte si tal cuantía es superada[86].

III. SISTEMA DE LA RECEPCIÓN

1. A finales del siglo XII se advierte en España el inicio del renacimiento del Derecho romano. Comienza así –como para gran parte de Europa– la época llamada de la "Recepción", aunque sus límites no son uniformes ni rígidos, ni sus consecuencias son similares en todos

[85] *Fuero Real*, IV,12,1 (= *Fuero de Soria*, 79): "Si el escribano publico que es dado para facer las cartas así como la ley manda, ficiere carta falsa en pleito de cient maravedís Ayuso, pierda la mano, y el oficio, e si fuere de cient maravedís, o dende arriba, muera por ello".

[86] *Fuero Real*, IV,12,4 (= *Fuero de Soria*, 573): "Si alguno que no sea escribano publico ficiere falsa escriptura, o la leyere, o la mostrare en juicio a sabiendas por verdadera, o que ficiere sello falso o lo pusiere en carta; si le fuera probado, o lo él conociere, tal escriptura no vala; y aquel que alguna destas cosas ficiere si oviere valia de cient maravedís, o de mas, piérdalo todo, y échenle de la tierra por falsario: e la meitad de aquello que hobiere, sea del Rey, y el cuerpo a servidumbre de aquel a quien fizo el daño o lo cuidó facer; y esta misma pena hayan aquellos que la verdadera Escriptura tuviesen en fieldad, si la ascondieren que la no quieran mostrar quando gela demandaren, o rompiere, o desatare la carta; e si fuere probado aquello que era escripto en la carta, vala: e si el Escribano publico ficiere alguna de aquestas cosas, haya la pena que manda la Ley". En la nulidad del documento falso insisten las leyes IV,12,5 del *Fuero Real*, y 573 del *Fuero de Soria*. Para Arias Balboa existe una concordancia entre la ley IV,12,4 del *Fuero Real* y la VII,7,1 de las *Partidas*, y además entre aquélla y la VII,5,2 del *Liber*. Ver J. CERDA RUIZ-FUNES, "Las glosas de Arias de Balboa al Fuero Real de Castilla", en *A.H.D.E.*, XXI-XXII, 1951-1952, págs. 731-1141, y en especial 1102-1103.

los territorios, dadas las circunstancias políticas de los reinos cristianos. En unas regiones el influjo romanista será escaso, al menos en un principio, y en consecuencia el régimen jurídico altomedieval apenas o en nada va a ser modificado; en otras, aunque la penetración de las nuevas corrientes sea más intensa, si en ellas el sistema altomedieval ofrecía ya soluciones próximas a las que ahora llegan, éstas sólo determinarán el refuerzo o la generalización del régimen iniciado en la época anterior. Por último, no faltan regiones en que el contraste sea más profundo, y en ellas la presencia o la combinación del nuevo Derecho con el antiguo va a dar lugar a un nuevo sistema diferente del que le precediera.

Sin embargo, ni siquiera allí donde la influencia romanista es mayor se implanta de una vez y sin dificultades, generalmente, el Derecho romano, desplazando de forma fulminante el Derecho tradicional. Por el contrario, es frecuente que durante cierto tiempo coexistan ambos ordenamientos o que el triunfo definitivo de la corriente romana o romano-canónica sólo se logre en una época tardía. La lucha, cuando tiene lugar, entre uno y otro por la supremacía –y en definitiva por la supervivencia–, o la pacífica complementariedad, entre ellos, merecen en principio nuestra atención, por cuanto estas tensiones y esta nueva situación habrían de afectar a la regulación de la falsedad, en cualquiera de sus manifestaciones.

2. La recepción de las nuevas corrientes romano-canónicas en España a partir del siglo XIII van a reafirmar la exigencia de los tres requisitos o elementos que, apuntados ya en el sistema romano-visigodo, habrán de conformar ahora el delito de falsedad documental. Pero la valoración de algunos de ellos es objeto por parte de la doctrina, especialmente desde el siglo XVI, de matizaciones que, por su relevancia, deben ser destacas en este lugar.

La alteración de la verdad se produce por una de estas tres operaciones: creación de un documento falso, modificación del contenido de uno auténtico y uso de cualquiera de ellos. Las *Partidas* especifican en qué consiste la alteración del contenido, y asimismo sancionan la confección de documento falso[87]; en los Furs de Valencia y en las

[87] *Partidas* VII,7,1: "E puedese fazer la falsedad en muchas maneras; asi como si algún Escriuano del Rey, u otro que fuessse Notario publico de algún Concejo, fiziesse preuillejo o carta falsa a sabiendas; o rayesse o cancellasse o mudasse alguna escritura verdadera, o pleyto o otras palabras que eran puestas en ella, cambiándolas

Costums de Tortosa se contempla la alteración y también el hecho de ocultar fraudulentamente un documento[88].

El concepto de creación de un documento falso no encierra problemas a la consideración de los juristas; sí, en cambio, la manipulación encaminada a alterar el contenido y efectos del auténtico. A este respecto la doctrina se plantea en la época Moderna si para que el delito surja es necesario que la alteración afecte a la esencia del documento o basta que sus cualidades accidentales resulten modificadas, inclinándose las opiniones hacia la segunda solución[89]. Por otra parte, con respecto a la falsificación documental hay que señalar que, al mantener el Derecho justinianeo, ahora en vigor en determinadas regiones, la distinción entre testamentos y documentos extratestamentarios, aunque el régimen penal sea uniforme, la consideración independiente de aquéllos supone admitir formas especiales de falsificación que no rigen con respecto a los demás documentos (v. gr.: la apertura por quien no está autorizado a ello).

Mayores dificultades encierra la consideración del uso de documento falso. La cuestión fundamental que preocupa a los autores es la de determinar si el usuario de un documento falso debe ser sancio-

falsamente". El uso de documentos falsos no es específicamente señalado en las *Partidas*, pero el precepto del *Fuero Real* IV,12,4, recogido en la nota anterior, debió de estar en vigor tras el Ordenamiento de Alca´la, siendo desarrollado por la doctrina.

88 *Fori Antiquæ Valentiæ*, ed. DUALDE, Madrid-Valencia 1950-1967, CXV,1: "Eum qui celavit amovit testamentum vel instrumenta commitere crimen falsi publice notum est". La versión romance, en *Fori Regni Valentiæ*, ed. ed. F. J. PASTOR, 1547, IX,3,4, formula así el precepto: "Aquell qui celara, o amagara testament, o cartes daltry en tal guisa que aquell de qui son no sen pus que valer, certa cosa es que fa, e cau en crim de fals". En los mismos términos, *Código de las Costums de Tortosa*, ed. B. OLIVER, en *Historia del Derecho en Cataluña, Mallorca y Valencia*, Madrid 1876, vol. 4: IX,3,1: "Certa cosa es e manifesta, que fa public crim aquel, que cela ne embla testaments o cartes publiques". Adviértase, sin embargo, que la referencia de los Furs a documentos particulares es clara, en tanto que en Tortosa tal referencia es sobre documentos públicos.

89 Juan VELA Y ACUÑA, *Tractatus de pœnis delictorum*, Salamanca 1603, cap. X, nº 5, pág. 44, señala que basta que una letra sea alterada, aunque con ello no se afecte a la sustancia del escrito, para que la pena se aplique al falsificador. En el mismo sentido, pero con referencia a los documentos pontificios, MIERES, *Apparatus super constitutionibus curiarum generalium Cathaloniæ*, Barcelona 1621, I, pág. 376, nº 17. En contra, LOPEZ SALCEDO, *Practica criminalis canonica*, Maguncia 1566, caput CXX, nº 5, pág. 409.

nado con el mismo rigor que el autor de la falsedad, suponiendo que ambos sean personas distintas. Mieres y Cancer se pronuncian sobre este tema. Para ambos el uso se sanciona como si de la creación de un documento falso se tratara, si bien la sanción del primero puede verse reducida si descubre al falsificador[90]; sin embargo, aunque esto no se produzca, Mieres se inclina hacia una aminoración de la pena del usuario del documento en relación con la que hubiera de corresponder al creador del mismo[91]. En todo caso los autores coinciden en considerar que quien se vale de un documento falso en juicio para obtener una sentencia favorable, aparte de otras posibles penas en que incurra, pierde la causa[92].

Preocupa también a la doctrina la cuestión de si el desistimiento en el uso del documento falso puede ser causa de exención de pena. Se entiende que tal desistimiento tiene lugar antes de que el documento haya producido los efectos buscados y, más concretamente, antes de que, utilizado en un juicio, la correspondiente sentencia haya sido dictada bajo la influencia del citado documento. Nuevamente Mieres, y en términos similares Antonio Gómez, se plantean y resuelven el problema distinguiendo entre el usuario de un documento falso fabricado por él mismo y el de otro fabricado por un tercero. En el primer caso es claro que el desistimiento no contribuye a evitar la sanción, puesto que lo que se pena es el hecho de la falsificación en sí, con independencia de su posterior utilización; en el segundo caso, en cambio, la pena puede ser evitada[93].

---

90 MIERES, *Apparatus*, I, pág. 378, nº 26; CANCER, *Variarum resolutionum Principatus Cathaloniæ*, Lugduni 1670, I, cap. XX, De testibus, pág. 406, nº 63.

91 MIERES, *Apparatus*, I, pág. 376, nº 12.

92 MIERES, *Apparatus*, I, pág. 378, nº 20; CANCER, *Variarum resolutionum*, I, cap. XX, pág. 406, nº 60; FONTANELLA, *Decisiones Sacri Regi Senatus Cathaloniæ*, Coloniae Allobrogum 1735 (hay ediciones anteriores que no he podido manejar), I, decis. 290, pág. 545, nº 2. Pero si el uso es inconsciente, no hay delito: FONTANELLA, *Decisiones*, I, decis. 290, pág. 545, nº 8.

93 Antonio de la PEÑA, *Tractado muy provechoso de los juicios, jueces y orden de las penas criminales*. Aunque existe transcripción de M. LOPEZ-REY, en *Rev. C. Jur. Y Soc.*, Madrid 1935, año 18, nº 70, cito por el Ms. 6379, que manejo directamente, de la Biblioteca Nacional. Sus glosas y concordancias marginales no han sido transcritas por LOPEZ-REY. Para la cuestión a la que ahora me refiero, Ver fol. 156, cap. 27, nº 5; MIERES, *Apparatus*, I, pág. 376, nº 12 y II, pág. 239; Antonio commentarium, *Ad leges Tauri*, pág. 727.

Por último, frente a la teoría que, en términos generales, mantienen Antonio de la Peña y Vela Acuña en el sentido de que en el uso de documentos falsos se presume siempre una actuación dolosa del sujeto[94], Mieres, López Salcedo y Fontanella admiten la posibilidad de que el usuario demuestre su ignorancia del carácter falso del documento[95], eximiéndose de la pena correspondiente si, como en el caso antes comentado, puede descubrir al autor de la falsedad[96].

La exigencia del dolo es unánimemente sentida por todos los autores y sobre este requisito no se plantea discusión alguna. La regla general de que sin dolo no existe delito, no ofrece excepciones, y de acuerdo con ella se afirma que la fabricación inconsciente de un documento falso no genera responsabilidad en el autor material pero sí en el instigador[97].

Como tercer requisito se ha mencionado el perjuicio ajeno. Este sería el resultado al que habría de llegarse mediante la puesta en práctica del "animus fraudandi" del autor de la falsedad. El daño ajeno, unido a los otros dos requisitos señalados, está presente en todos los autores de la época Moderna[98], y sin embargo en su interpretación se advierten discrepancias que revelan la tendencia hacia una consideración amplia del mismo. Para A. de la Peña basta que exista el riesgo de producir un perjuicio para que, estando presentes los otros elementos, el delito se produzca, si bien en este caso no sería de aplicación la pena ordinaria sino la que arbitrariamente el juez quisiera establecer[99].

Por otra parte, si la falsedad se comete en un documento nulo, y por tanto incapaz de producir efectos, de ella no puede derivar un perjuicio ajeno. Sin embargo, de acuerdo con el derecho romano, la

---

94 A. DE LA PEÑA, *Tractado*, fol. 156, cap. 27, nº 4; VELA Y ACUÑA, *Tractatus de pœnis*, cap. X, nº 3, pág. 44.

95 MIERES, *Apparatus*, I, pág. 376, nº 16; LOPEZ DE SALCEDO, *Practica criminalis*, caput. CXX, nº 4, pág. 407; FONTANELLA, *Decisiones*, I, decis. 290, pág. 545, nº 8.

96 MIERES, *Apparatus*, I, pág. 376, nº 16; LOPEZ DE SALCEDO, *Practica criminalis*, caput. CXX, nº 4, pág. 407.

97 VELA Y ACUÑA, *Tractatus de pœnis*, cap. X, nº 2, pág. 44; MIERES, *Apparatus*, I, pág. 378, nº 25.

98 SESSE, *Decisionum Sacri Senatus*, I, pág. 721; D. FRANCO, comentario al fuero "De crimine falsi", 1, de 1247; L. MATHEU Y SANZ, *Tractatus de re criminali*, Madrid 1776, controversia XXXVII, nº 7, pág. 204.

99 A. DE LA PEÑA, *Tractado*, fol. 156, cap. 27, nº 2.

responsabilidad existe[100], aunque la doctrina corrige y matiza esta afirmación. Gregorio López considera que tal responsabilidad sólo existe en el caso de que, aun siendo nulo el documento por defecto propio, de él pudiera derivarse un perjuicio indirectamente, no así en otro caso aunque la falsedad haya sido realizada conscientemente. Esto supone afirmar que la frustración del delito por causas ajenas a la voluntad del sujeto que lo intenta, no es sancionable, a menos que de ella derive un perjuicio indirecto[101]. Una interpretación distinta ofrece A. de la Peña, para quien la falsedad cometida por un escribano sobre un testamento nulo, según el supuesto previsto en el Digesto, siempre es sancionable aunque con penas distintas a de las ordinarias[102].

3. Iniciamos el estudio concreto de los supuestos de falsedad documental a raíz de la Recepción, distinguiendo entre documentos del Rey, del Papa y de Derecho privado. El distinto régimen de cada uno de ellos aconseja su estudio por separado pese a que en ocasiones unas mismas normas sancionan conjuntamente los dos primeros tipos.

Sin embargo, no siempre el punto de arranque de nuestro estudio se encuentra en el Derecho justinianeo, aunque las nuevas corrientes (a veces especialmente por influencia del Derecho canónico) contribuyan de forma decisiva a perfilar y desarrollar figuras punibles que ya existían de alguna forma en el sistema precedente.

Por lo que a los documentos regios, y oficiales en general, respecta, falta en el Derecho romano un tratamiento específico: los "rescripta principis" y las "epistulæ" aparecen indiscriminados y confundidos con otros documentos de carácter privado a los que, como en aquellos, es de aplicación el régimen general. Y en cuanto a las "antiquæ" del *Liber* que por primera vez destacan la falsedad cometida sobre textos de origen regio, piensa D'Ors que debían proceder no del *Código de Eurico*, sino más bien de Leovigildo, monarca a partir del cual es más fácil encontrar un celo regio que, en cambio, ha faltado en sus prede-

---

[100] AFRICANO, *Digesto* XLVIII,10,6,pr.: "Si quis legatum sibi adscripserit, tenetur pœna legis Corneliæ, quamvis inutile legatum sit; nam et eum teneri constat, qui eo testamento, quod postea ruptum, vel etiam quod initio non iure fieret, legatum sibi adscripserit...".

[101] Gregorio LOPEZ, en glos. "fiziesse previlegio o carta falsa" a *Partidas* VII,7,1.

[102] A. DE LA PEÑA, *Tractado*, fol. 156, cap. 27, nº 3.

cesores[103]. Aunque su origen no sea necesariamente regio, también la falsificación de textos legales es contemplada, como hemos visto, en algunos fueros extensos.

Pero en este punto son fundamentalmente los preceptos del Derecho canónico los que estarán en vigor desde el siglo XIII al XIX, encontrándose reflejados por vez primera en el *Fuero Real*, donde se conjugan con la línea tradicional. En este cuerpo legal se contempla de forma genérica la falsedad cometida sobre cualquier tipo de documentos de origen regio. Bajo el término amplio de "carta del Rey" tienen cabida desde las leyes que de él emanan hasta los documentos de tipo particular por él rubricados[104]. Consistiendo la falsedad en la alteración del contenido del escrito, bien por supresión, por añadidura o por enmienda tanto de la parte dispositiva, si existe, como de la data, la influencia del Derecho canónico se advierte ya en la inclusión, como posible autor de la falsedad, del clérigo, a quien se aplica en un régimen diferente de penas las que el propio Derecho canónico señala y el *Fuero Real* recoge en otra ley. Tales penas consisten en la suspensión de órdenes sagradas, en la impresión de una marca o señal infamante en la frente y en el destierro –tal como Urbano III estableció en 1186 y recogieron las *Decretales*–[105], uniéndose a ellas la de confiscación de sus bienes para la cámara del Rey[106]. Este mismo tipo de penas rige con respecto a la falsificación del sello del Rey[107].

[103] A.D'ORS, *El Código de Eurico*, pág. 72.

[104] *Fuero Real*, IV,12,6: "Quienquier que carta del Rey falsare, mudando lo que hay en ella escripto, o tolliendo o añadiendo, o desatando o cambiando el dia, o el mes, o el hora, o por otra guisa qualquier, muera por ello; y el Rey haya la meitad de todos sus bienes, e la otra meitad háyanla sus herederos. Y esta mesma pena hayan aquellos que sello de Rey falsaren: e si clérigo alguna de estas cosas ficiere, haya la pena que manda la otra Ley". Ver también *Fuero Real*, IV,12,10.

[105] *Corpus iuris canonici*, ed. Post RITCHERI. Instruxit FRIEDBERG, II. *Decretalium Collectiones*, Graz 1959, pág. 817: "Clericus, falsans sigilum principis, deponitur. Item ei character imprimatur, et in exsilium mittitur".

[106] *Fuero Real*, IV,12,2: "Clérigo que falsare sello de Rey, sea desordenado, e sea señalado en la frente, por que sea conoscido por falso por jamás: e sea embiado de todo el Reyno, e lo que hubiere sea del Rey. E si falsare sello de otri, pierda quanto hubiere, e sea de la Iglesia: e sea echado de toda la tierra por jamás, e todo lo que hubiere sea del Rey".

[107] Propiamente es a la falsificación de sellos a que se refiere la ley IV,12,2. La pena con que este delito se castiga se extiende a la falsificación documental en virtud de la remisión que a ella hace la ley IV,12,6.

Si en cambio el falsificador de un documento regio o del sello del monarca no pertenece al estado religioso, la pena se aplica en su grado máximo, consistiendo en la muerte y en la confiscación de la mitad de sus bienes, quedando la otra mitad para los herederos del reo[108].

Adviértase en este punto la evolución sensible que en el régimen penal contra los falsificadores de documentos y sellos reales se ha operado. La distinción desde el punto de vista del autor del delito entre clérigos y no clérigos sustituye a la que el *Liber* mantenía en función del rango social del delincuente. Por otra parte se ha producido una agravación indudable de las sanciones, que en el *Liber* consistían simplemente en la confiscación de la mitad de los bienes, si de "honestiores" se trataba, o en la amputación de la mano, si eran "humiliores".

Este régimen, que con la Recepción del Derecho común sería observado en líneas generales, pasa fielmente a las *Partidas*[109], estando en vigor, al menos desde un plano teórico, hasta el siglo XIX, en lo que no es modificado por las leyes reales.

En el año 1312, en las Cortes celebradas en Valladolid, se establecen contra los escribanos del Rey distintas sanciones para el supuesto de que no desempeñen fielmente su oficio. Estas penas, a todas luces inferiores a las que señalan las *Partidas*, consisten en la infamia, la inhabilitación para el desempeño de oficios públicos y, por consiguiente, la pérdida del de escribano, más una multa por el doble del sueldo anual[110]. No se especifica en la ley si el supuesto punible que se contempla es la falsificación de un documento y menos si este documento

[108] Ver *Fuero Real*, IV,12,6, en una nota precedente.

[109] *Partidas*, VII,7,6: "Que poena merescen los que fazen alguna de las falsedades sobredichas.- Vencido seyendo alguno por juyzio, o conosciendo sin premia, que auia fecho alguna de las falsedades que diximos en las leyes ante desta; si fuere ome libre, deue ser desterrado para siempre en alguna Isla; e si parientes ouiere, de aquellos que suben o descienden por la liña derecha fasta el tercero grado, deuen heredar lo suyo. Mas si tales herederos non ouiese, estonce los bienes suyos deuen ser de la Camara del Rey, sacando entre las debdas que deuia, e la dote e las arras de su mujer; e si fuere sieruo, deue morir por ello".

[110] *Cortes de los antiguos Reinos de León y Castilla*, ed. R. Acad. De la Hist., Madrid 1861-1903, I, doc. 35: Ordenamiento de las Cortes celebradas en Valladolid, año 1312; 21: "Otrossi tengo por bien e mando que estos escriuanos sobredichos que juren ami o a quien yo mandar que guarden estas cosas que dichas son e el so officio en todo bien e ffiel mente assi como yo dellos ffio; et si yo fallar que pasan contra ello e lo assi non guardan, que sean por ende inffames et perjuros, e que nunca ssean mas oficiales

se entiende que procede del rey, aunque fácilmente podríamos llegar a esas conclusiones. Sin embargo, aunque según el orden de prelación que estableció el *Ordenamiento de Alcalá* aquella ley debía prevalecer sobre la de las *Partidas*, de ella no ha quedado rastro, bien porque no ha sido interpretada en el sentido apuntado –en cuyo caso no habría contradicción entre ellas y no se plantearía el problema de prelación–, bien porque ha caído en el olvido. Lo cierto es que las Recopilaciones no la recogen y los comentaristas la ignoran.

Más tarde, una disposición de Enrique III, que las Recopilaciones castellanas recogerían refiriéndose únicamente a la falsificación del sello del Rey, señala contra este hecho la confiscación de la mitad de los bienes del responsable, guardando silencio sobre la pena de muerte que las *Partidas* establecieron al respecto[111]. Sin embargo, no cabe pensar que aquélla fuese ahora abolida, sino más bien completada.

Pero en el siglo XVI se advierte ya en la doctrina una tendencia a interpretar en un sentido distinto la legislación alfonsina. Vela Acuña al tiempo de señalar en qué consiste la degradación del clérigo falsificador de documentos regios[112], indica que, una vez desprovisto de su condición de eclesiástico y de los distintivos y atributos propios de su anterior estado, debe ser entregado a la justicia secular para que ésta le juzgue, procedimiento que reflejan igualmente Azevedo y tardíamente Tapia entre otros[113], lo que revela que debía seguir en vigor aún en tiempos de este último. Acaso en tales circunstancias la pena aplicable al clérigo no fuera diferente de la que correspondiera al seglar en similares casos, y por ello Matheu y Sanz advierte que la falsedad cometida en los rescriptos del príncipe se castiga con pena de muerte incluso cuando el falsificador es un clérigo[114]. Pero ya en el siglo XVIII,

en ningún tiempo nin ayan officio donrra en la mi casa nin en la mi tierra, e de mas que pechen la ssolladada, que tomaren ese anno doblada".

[111] *Nueva Recopilación*, VIII,17,3 y 5 (= *Novísima Recop.*, XII,8,1). Enrique III. "Pena de los que falsearen los sellos del rey o de qualquiera Prelado, y fabricaren falsa moneda.- Mandamos que qualquier que falsare nuestros sellos, o el sello de qualquier Arzobispo, Obispo u otro qualquier Perlado, porque es alevoso, pierda la mitad de sus bienes para la nuestra Cámara".

[112] VELA Y ACUÑA, *Tractatus de pœnis*, cap. X, nº 13, pág. 45.

[113] AZEVEDO, *Commentaria iuris civilis in Hispaniæ Regias Constitutiones*, Lugduni 1737, tomo V, pág. 337, VIII,17,3, nº 16: E. TAPIA, *Febrero Novísimo o Librería de jueces, abogados y escribanos*, vol. VII, Valencia 1829, pág. 12.

[114] MATHEU Y SANZ, *Tractatus de re criminali*, controversia V, nº 21, pág. 13.

en tales casos, la pena de muerte no debía de estar en vigor. Así se desprende de un comentario de Berni al respecto, en el que, recordando con frases no exentas de nostalgia épocas pretéritas en que tal pena se imponía con extremado rigor, indica que en su época las de presidio, privación del oficio y costas la han sustituido[115]. Pero la gravedad del delito se advierte aún en determinados datos, como la prohibición de que el reo del mismo reciba asilo o inmunidad en las iglesias[116].

No obstante, no en todas partes el rigor disminuye, en cuanto al castigo de los falsificadores de documentos regios. En 1542 Carlos I en las Cortes de Monzón castiga con pena de muerte natural al que falsifica en Cataluña documentos públicos. Sin otras precisiones, la sanción parece excesivamente dura. ¿Acaso está contemplando un tipo especial de documentos públicos, los emanados del rey? Es posible también que se refiera a los "actes de Cort" –la ley emplea precisamente la palabra "actes"–, es decir, a unos documentos reales de carácter legislativo[117]. En este caso la dureza de la pena encontraría más fácil justificación.

4. No muy diferente es el tratamiento penal que recibe la falsificación de documentos o del sello del Papa. La ofensa al Rey es equiparable a la del Pontífice, pero tratándose del Príncipe de la Iglesia tal ofensa lleva implícita una idea de pecado cuya gravedad determina que junto a las penas temporales aplicables al autor del delito se señalen otras de tipo espiritual, a veces con independencia del estado o cualidad de éste.

En términos generales las *Partidas* señalan indiscriminadamente la pena capital contra quienes falsifican bulas, cartas o sellos del Papa, pero el Derecho canónico al establecer la sanción correspondiente en tales casos al clérigo autor del delito influirá en la doctrina jurídica,

---

[115] J. BERNI, *Practica criminal,* Valencia 1765, cap. XXIII, nº 2, pág. 53. Sin embargo, mucho antes de su época, sorprende no encontrar en documentos referentes a falsedades cometidas por escribanos penas en consonancia con el rigor que la ley señalaba. F. ARRIBAS ARRANZ, "Los escribanos públicos en Castilla durante el siglo XV", en *Centenario de la Ley del Notariado,* secc. I, Estudios históricos, vol. I, págs. 167-260, tan sólo revela la sanción de pérdida de oficio o multa contra escribanos falsificadores –pág. 242–.

[116] V. VIZCAINO PEREZ, *Código y práctica criminal arreglado a las leyes de España,* II, Madrid 1797, pág. 280.

[117] *Constitutions i altres Drets de Cathalunya,* ed. Barcelona 1588, vol. I: IX,7,3. Carlos en la Cuarta Corte de Monzón. Año 1542, cap. 13: "e qui falsificara Actes, sie punit de pena de mort natural".

especialmente a partir del siglo XVI[118]. Como consecuencia de ello se abre paso una corriente que tiende a sustituir la pena antes citada por la de excomunión y privación de oficios y beneficios eclesiásticos, cuando el responsable es un clérigo[119]. En tales casos se precisa que la excomunión sólo puede ser levantada por el Papa "in articulo mortis"[120]. Posteriormente algunos juristas señalan que, agregándose a tales penas la de suspensión de órdenes sagradas, el falsificador debe ser entregado a la justicia ordinaria[121].

Sin embargo, otro sector de la doctrina considera que la excomunión es pena espiritual aplicable no sólo al eclesiástico que falsifica documentos o sellos pontificios, sino también a quien no ha recibido órdenes sagradas, correspondiendo en todo caso a la curia secular el conocimiento de tales causas[122]. A este respecto, siguiendo la opinión del Hostiense, Mieres advierte que la falsedad se comete con sólo alterar una letra o un punto en un documento pontificio, hecho suficiente para incurrir en excomunión lata que sólo el Papa puede levantar[123]. En la misma pena de excomunión –agravada con la de privación de oficios y beneficios, si de clérigos se trata– incurren, según expone Dou y Bassols en el siglo XIX, no sólo quienes usan conscientemente falsos documentos apostólicos, sino también los que, aun sin hacer uso de ellos, los retienen en su poder y no los destruyen en un plazo de veinte días[124].

---

118 *Partidas*, VII,7,6: "qualquier que falsa carta o preuillejo o bula o moneda o sello de Papa o de Rey, o lo fiziese falsar a otri, deue morir por ello"; I,6,60: "Cuando algún clerigo fuese fallado que falsare carta o sello del Rey debe ser degradado, e hanlo de señalar con fierro caliente en la cara porque sea conoscido entre los otros por la falsedad que fizo, e después devenlo echar del reino o del señoria del Rey, cuyo sello o carta falsó".

119 LOPEZ SALCEDO, *Practica criminalis*, caput. CXX, nº 1, pág. 407; VELA Y ACUÑA, *Tractatus de pœnis*, cap. X, nº 7, pág. 44.

120 VELA Y ACUÑA, *Tractatus de pœnis*, cap. X, nº 7, pág. 44.

121 AZEVEDO, *Commentaria iuris civilis*, tomo V, pág. 337, VIII,17,3, nº 16.; TAPIA, *Febrero novísimo*, vol. VII, pág. 12. MIERES, *Apparatus*, I, pág. 376, nº 17; DOU Y BASSOLS, *Instituciones del Derecho público general*, vol. VII, pág. 420.

122 MIERES, *Apparatus*, I, pág. 376, nº 17; DOU Y BASSOLS, *Instituciones del Derecho público general*, vol. VII, pág. 420.

123 MIERES, *Apparatus*, I, pág. 376, nº 17.

124 DOU Y BASSOLS, *Instituciones del Derecho público general*, vol. VII, pág. 420.

5. Sorprende en el estudio de las fuentes la falta de referencias concretas a la falsedad de documentos de carácter público emanados de autoridades inferiores al Rey, así como en el orden eclesiástico respecto de los que proceden de jerarquías subordinadas a la autoridad del Papa.

Entre los documentos reales y pontificios y los que no lo son existe una diferencia esencial: la falsedad cometida sobre los primeros supone no sólo una alteración dolosa de la verdad sino también una "ofensa principi", por lo que el delito de falsedad propiamente dicho se equipara al de lesa majestad, siendo esto motivo del diferente tratamiento que recibe. Esta idea de desacato al Rey o al Papa falta en los demás documentos de carácter administrativo lo mismo que en los de naturaleza estrictamente privada, apareciendo por ello generalmente englobados bajo un mismo régimen penal. Así, cuando las fuentes distinguen entre documentos del Rey y documentos no regios –sin hacer mención de otros de diferente tipo– bajo esta última mención debe entenderse a las dos categorías citadas.

Sin embargo, en el orden temporal existe ya en época avanzada alguna referencia a la falsedad de sellos o documentos de autoridades inferiores. Una orden de 10 de diciembre de 1768 contempla este supuesto, que sanciona con pena de presidio, variable en su duración según la clase de instrumento falsificado y otras circunstancias que acompañen al hecho[125].

En la esfera eclesiástica, en cambio, se distingue a veces de la falsedad del sello o de documentos pontificios la de los correspondientes a jerarquías inferiores. La falsificación de documentos procedentes de un prelado o de jueces delegados apostólicos se castiga con la suspensión de órdenes sagradas, la privación de beneficios eclesiásticos y la reclusión en un monasterio, cuando el responsable es un clérigo[126].

6. Dentro de la consideración de la falsedad de documentos de Derecho privado englobamos tanto el delito que tiene por objeto un documento que ha sido autorizado por el escribano público o por el

---

[125] La referencia, que no he podido comprobar, la tomo de A.J. PEREZ Y LOPEZ, *Teatro de la legislación universal de España e Indias*, Madrid 1796, tomo XIV, pág. 127. Se trata de una Real Resolución no recopilada.

[126] MIERES, *Apparatus*, I, pág. 376, nº 9; LOPEZ SALCESO, *Practica criminalis*, caput CXX, nº 2, pág. 407.

juez como el que recae sobre documentos puramente privados. Sucesivamente se tratará aquí de las modalidades de falsificación, de los sujetos que la realizan y de su relevancia en orden a la pena, y de las formas que ésta reviste.

En cuanto a las modalidades de realización del delito, la antigua enumeración del Derecho romano posclásico reaparece desde el siglo XIII con la Recepción: en Castilla, y por tanto en aquellos territorios a los que el Derecho castellano se extiende, los supuestos aparecen tipificados en el texto legal vigente, sin perjuicio de que la doctrina jurídica los desarrolle en consonancia con las nuevas corrientes; lo mismo sucede en Valencia y Tortosa; en el resto de Cataluña, Mallorca y Navarra, donde los textos romanos están en vigor, el casuismo es más acentuado, y Aragón, pese a su resistencia al romanismo y su tendencia a permanecer más fiel a la línea tradicional, tampoco ofrece discrepancias acusadas en este punto.

La influencia de la Recepción se advierte ya en Castilla en el *Fuero Real*, donde se distingue la creación de un documento falso que imite el legítimo, la destrucción u ocultación de un documento auténtico, y el uso, judicial o no, de documento falso. La invención de un documento puede referirse tanto a un testamento como a la escritura que refleja un contrato, supuestos ambos expresamente previstos en la ley y que reciben un tratamiento uniforme[127]. Las *Partidas*, siguiendo la misma línea, no hacen sino repetir los supuestos antes señalados, entendiendo por alteración fraudulenta del documento auténtico toda operación que consista en la destrucción material de parte del mismo y la supresión o modificación del contenido del texto[128]. Tales son las posibilidades que la ley tendrá en cuenta hasta el siglo XIX.

[127] *Fuero Real*, IV,12,5: "Todo home que ficiere carta falsa sobre compra o sobre donadío, o sobre manda de home muerto, o sobre otro pleito qualquier, por toller a alguno su derecho, o para facerlo otro mal, tal carta no vala; y el que lo fizo o lo mandó facer, haya la pena que manda la Ley".

[128] *Partidas*, VII,7,1. Ver nota 87. El texto continúa: "Otrosi dezimos que falsedad faria el que tuviese carta o otra escritura de testamento que alguno auia fecho, si la negase diciendo que la non tenia o si la furtasse a otro que la tuviese en guarda, e la escondiese o la rompiese o la tolliese los sellos della o la dañase en otra manera qualquier. Esso mesmo seria quando alguno a quien fuesse dada carta de testamento en guarda a tal pleito que la non leyesse nin demostrasse a ninguno en vida de aquel que gelo encomendó; si después el otro la abriese e la leyesse a alguno sin mandamiento del que gela diera en encomienda".

Las breves referencias de los *Furs* de Valencia y de las *Costums* de Tortosa a la falsedad documental revelan la evidente influencia romana. Ello es prueba en los *Furs* de que, pese a aparecer como un texto de recopilación de costumbres de contenido tradicional, no falta en él la presencia romana. En ambas fuentes destaca la común alusión a la falsedad documental en general y a la falsedad testamentaria en concreto, aunque el régimen jurídico es uniforme. Las operaciones sancionables son las que consisten en alterar de cualquier forma el contenido de un documento o testamento auténticos o en ocultarlos en perjuicio de terceros[129]. Sólo los documentos auténticos son aludidos en los textos citados. La creación de un documento falso no se destaca expresamente, aunque tampoco se excluye. Sin embargo, por lo que respecta a Valencia, Alfonso V en 1429 especifica que la falsedad consiste tanto en alterar un documento auténtico como en hacer un documento falso o redactar una escritura sin la debida autorización[130].

En Cataluña, Mallorca y Navarra, manteniéndose la distinción entre testamentos y documentos en general, ha debido sancionarse un conjunto amplio de operaciones consistentes en la confección de un testamento falso, la colocación de sellos en el mismo para aparentar un carácter auténtico, el uso del mismo en juicio, así como la alteración del contenido de uno auténtico, su ocultación y apertura por persona no autorizada; y además la alteración en general de documentos auténticos, su ocultación y sustracción, imitación y uso de quirógrafo ajeno y el hecho de quitar los sellos a documentos legítimos o colocarlos en documentos falsos[131].

[129] Ver nota 88. Por lo que respecta a los *Furs* y a la influencia romana en esta fuente, Ver Ana BARRERO, "El Derecho romano en los Furs de Valencia de Jaime I", en *A.H.D.E.*, XL, 1970, págs. 639-664.

[130] *Fori Regni Valentiæ*: IX,3,5: Alfonso III (V), año 1429, Valencia: "Nos Alfonso per la gracia de Deu rey Darago, etc., addents a la pena ques posada a aquells que fan, o faran fer cartes falses. Ordenam que si algu scientalment fara, o fer fara carta falsa, o scriptura publica, e auctentica falsa ultra les penes en lo fur statuides muyren sens algún remey. E aço mateix sia, e haja loch si algu supposara alguna persona per altra faent fer carta, e acte ab scriptura publica e auctentica. E axi mateix aquell quin supposara o metra aquella persona per altra e aquell qui será supposat muyra sens algún remey".

[131] *Digesto* XLVIII,10: "De lege Cornelia de falsis e de senatusconsulto Liboniano"; *Código* IX,22: "Ad legem Corneliam de falsis". Esta doctrina figura contenida en el diccionario jurídico conocido con el nombre de la "*Peregrina, a compilatore glosatorum dicta Bonifacia*", año 1498, fols. CXCV y ss.

En Aragón, la falsedad documental, según la interpretación de Vidal Mayor, se entiende en un sentido ideológico como inexactitud del contenido del documento, al no reflejar fielmente la cantidad, el objeto o las condiciones del hecho o negocio que motivan el escrito, la cualidad jurídica de las personas que intervienen o la identidad de la persona del escribano; en un sentido material la falsedad se produce mediante la alteración del contenido o la fecha de un documento auténtico o la creación de uno falso[132].

7. Desde el siglo XIII la Recepción del derecho romano hace que reaparezca la vieja discriminación de la ley Cornelia entre hombre libre y esclavo como sujetos posibles del delito de falsedad documental. Sin embargo, tal distinción, aunque recogida fielmente en las *Partidas* debe ser en esta época más teórica que efectiva. En Roma con frecuencia el escriba es un esclavo, y este hecho junto a la circunstancia de que la diferencia social es efectivamente muy acusada, sobre todo en el Bajo Imperio, justifica que el esclavo sea considerado en potencia el autor material –al menos– del delito y que la sanción a él correspondiente –por el segundo motivo apuntado– resulte agravada con relación a la que hubiera de corresponder al hombre libre. En cambio, en la Baja Edad Media y en la época Moderna ni el número de esclavos ni su cultura –pensando sobre todo en la falsificación por el hecho de escribir un documento falso–, permiten pensar en la aplicación práctica de tal distingo. Por eso en Cataluña los autores advierten –aunque ya en la época Moderna– que la discriminación del *Digesto* entre hombres libres y siervos no es de aplicación por cuanto en la constitución del Principado no se reconoce la existencia de siervos y por otra parte, los nobles por el hecho de su delito pierden la nobleza y las prerrogativas de su estado, sancionándose como si de plebeyos se tratara[133].

Sin embargo, la distinción se mantiene aunque de un modo teórico. Sólo bajo este punto de vista puede admitirse la afirmación de algún autor en pleno siglo XVIII en el sentido de que la ley Cornelia, aunque no se transcriba en otras leyes en vigor, subsiste aún[134].

---

132 *Vidal Mayor*, ed. G. TILANDER, Lund 1956, III, 41.

133 MIERES, *Apparatus*, I, pág. 377, nº 19. Recogiendo las opiniones de PEGUERA, MENOCHIO, FARINACIO y SESSE, CORTIADA, *Decisiones cancellarii et sacri Regii Senatus Cathaloniæ*, Venecia 1727, I, decis. XXXIV, nº 104, pág. 422, señala la pérdida de los privilegios por el noble que delinque.

134 ELIZONDO, *Práctica universal forense de los tribunales de esta corte, reales Chancillerías de Valladolid y Granada y Audiencia de Sevilla*, Madrid 1764, tomo III, pág. 80.

Pero junto a esta distinción, otras circunstancias que afectan al sujeto deben ser destacadas por influir notoriamente en la determinación de la pena aplicable en el delito de falsedad documental. El hecho de que el delito haya sido cometido por persona de autoridad o investida de la fe pública imprime a aquél mayor gravedad que si hubiera sido perpetrado por un particular. Por ello, el escribano público o notario es sancionado de forma especial.

Aunque ya en algunos fueros extensos el escribano público es objeto de un tratamiento diferente, en Castilla es el *Fuero Real* la fuente que con más claridad advierte esta distinción, que las *Partidas* aceptan y llevan al extremo de considerar en forma diferente a cada una de las categorías de escribano que reconocen: escribano del Rey, escribano de villa o de concejo[135].

En Valencia, en el siglo XV, Martín I y Alfonso V mostrarán igualmente una especial preocupación por la falsedad documental cometida por escribanos, debiéndose al segundo monarca una notoria agravación de las penas contra ellos. En Aragón, el *Código de Huesca*, que guarda silencio sobre este extremo, es modificado o completado en los siglos XV y XVI por sendas disposiciones, de las que más adelante trataré. Y en Cataluña tal discriminación se introduce tardíamente, justo en 1599 por Felipe II y referida sólo a los escribanos judiciales.

8. La Recepción del Derecho común actualiza el régimen de penas contra el reo del delito de falsedad documental, en la forma que aquéllas adoptan en el Derecho justinianeo. El *Digesto* admite sólo dos modalidades de sanción, de acuerdo con el criterio de Marciano: la deportación y la confiscación de todos los bienes del reo, como regla general, o el último suplicio cuando de un siervo se trata. Esta diversificación de sanciones estará en vigor desde el siglo XIII donde quiera que se manifieste la influencia romanista, y en la medida en que tal discriminación social sea observada. Algún texto legal, como las *Partidas*, la recogen literalmente, y también está presente en otras fuentes que, como el *Fuero Real*, representan un entronque de la tradición y de

---

[135] Para un estudio más amplio sobre esta materia, Ver J. MARTINEZ GIJON, "Estudios sobre el oficio de escribano en Castilla durante la Edad Moderna", en *Centenario de la Ley del Notariado*, págs. 263-340. En relación con este tema, Ver también J. A. ALEJANDRE, "El arte de la notaría y los Formularios", en *Revista de Historia del Derecho*, II, Granada 1977-1978, págs. 189-220.

las nuevas corrientes romanistas, fenómeno que, por su importancia, debe ser destacado en primer lugar.

En el sistema anterior al de la Recepción la pena ha dependido con frecuencia de un baremo económico: considerando que de la falsificación derivaba necesariamente un daño valorable con un criterio económico, la superación o no por aquél de un cierto límite determinaba diferencias apreciables en el tipo de sanción. De este criterio aún quedan huellas, como veremos, en el *Fuero Real,* aunque en él un nuevo elemento y unas nuevas corrientes –la figura del escribano público como responsable y la valoración de su delito– modifican radicalmente el régimen penal.

No se plantea el *Fuero Real* la posibilidad de que el falsificador sea un esclavo. Los supuestos considerados parten siempre de la consideración de que el responsable es un hombre libre, y cuando éste es un particular se derivan de su acto dos consecuencias: una que afecta al propio documento y determina su nulidad, y otra que afecta al reo, de cuyo patrimonio dependerá la naturaleza de la sanción que ha de sufrir. En efecto, si éste es superior a cien maravedíes –lo que podríamos considerar como el supuesto básico o general–, la pena es, sin ninguna variación, la que señala el Derecho romano –muestra de su influencia-: deportación y confiscación de todos sus bienes que serán repartidos por igual entre la cámara del rey y la víctima; si, por el contrario, el patrimonio no alcanza tal volumen, es también confiscado para el rey en tanto que la pena de deportación es sustituida por la de servir a la víctima con su trabajo personal[136].

Ante la consideración de este régimen penal cabría preguntarse si con él se persigue fundamentalmente el castigo del culpable, la recompensa por el daño derivado de la falsedad o el beneficio del rey. Sorprende en primer lugar la limitación de cien maravedíes, que resulta arbitraria y parece excluir la finalidad primordial compensatoria, aunque ésta no falte[137]: podría suceder que, pese a ser dicho patrimonio inferior a cien maravedíes, e incluso después de entregar la mitad del mismo al rey, el resto fuese aún suficiente para cubrir el daño. Al

[136] Ver notas 87 y 88.

[137] Adviértase que el destino de la mitad de los bienes confiscados, así como el beneficio del servicio a que es condenado el reo, recaen en la víctima de la falsedad, entendiéndose bajo este concepto no sólo a quien sufrió realmente el daño sino también a quien corrió el riesgo de sufrirlo.

legislador hubiera bastado en este caso distinguir entre "patrimonio suficiente o insuficiente" y sin embargo ha preferido establecer un límite discriminatorio fijo ¿Por qué? Quizá no sea ajeno en este punto el peso de la tradición, como antes se hacía constar: adviértase que también en el sistema anterior cien unidades de la moneda de uso corriente marcaban el límite diferenciador a efectos de determinar la pena aplicable.

Es posible, por otra parte, que en esa discriminación esté implícita una circunstancia no puramente económica: tal vez quien posee un patrimonio cuyo valor excede de la citada cantidad merezca una consideración social –como "rico"– distinta de la que correspondiera a quien –como "pobre"– no alcanza tal límite.

Sin embargo, por encima de estas razones es de creer que es el interés económico del monarca el motivo de que se mantenga este criterio. En el primer caso (patrimonio superior a cien maravedíes), el rey se asegura al menos la percepción de bienes por valor de cincuenta maravedíes, cifra que nunca alcanzaría en el segundo caso si hubiera de procederse asimismo a un reparto equitativo. Por ello el legislador ha elegido otra fórmula, al establecer respecto del segundo supuesto no el reparto sino la confiscación por entero de los bienes del reo a favor del rey. Muy reducido habría de ser el patrimonio de aquél para no alcanzar los cincuenta maravedíes, y esta posibilidad, sin perjuicio de que la víctima se resarza por otro procedimiento, se compensaría con otras en que el monarca habría de percibir unos derechos superiores a esa cantidad aunque inferiores a cien maravedíes.

Este sistema se altera profundamente cuando el responsable de la falsedad documental es un escribano público. La circunstancia de que la falsificación de un documento público sea realizada precisamente por un depositario de la fe pública imprime al delito una especial gravedad, que se refleja en la pena aplicable al caso. Pero si la cualificación del sujeto activo del delito agrava en términos absolutos la sanción, ésta varía además de acuerdo con un criterio objetivo, el valor del perjuicio derivado del delito. Y nuevamente la cifra de cien maravedíes, que ya sirve como elemento discriminatorio en los otros casos, vuelve a representar el punto de referencia para la determinación de la pena, que es de muerte cuando aquel valor es rebasado, y de amputación de una mano y pérdida del oficio cuando no se alcanza[138]. El motivo de

[138] *Fuero Real*, IV,12,1, ya transcrito en nota 87.

este diferente tratamiento del reo no reside ya en una circunstancia económica personal sino objetiva: la gravedad del delito, que se mide por sus efectos y se valora y distingue de acuerdo con un patrón ya tradicional que encontrábamos en algunos fueros extensos de la Extremadura castellana.

Este régimen, bajo una más marcada influencia del Derecho romano, es desarrollado en las *Partidas*. En este código, de acuerdo con aquél Derecho, el esclavo es castigado con pena de muerte y el hombre libre con las de deportación perpetua a una isla y la confiscación de sus bienes. Sin embargo, pese a la similitud con el sistema general del *Fuero Real*, aquí el mismo texto de las *Partidas* puntualiza que la confiscación a favor del rey sólo tiene lugar cuando el reo carece de ascendientes o descendientes directos hasta el tercer grado –en algún momento la doctrina extenderá el precepto hasta el cuarto grado[139]–, pues en caso contrario a ellos han de pasar sus bienes patrimoniales, después de excluir los familiares (dote y arras de la mujer) y las deudas[140].

Esta norma de tipo general debió ser observada en casi todos los reinos hasta el siglo XIX: en unos en la medida en que el Derecho romano fue el ordenamiento vigente; en otros –como en los territorios vascos e Indias– en razón de la extensión del Derecho castellano y, concretamente, del Código de las *Partidas*. En Valencia, antes incluso de que fuera redactado el Código Alfonsino, Jaime I la recogía en los mismos términos aunque refiriendo la sanción tanto a la falsedad de documentos privados como públicos e incluso a la falsificación de sellos[141].

---

[139] A. DE LA PEÑA, *Tractado*, fol. 155, cap. 27, nº 8. El cómputo de parentesco que utiliza parece ser el mismo que siguen las *Partidas*.

[140] En el mismo sentido, la "*Peregrina*" recoge la penalidad que las *Partidas* señalan. Ver fol. CXVII v.

[141] *Fori Regni Valentiœ*: IX,3,4. Jaime I: "Negu no faça segell ni bulla sino de manament daquell de qui será lo sagell, o la bulla. E si ho fara sia punit axi com a falsari. Enadeix lo señor Rey qui fara falsa carta fer, o fals sagell, que sie exellat per tots temps, e perda tots sos bens salva la legitima dels fills, e salvu tot lo dret de les mullers, e dels crehedors. Aquesta matexa pena haja aquell qui fara scientalment fals sagell o falsa carta, e aço sia entes de cartes publiques, e de actes publichs"; P.J. TARAZONA, *Institucions dels Furs y Privilegis del Regne de Valencia*, Valencia 1580, IV,3 De crim de fals, pág. 399: "Aquell que fara o fer fara sagell, butla, o acte fals, sia desterrat per tostemps, y perda sos bens, tret lo dret de les mullers, y dels creedors, y la legitima dels fills".

Sin embargo, la valoración que este delito ha merecido a la sociedad ha variado en el transcurso del tiempo en alguna región, y como consecuencia de ello la regulación jurídica sobre la materia ha evolucionado igualmente. Así, en Cataluña, si en algún momento se ha aplicado la pena de muerte al esclavo, reo del delito de falsedad documental o testamentaria, la corriente que ya en la Baja Edad Media se advierte contra esta discriminación conduce a una interpretación benigna de la ley, de forma que en lugar de aquella pena se aplique al reo la de amputación de una mano[142].

Sin que este régimen general resulte alterado, la consideración especial que merecía en el *Fuero Real* el hecho de que el delito fuese realizado por un escribano público o notario, se desarrolla ampliamente. Sabido es que en Castilla el Código de las *Partidas* sanciona con penas distintas –pero que en todo caso suponen una agravación del régimen ordinario– al escribano del Rey y al del Concejo. La circunstancia de que el notario, cualquiera que sea su categoría, sea el encargado por antonomasia de la fe pública documental –a diferencia del antiguo escriba– determina la gravedad del delito[143].

Aunque las *Partidas* no consideran al escribano del Rey como posible falsificador de documentos no regios, y por ello señalan contra él una pena única, en el siglo XVI la doctrina jurídica estima que si tal escribano cometiese falsedad en un documento no regio la pena aplicable no sería la de muerte sino la misma que hubiera de corresponder a cualquier otro escribano que falsificara documentos privados[144]. Y en este caso la pena para uno y otro consistiría en la amputación de una mano, la infamia y la inhabilitación como testigo[145]. Esta escueta dis-

[142] MIERES, *Apparatus*, I, pág. 377, nº 19.

[143] VELA Y ACUÑA, *Tractatus de pœnis*, cap. 24, nº 1, destaca en estas palabras cuál es la función del escribano: "Ut esset rerum, gestorumque probatio certa, quæ fidem sine dubio faceret, creari cæperunt tabelliones, quos vulgo appellamus escribanos, qui partium conventiones, morientium iuditia et acta iudiciorum in scriptis redigerent".

[144] Gregorio LOPEZ, en glos. "morir" a *Partidas* III,19,16.

[145] *Partidas* III,19,16: "Que pena deuen auer los escriuanos de Casa del Rey, e los de las Cibdades, que fizieren falsedad en su oficio.- Falsedad faciendo escriuano de la Corte del Rey en carta o en preuillejo, deue morir por ello. E si por auentura a sabiendas descubriere poridad que el Rey le ouiesse mandado guardar a ome de quien veniese estorbo, o daño devele dar pena, qual entendiere que merece, e si el Escriuano de Cibdad o de Villa fiziere alguna carta falsa, o fiziere alguna falsedad en juyzio en

posición plantearía posteriormente distintos problemas a los juristas y sería objeto de notables modificaciones.

Las disquisiciones doctrinales descienden a la discusión de si la mano que debe ser amputada es la izquierda o la derecha. La solución no es indiferente, teniendo en cuenta que de un escribano se trata. Queda atrás la vieja idea de que el reo debe sufrir la pena –si de una pena de mutilación se trata– en el mismo miembro del que se valió para delinquir. Si en nuestro caso se entiende que la pena es correctiva, no debe ser privado el escribano de la mano con la que realiza su habitual trabajo, y de acuerdo con esta idea algún autor excepcionalmente apunta que la mano que debe ser amputada es la izquierda, es decir, la que se supone que no priva al responsable del ejercicio de su trabajo[146]. Pero frente a esta opinión, la mayoría de los comentaristas y glosadores, considerando que este tipo de pena equivale a una inhabilitación profesional de hecho –el texto legal no sanciona con la pérdida del oficio–, interpreta que la sanción debe afectar a la mano derecha, es decir, a la usada habitualmente para escribir[147]. Gregorio López recoge sobre este extremo una amplia serie de posibilidades que responden a un planteamiento casuista y a la vez interesante[148].

Pero la pena de amputación de un miembro tiende a desaparecer en el siglo XVI. Sendas pragmáticas de Carlos I y Felipe II, recogidas en las Recopilaciones de 1567 y 1805, permiten la conmutación potestativa de esta pena en la de galeras –de galeras y vergüenza pública

---

los pleitos que le mandaren escreuir, deuenle cortar la mano con que la fizo, e darle por malo, de manera que non puede ser testigo, nin auer ninguna honrra mientra biuiere".

[146] VELA Y ACUÑA, *Tractatus de pœnis*, cap. 24, nº 16.

[147] Gregorio LOPEZ, glos. "cortar la mano", a *Partidas* III,19,16; J. BERNI, *Práctica criminal, con nota de los delitos, sus penas, presunciones y circunstancias que los agravan y disminuyen, y ritual para juzgar, acriminar y defender en los Tribunales Reales de España y en los particulares de residencias*, Valencia 1765, cap. XXIII, nº 2, pág. 53.

[148] Siguiendo a BALDO, se plantea el supuesto de que el reo no tuviera más que una mano, en cuyo caso se inclina hacia una conmutación de la pena. De carecer de ambas manos, la pena recaería sobre otro miembro, y en el caso extremo de faltarle también éstos, el juez determinaría su permutación manteniendo un criterio de equidad. Este planteamiento figura también en la glosa "cortar la mano" a *Partidas* III,19,16.

en la pragmática de Felipe II[149]–. Cabría interrogarse aquí sobre las razones que motivaron esta posibilidad de conmutación. Acaso pretendieran ser de tipo humanitario: la amputación de un miembro era, a juicio de Matheu y Sanz, una pena inhumana, nociva a la república y no cumplía una finalidad correctiva[150]. Pero no hay que olvidar que el galeote soporta también una pena durísima, aunque posiblemente, a diferencia de la mutilación, no perpetua. Sin embargo, tampoco puede olvidarse que a comienzos de la época Moderna surge una corriente que intenta obtener una cierta utilidad o beneficio común de la condena de los reos. El tráfico marítimo plantea muy diversos problemas, de los que no es el menor la necesidad de brazos con que atender a los navíos. Y precisamente a paliar esta necesidad podían responder las citadas pragmáticas. Carlos I en la suya no lo disimula: cuando señala que la pena de galeras no debe ser inferior a dos años no piensa en que durante ese tiempo de sufrimiento el delincuente podría corregirse, sino simplemente en que penas inferiores serían "infructuosas para las galeras". No es probable que Carlos I pensara concretamente en el tráfico con el Nuevo Mundo, puesto que en aquél el uso de galeras es muy limitado, pero el plazo mínimo de dos años quizá haya sido adoptado por el hecho de ser el tiempo normal que duraba el viaje de ida y vuelta de cada armada[151]. Insistiendo en estas medidas, Felipe IV en 1639 recuerda la prohibición de indultar a los condenados a galeras[152].

De que la conmutación de penas afecta a los condenados por el delito de falsedad documental, da testimonio Matheu y Sanz, quien considera que, puesto que la pena de galeras sigue siendo durísima, la conmutación de la pena de amputación de miembros por ésta de

---

[149] *Nueva Recopilación*, VIII, 24,4 (= *Novís. Recop*. XII,40,1): Conmutación de las penas corporales en la de galeras. Carlos I en Madrid por pragmática de 31 de enero de 1530, 16 de mayo de 1534 y 23 de febrero de 1535; *Nueva Recopilación* VIII,24,6 (= *Novis. Recop*. XII,40,3): Conmutación de las penas corporales arbitrarias en la de vergüenza y servicio en galeras. Felipe II por pragmática de 3 de mayo de 1566.

[150] MATHEU Y SANZ, *Tractatus de re criminali*, controversia XXXVIII, núms. 28-32, pág. 209.

[151] Para un estudio más detallado sobre el tráfico con las Indias, Ver Demetrio RAMOS, *Historia de la colonización española en América*, Madrid 1947, págs. 229-249.

[152] *Nueva Recopilación* VIII,24,12 (= *Novis. Recop*. XII,40,6): Prohibición de indultar los condenados a galeras; su visita y conmutación de la pena de muerte en el servicio de ellas. Felipe IV en Madrid a 13 de octubre de 1639.

galeras sólo tiene lugar cuando el delito de falsedad ha sido muy grave. En otros casos, señala el mismo autor, aquella pena se conmuta en la de exilio[153].

Por otra parte, la pena de inhabilitación como testigo, que señalaba la ley de las *Partidas*, debió sustituirse progresivamente por la de privación del oficio. Cuando Antonio Gómez refiere cuáles son las penas en vigor contra el escribano falsificador de escrituras, menciona la de privación del oficio en lugar de aquélla[154].

En todo caso, parece que en la Edad Moderna el juez ha gozado de cierta libertad para sancionar al falsificador de documentos. En el siglo XVIII Berni parece lamentar que la pena de amputación de una mano al falso escribano no se cumpliera, aplicándose en su lugar las de privación de oficio, multa y a veces presidio[155].

También en Cataluña la pena establecida en términos generales contra los reos del delito de falsedad documental se agrava cuando el responsable es el escribano público. Felipe II en 1599 dispone que los escribanos que, no reflejando la verdad en sus escrituras, cometieran falsedad fueran castigados con la pérdida de su oficio además de sufrir las penas correspondientes como falsarios –entiéndase la pena

[153] MATHEU Y SANZ, *Tractatus de re criminali*, controversia XXXVIII, núms. 28-32, pág. 209.

[154] Antonio GOMEZ, *Ad leges Tauri commentarium*, pág. 727, nº 6. En el mismo sentido, F. DE LA PRADILLA, *Suma de las leyes penales*, Madrid 1639, fol. 12.

[155] J. BERNI, *Práctica criminal*, cap. XXIII, nº 2, pág. 53. J. ALVAREZ POSADILLA, *Comentarios a las leyes de Toro*, Madrid 1826, pág. 443, ofrece en un jugoso diálogo notas de interés en este punto: "-Escribano: ¿Y está en práctica esa ley del Fuero de cortar la mano? –Abogado: No puedo decirte que está derogada, pues en causas de mucha gravedad acaso se ejecutaría, bien que en ellas incurriría en la pena de muerte, como sucedería si el instrumento falsificado fuese de Rey o Papa; pero en lo común puede decirse que no está esa pena en uso, y en vez de ella se les impone la de presidio por más o menos años, de modo que hoy cuasi se puede decir que la han venido a hacer arbitraria; pero no lo debe ser, pues aunque la ley del Fuero no está en uso, las de *Partidas* de privación, infamia, etc., no deben remitirse; y la de cortar la mano debe conmutarse solamente por humanidad en la de presidio, según práctica; pero eso de arbitrar el juez como en las penas que las mismas leyes dejan a su arbitrio, imponiéndole sólo una corta suspensión de oficio y alguna multa, en la falsedad sustancial juzgo que es exceso en el juez, y que quebranta la ley, pues ni la letra ni su espíritu observa, usando de arbitrios en las penas de falso escribano que las leyes han señalado".

común[156]–. Pero según las circunstancias, la Audiencia aplica unas veces las de privación de oficio, destierro o deportación, restitución de daños o galera, y cuando la falsedad es considerada muy grave la pena de muerte[157], llegando a advertir Dou y Bassols que en Cataluña en el siglo XVIII la pena contra el escribano falsificador de documentos es arbitraria[158].

Con respecto a Valencia, a la primitiva redacción de los *Furs* que sancionaba la falsedad documental en términos generales con las penas de destierro y confiscación de bienes, debió agregarse pronto una disposición que contemplaba especialmente la falsedad cometida por notarios, delito que era sancionado con la mutilación de la mano, la confiscación total de bienes y la pérdida del oficio[159]. En 1403 Martín I insiste en la sanción de inhabilitación como notario y prohíben que el reo sea restituido en su función[160]. Pero de hecho esta medida no debía de cumplirse. Posiblemente los notarios sancionados como reos de falsedad documental seguían usando de su oficio en la práctica, y este hecho debió motivar en 1418 una nueva disposición de Alfonso V para Valencia, por la cual se establece que en tales casos de falsedad el notario sea exiliado del Reino a perpetuidad[161]. Años más tarde el mis-

---

156 *Constitucions y altres Drets de Cathalunya*, vol. I: III,16,2: Felipe II en la primera Corte de Barcelona de 1599, cap. 13: "y que los testimonis hajan de esser coneguts del mateix Jutge, o de persona de credit, y confiança, y firmen de s ama la depositio que faran y que los Notaris hajan de continuar y escriurer tot lo que diran los testimonis, tant en ofensa com en defensa, paraula per paraula com ells ho diran, sots pena de privatio de sos officis y de ser punits com ha falsaris".

157 CORTIADA, *Decisiones*, decis. LXXXVIII, nº 26.

158 DOU Y BASSOLS, *Instituciones de Derecho público general*, vol. VII, pág. 420.

159 *Fori Antiquæ Valentiæ*, rúbrica CXXX De notaris, 8: "Addidit dominus Rex quod, si predicta non fecerint, ab officio repellantur. Addidit etiam quod, si falsitatem scientes fecerint, amitant pugnum et omnia bona, et nunquam recuperent officium. Item addidit quod scriptor restituat dampnum passo interesse, et si non posset amitat officium. Item addidit dominus Rex, quod tabellio possint facere instrumenta ad aurum et argentums et ad quamlibet monetam".

160 *Fori Regni Valentiæ*, IX,3,6: Martin. Año de 1403. Valencia: "Algun notari qui per raho de falsía que haja fecta será stat priuat de offici de notaria per nos, o per algún oficial nostre, uniuersitat o altre hauent poder, no puxa esser restituit, tornat, o creat de nou en lo dit offici".

161 *Fori Regni Valentiæ*, IX,3,7: Alfonso III (V). Año de 1418. Valencia. A suplicación de toda la Curia: "Item señor com alguns notaris del regne e de la ciutat de Valencia hajen comes crim de fals en lart de notaria, e aquels sien stats condemnats

mo monarca establece la agravación de penas contra los falsificadores de documentos, ya que a las sanciones antes aplicadas sustituye ahora la pena de muerte. Los términos en que la ley se expresa –"ultra les penes en lo fur statuides muyren sens algun remey"– demuestran con elocuencia el propósito de reprimir severamente este tipo de delitos[162]; pero si la disposición se dirige contra todo falsificador sin distinción de oficio, y por tanto contra los notarios, no está claro. Estos ya habían sido castigados once años antes con el destierro y aquel capítulo de Cortes sólo se refería a ellos. Sin embargo, cuesta trabajo admitir que si la nueva ley de 1429 excluía a los notarios, quienes no tenían como ellos la fe pública hubieran de soportar penas mucho más graves. De ahí que haya que creer que esta ley sustituye a la anterior, siendo de aplicación general.

El *Código de Huesca*, que recogía la tradición del Derecho territorial aragonés en cuanto a la pena contra quien exhibe un documento que se prueba falso, contempla también la posibilidad de que tal documento haya podido influir en una sentencia favorable al falsificador, siendo descubierto el fraude después de pronunciada aquélla. En este caso el autor de la falsedad sería condenado a pagar a la víctima el doble del valor del perjuicio sufrido, y además de una multa de sesenta sueldos quedaría inhabilitado perpetuamente como testigo[163].

en certa forma, e privats de poder reebre, o fer carte publiques, e usen a publich de advocacio, e procuracio axi en juhi on es ver semblant que poden preuaricar o en altre manera cometre falsia. Per tal supliquen los dits braços que sie merce de vos señor fer prouisio perpetual per acte de cort que algún notari, o altre que haje comes crim de fals encara que de aquell haja remissio en sia condemnat peer aquells jutges a quis pertany nopuxa procurar ne adverar en alguna de les corts de les ciutats, viles e lochs sots pena de fals, e que sia exellat perpetualment del regne de Valencia. Plau al señor Rey".

[162] *Fori Regni Valentiæ*, IX,3,5. Ver el texto en nota 130.

[163] *Fueros de Aragón*, ed. G. TILANDER, pág. 296: "Quando es alguno acusado de carta falsa.- Qui venciere so pleito en iudicio con enganno por falsa carta, deue sofrir tres penas: la primera, que torne doblado todo aquello ad aquel qui fizo la demanda, lo que hauia perdudo por prueua de falsa carta; la segunda que peite al señor LX sueldos; la tercera, que nunqua sea recebido en ningun pleito en testimonio". En *Fueros, Observacias y Actos de Corte del Reino de Aragón*, ed. 1866, los sesenta sueldos se destinan al Fisco. El mismo criterio había sido observado en M. Del MOLINO, *Summa de todos los fueros y Observancias del Reino de Aragón*, Zaragoza 1589, pág. 233, que traduce aquellos fielmente.

Este sistema del *Código de Huesca* sería modificado en algunos puntos durante los siglos XV y XVI en lo que respecta a la falsedad documental. En el año 1461 las Cortes reunidas en Calatayud por Juan II fijan con amplitud normas de procedimiento contra los notarios reos del delito de falsedad cometido en el desempeño de su oficio, y en esas normas se señala la posibilidad de que sean sancionados con penas de carácter corporal que no serían redimibles[164]. Años más tarde, en Zaragoza, la reina Juana actuando como lugarteniente insiste en la equiparación jurídico-penal del autor material de la falsedad y del instigador del delito y señala que si cualquiera de ellos fuese notario público deberá ser sancionado con la pena establecida en el fuero "De homicidiis"[165]. Hasta 1585 no se contaba entre las penas aplicables a los notarios reos de falsedad documental la pena de muerte. Posiblemente un régimen penal no rígido contra este tipo de delitos originó abusos en los mismos, y por esta causa en la citada fecha las Cortes de Monzón y Binefar reunidas por Felipe II acordaron imponer contra los notarios responsables de tal delito la pena de muerte, sanción que al mismo tiempo extienden contra el instigador y el beneficiario de la falsedad, y al mismo tiempo, deseando agilizar el proceso contra los notarios falsificadores, habilitan no sólo a la parte afectada por el delito –a quien el reo ha de pagar igualmente una indemnización por daños– sino también a cualquier persona física o jurídica para acusarles de falsedad, y esta disposición recogida en los *Fueros y Observancias* estaría en vigor hasta el siglo XIX[166].

---

164 *Fueros, Observacias y Actos de Corte del Reino de Aragón*, ed. 1866, pág. 325. Juan II. Calatayud 1461.

165 *Fueros, Observacias y Actos de Corte del Reino de Aragón*, ed. 1866, págs. 327-328. Juana, reina, lugarteniente. Zaragoza 1567.

166 *Fueros, Observacias y Actos de Corte del Reino de Aragón*, ed. 1866, Fueros nuevos del Reino de Aragón. Cortes de Monzón y Binefar, 1585: De crimine falsi: "Por ser tan necesario a la república que los notarios usen con toda verdad y fidelidad de officio de tanta confianza, su Magestad de voluntad de la Corte estatuesce y ordena, que si se hallare que algun notario haura hecho algun acto falso, haya de ser condemnado precisamente por falsario, a muerte y pueda ser acusado, no solamente a instancia de qualquiere Universidad, o singular del Reyno, y mas pague los daños. Y la misma pena haya lugar contra los que hizieren fazer, o usaren de dichos actos falsos scientemente". Los *Fueros y Observancias del Reino de Aragón*, ed. 1747, recogen el anterior precepto, que fechan en 1586, en los siguientes términos: "Pœna mortis imponitur Notario si falsum instrumentum confecit, ac etian iis, qui scienter de eo utuntur".

IV. SISTEMA DE LA CODIFICACIÓN

1. El sistema vigente desde el siglo XIII se interrumpe en 1822 tras la promulgación del primer Código penal. Sin embargo, las circunstancias políticas que envuelven a esta obra van a determinar su abolición un año más tarde, y su falta de vigor permitirá que el viejo sistema que había nacido como fruto de la Recepción se prolongue de nuevo hasta 1848, fecha en que un nuevo Código reemplazó al anterior con mejor fortuna.

El artículo 258 de la Constitución de 1812 preconizaba la formación de un Código criminal que sería único para toda la Monarquía[167], pero los subsiguientes avatares políticos dejaron en suspenso la citada Constitución y con ello aplazado el proceso codificador. Sin embargo, tras el restablecimiento del régimen constitucional en 1820, el propósito de las constituyentes de Cádiz toma de nuevo impulso y las Cortes de ese mismo año inician la tarea de elaborar un Código penal nombrando una comisión con tan específico fin[168]. Fruto de su labor sería, dos años más tarde, la aprobación del citado Código que aparecía como producto del régimen constitucional, razón por la que la vuelta al año siguiente al régimen absolutista afectó de tal manera a aquella obra jurídica que su vigencia quedó indefinidamente interrumpida[169].

Los *Fueros, Observancias y Actos de Corte del Reino de Aragón*, ed. 1866, recogen el precepto antes transcrito.

167 *Constitución de Cádiz* (a. 1812), art. 258: "El Código Civil y Criminal y el de Comercio serán unos mismos para toda la Monarquía, sin perjuicio de las variaciones que por particulares circunstancias podrán hacer las Cortes".

168 J. ANTON ONECA, "Historia del Código penal de 1822", en *Anuario de Derecho Penal y Ciencias penales*, 18, Madrid 1965, págs. 263-278.

169 F. GARCIA GOYENA, *Código criminal español según las leyes y práctica vigentes, comentado y comparado con el Penal de 1822, el francés y el inglés*, Madrid 1843, II, pág. 12: "El Código de 1822 murió con el sistema constitucional y no ha sido después restablecido". Sobre su vigencia, Ver J.M. ALONSO Y ALONSO, "De la vigencia y aplicación del Código Penal de 1822", en *Revista de la Escuela de Estudios Penitenciarios*, tomo I, febrero de 1946; A. FIESTAS LOZA, "Algo más sobre la vigencia del Código Penal de 1822", en *Revista de Historia del Derecho*, II-1, 1977-1978, págs. 55-77; J.R. CASABO RUIZ, "La aplicación del Código penal de 1822", en *Anuario de Derecho Penal*, mayo-agosto 1979, págs. 333-344.

La desconfianza que hacia las antiguas obras legales manifestó la comisión codificadora[170], le llevó a buscar en los Códigos penales extranjeros, fundamentalmente en el francés de 1810, el modelo en que inspirarse para la confección del español. Como consecuencia de ello, el Código no aparece como una recopilación o depuración de las leyes penales del anterior sistema, aunque, como pone de relieve Pacheco, la influencia de aquéllas es indudable: "Hay en él algo del *Fuero Juzgo* y de las *Partidas* envuelto con el carácter del Código de Napoleón"[171].

En lo que respecta a la falsedad documental, el Código representa una ruptura indudable con el sistema jurídico de la época anterior, sobre todo si consideramos éste desde el punto de vista de su formulación legal. Sin embargo, teniendo en cuenta que ésta es lenta pero eficazmente modificada por la labor de la doctrina jurídica y por la práctica de los tribunales, resulta menor la diferencia que existe entre el texto del Código y el régimen que de hecho se observa antes de su promulgación. Así, el Código no deja de sentir en algunos puntos el peso de las *Partidas*.

2. En el Código de 1822 la falsedad documental se inserta bajo el título "De los delitos contra la fe pública". En él se engloba la falsificación y alteración de la moneda, la de documentos en general, la de pesas, medidas y metales, el falso testimonio, la violación del secreto por el encargado de su custodia y el uso ilegítimo de facultades o distintivos. A la vista de esta somera enunciación de tipos punibles, no es posible negar la influencia que las *Partidas* han ejercido aún en los codificadores, así como el peso de la tradición.

En cuanto a la falsificación de documentos, se advierte un intento de distinguir claramente entre los de carácter público y privado, atribuyendo una mayor responsabilidad y pena más grave al delito que recae sobre los primeros. Sin embargo, todavía se advierte una gran

---

[170] Cfr. *Diario de Actas y Discusiones de las Cortes extraordinarias de 1821*, I, pág. 17. La Comisión codificadora señalaba al presentar a las Cortes el proyecto de Código Penal: "Desconfiando de hallar grandes auxilios en nuestras obras legales, después de haber conferenciado sobre los Códigos de mayor crédito y reputación en Europa y teniendo presente los varios sistemas propuestos por los más sabios autores". Para la concordancia con estas fuentes aludidas, Ver PACHECO, *El Código Penal concordado y comentado*, Madrid 1856, y A. GROIZARD, *El Código Penal de 1870 concordado y comentado*, Madrid 1870-1899.

[171] PACHECO, *El Código Penal*, pág. LVII.

imprecisión o la falta de un criterio clasificador. De una parte se ha querido destacar la falsificación de aquellos documentos que afectan especialmente al interés del Estado, y así se han agrupado en un mismo capítulo las falsificaciones sobre sellos de las Cortes, del Rey, autoridades y oficinas del Gobierno, las actas o resoluciones de las Cortes, las cédulas, títulos y despachos reales, el papel-moneda, los créditos contra el Estado o contra otros establecimientos públicos[172]. El deseo de defender, por encima de los demás, los intereses de las Cortes se advierte tanto en el contenido de este capítulo como en el orden enumerativo de supuestos punibles, en consonancia con la ideología que inspira el texto. Los demás documentos públicos –escrituras y actas judiciales– se engloban con los de comercio en otro común capítulo, distinto del que contempla la falsificación de documentos privados, sellos, marcas y contraseñas de los particulares[173]. Pero además, como delito contra la fe pública se considera también la sustracción, alteración o destrucción de documentos o efectos custodiados en archivos o depositarías públicas, el quebrantamiento de secuestros o sellos y la apertura ilícita de testamentos que antaño constituyeran una forma específica de falsedad documental[174].

Consultado el Ateneo sobre el Proyecto de Código antes de su presentación a las Cortes, advirtió en el capítulo III, referente a las falsedades en documentos públicos, una gran laguna al dejar fuera de su regulación las falsedades cometidas por los escribanos en el desempeño de su oficio, por cuanto, tratándose bajo el título citado de los delitos contra la fe pública, tal laguna suponía olvidar que precisamente los escribanos públicos o notarios son los que tienen confiado de forma especial el sagrado depósito de dicha fe, "y a confianza tan singular es preciso que correspondan las más severas penas, si cometen el infame tráfico de abusar de ella"[175].

En cambio, en orden a la pena aplicable a los responsables de este delito, se equiparan los funcionarios públicos civiles, eclesiásticos y militares. Los documentos o certificaciones extendidos por los profe-

---

[172] *Código Penal de 1822*, arts. 288-397. Para su consulta manejo la *Colección de los Decretos y Ordenes expedidos por las Cortes*, tomo IX (desde 1º de marzo hasta 30 de junio de 1822), Madrid 1822, Decreto LVI de 8 de junio de 1822, en págs. 211 y ss.

[173] Arts. 398-407 para los documentos públicos, y 408-416 para los privados.

[174] Arts. 437-446.

[175] *Observaciones del Ateneo español sobre el Proyecto de Código Penal presentado a las Cortes por la Comisión especial dependiente de las mismas*, Madrid 1820.

sores "de ciencias o artes", los administradores de mesones, etc., son considerados como documentos privados y responden a un casuismo que revela precisamente la falta de un criterio calificador o clasificador definitivo.

En cuanto al régimen de sanciones destaca, en líneas generales, una suavización del antiguo rigor que la legislación mostraba. Pero es necesario insistir en que la pena de muerte y las sanciones corporales consistentes en la amputación de un miembro, que no aparecen en el Código, ya antes habían desaparecido en la práctica. En su lugar, ante los supuestos más graves de falsedad cometidos en los sellos de las Cortes, del Rey y del Consejo de Estado o en las disposiciones emanadas de los mismos, surge una modalidad punitiva, la condena a trabajos forzados en obras públicas, que, salvando el parecido con la condena a servir en galeras de los últimos siglos, nos hace recordar aquella antigua pena "ad metallum" de la época romana. Pero salvo estos casos, se tiende a generalizar las penas de privación de libertad y al establecimiento de multas, casi siempre complementarias de las otras sanciones; y respecto de los funcionarios, con frecuencia se señalan las penas de inhabilitación e infamia.

3. El Código de 1848, que abre definitivamente la puerta a un nuevo sistema jurídico, al mismo tiempo que modifica el esquema del Código precedente impone uno nuevo, cuya redacción, con muy pocas variantes, perdurará hasta la época actual, al mantenerse en los Códigos de 1870, 1932 y 1944. El de 1928 ofrece algunas innovaciones, en aras de un casuismo acentuado, que no rompen, sin embargo, con el sistema.

Más depurado de supervivencias que el anterior, el Código de 1848 se ocupa de la falsedad de documentos bajo el título general "De las falsedades", que se mantiene en los restantes Códigos apuntados[176].

Se advierte en aquél una preocupación por separar la falsificación de un documento propiamente dicho de la de los sellos, firmas o estampillas, aunque en realidad la falsificación o imitación de la firma es un supuesto más de alteración del contenido del propio documento. De acuerdo con este deseo, un primer capítulo se ocupa exclusiva-

[176] Sobre este Código, sus vicisitudes y contenido, Ver B. BRAVO LIRA, "La fortuna del Código Penal español de 1848", en *A.H.D.E.* LXXIV, 2004, págs. 23-57; de reciente aparición, E. IÑESTA PASTOR, *El Código Penal español de 1848*, Valencia 2011.

mente de la falsificación de sellos y firmas, reales o estatales, públicos y privados[177]. Al margen de la rúbrica general "De la falsificación de documentos", queda la de billetes de Banco, documentos de crédito del Estado y papel sellado, a continuación del capítulo referente a la falsificación de monedas[178].

Como falsificación de documentos se entiende en el Código la alteración del contenido o la ocultación fraudulenta de un documento auténtico público o privado, la confección de un documento en el que no se refleje fielmente la realidad –al suponer la intervención en un acto de personas que no la han tenido o al atribuir a quienes han intervenido realmente en él declaraciones que no han hecho–, el otorgar copia fehaciente de un documento supuesto, tanto de carácter público como privado, etc.[179]. La aparición de nuevas formas documentales susceptibles de ser falsificadas determina su inclusión en el Código como nuevos supuestos de falsedad. Se trata de los pasaportes, cuya expedición bajo nombre supuesto, así como el uso de pasaporte auténtico correspondiente a otra persona, es sancionada conjuntamente con el hecho de extender una certificación falsa o hacer uso de una auténtica ajena[180].

Este es el esquema que hasta ahora perdura en líneas generales. Tan sólo resultará alterado por la introducción de nuevos tipos de documentos cuya falsedad resulta contemplada en los Códigos posteriores: se trata del papel sellado, sellos de telégrafos y correos y demás efectos timbrados cuya expedición se reserva el Estado. El papel-moneda hasta el Código revisado de 1963 ha sido considerado como una clase de documento, aunque mereciera por su especialidad, como los que se acaban de citar, un apartado especial y un régimen distinto. Hoy, en cambio, su regulación aparece conjuntamente con la de moneda metálica[181].

---

[177] *Código Penal de 1848*, arts. 207-211. Manejo para este Código así como para los que inmediatamente le siguen la *Colección legislativa de España*. Para el Código de 1828, el tomo XLIII, Madrid 1849.

[178] Arts. 217-219. Para la falsificación de monedas, arts. 212-216.

[179] Arts. 220 y 221 para la falsificación de documentos públicos u oficiales y de comercio; y 222 para la de documentos privados.

[180] Arts. 223-228.

[181] *Código Penal de 1963*, pub. en B.O.E. de 8 de abril, arts. 283-290.

Desde el punto de vista de las penas, éstas quedan reducidas exclusivamente a las de privación de libertad y multa en grado y cuantía variables en función del tipo de documento y de la cualidad del autor (funcionario público, facultativo o particular).

FALSEDAD TESTIMONIAL

I. LAS SOLUCIONES DEL DERECHO ROMANO COMO PUNTO DE PARTIDA

Planteamiento general

Desde los tiempos más antiguos se sintió la necesidad de castigar el falso testimonio, lo que se explica si se tiene en cuenta que en principio todos los negocios son verbales y por ello requieren la presencia de testigos. Y si el testimonio es importante, no es extraño que paralelamente se acentúe la responsabilidad del testigo y la gravedad de la falsedad de su actuación cuando ésta constituye medio usual de prueba. Pero sobre todo se justifica la sanción porque al entenderse que desfigurar la realidad conlleva, como en cualquier cultura, una ofensa a la divinidad, el testigo falso expone a toda la comunidad al riesgo de una venganza divina. Sólo sancionando grave y ejemplarmente el falso testimonio se reprimiría la frecuencia de este delito y el consiguiente riesgo de comportara[182].

Ciertamente, al testimonio acompaña en la generalidad de los casos, como garantía de veracidad, un juramento. Esta circunstancia es la que determina que el falso testimonio encierre un perjurio, es decir, una ofensa a Dios o a los dioses paganos. No es de extrañar, por ello, que las Sagradas Escrituras insistan en que tanto el testigo falso como

[182] M. SCARLATTA-FAZIO, "Falsità e falso", cit., pág. 505.

el falso acusador no pueden quedar impunes, mereciendo sanciones espirituales y físicas[183].

He aquí la idea central que predomina en la época romana y vamos a encontrar repetida a lo largo de la Historia con notable frecuencia, especialmente en aquellos momentos y circunstancias en que a la Justicia se atribuye una misión religiosa y el ordenamiento vigente está influido por estas mismas ideas[184].

Al tratar del delito de falsedad testimonial parece inevitable tratar un posible paralelismo con la falsedad de documentos. Esta requería la previa existencia de un documento y, por tanto el conocimiento y la práctica de la escritura, al menos en la mayor parte de aquellos sujetos que de alguna forma son responsables del citado delito, especialmente cuando éste consiste en "scribere" un documento que se pretende hacer pasar por legítimo y auténtico, aunque no cabe duda de que también las demás actuaciones delictivas exigían un conocimiento de la escritura para una mejor ejecución del delito. Teniendo en cuenta que este arte no siempre ha estado al alcance de todos en cualquier época y que los primeros textos romanos que nos han llegado, referentes a esta materia, son tardíos, pudiera pensarse que en un principio faltó una regulación de estas situaciones. Pero no hay que olvidar que también entonces la escritura, aunque patrimonio de pocos, era conocida y las alteraciones dolosas de ella debieron ser sancionadas.

Téngase presente que los condicionamientos que existen en este campo no se dan respecto de la falsedad testimonial por cuanto la

[183] *Proverbios*, 19,5: "El testigo falso no quedará sin castigo y el que esparce la mentira no escapará"; Id., 19,9: "El que en falso atestigua no quedará impune y el que esparce la mentira perecerá". Ver también *Números*, 35,30: "En todo caso de homicidio a deposición de testigos se quitará la vida al homicida; un testigo solo no basta para deponer contra uno y condenarle a muerte" (*Sagrada Biblia*, en versión de NACAR y COLUNGA, B.A.C., Madrid 1969).

[184] Estas ideas sobre el fundamento de la sanción penal del falso testimonio se desarrollan especialmente por la patrística. Se atribuye a San Agustín la siguiente afirmación: "Falsidicus testis tribus personis est obnoxius, primum Deo, cuius præsentiam contemuit; deinde iudici, quem mentiendo fallit; postremo innocenti, quem falso testimonio lædit" (*Decretales*, 5,20 *De crimini falsi*, 1). Esta formulación es repetida por San Isidoro. Ver la atribución al mismo en TEJADA Y RAMIRO, *Colección de cánones y de todos los concilios de la Iglesia de España y de América*, II, Madrid 1859, pág. 97. A. GARCIA-GALLO ha estudiado la conexión entre Derecho, Religión y Moral con gran amplitud en su *Manual*, I, núms. 328 a 346.

declaración verbal en juicio, ya fuera por un testigo, ya por una de las partes o un tercero que denuncia o acusa falsamente, no era obstaculizada por la dificultad de conocer algún arte, exigiéndose tan sólo que el Derecho reconociera y valorara las respectivas actuaciones, lo que debió ya suceder en el más arcaico procedimiento judicial. Y sin embargo habrá que esperar hasta una época igualmente tardía para encontrarnos con un tratamiento autónomo e independiente del delito, y aun la más antigua regulación de la falsedad testimonial que pudiéramos situar en el inicio de nuestra trayectoria romanística, se ve envuelta en una indiscutible confusión e incluso en algún caso, lejos de ser tenido en cuenta previamente a la falsedad documental por las razones ya apuntadas, parece ofrecérsenos, como veremos, en función de ésta.

Esta falta de un tratamiento autónomo del delito es característica del Derecho del momento. Pero respecto de la falsedad testimonial, antes de las primeras manifestaciones del sistema, la actuación fraudulenta de quienes eran llamados a declarar en juicio bajo cualquier concepto debió constituir una situación delictiva y por ello punible.

1. Referencias al delito en la ley decenviral

Tradicionalmente, tanto en monografías como en tratados o manuales de Derecho penal o de Historia de este Derecho, se ha venido considerando la ley de las XII Tablas como la más remota normativa que se ocupa de la falsedad testimonial y a la vez el precedente único de las reformas que tendrían lugar en tiempos del dictador Sila[185]. Sería, pues, interesante conocer la posible conexión que existe entre ambas disposiciones, como medio de explicarnos tal vez el porqué de los cambios operados en el siglo I a. C., pero una dificultad se opone de entrada a nuestro propósito: el texto auténtico de las XII Tablas no

[185] En este sentido se pronuncian F. WALTER, *Histoire du Droit criminel chez les Romains*, París-Grenoble 1863, pág. 37, nº. 812; E. COSTA, *Crimine e pene da Romolo a Giustiniano*, Bolonia 1921, pág. 27; P. MARSICH, *Il delito di falsa testimonianza*, Padova 1929, pág. 14; T. MOMMSEN, *Römisches Strafrecht*, Darmstadt 1955, pág. 668; R. LEVENE, El delito de falso testimonio, Buenos Aires 1962. En cambio, M. FINZI, *I reati di falso*, I, Roma-Milán 1908, págs. 233 y ss., no relaciona la ley de las XII Tablas con el delito que nos ocupa.

se conserva, siendo posteriores las referencias a su contenido, lo que obliga a tener en cuenta las posibilidades de que sólo conozcamos una versión deformada de aquél o una visión incompleta de la realidad.

Sobre la Tabla VIII, 23, referente al delito que nos ocupa, Aulo Gelio nos ofrece su contenido en un texto que tiene notable valor por ser el único de que disponemos sobre dicha norma, pero no es suficiente para aclarar toda la problemática que envuelve al delito en sus comienzos, ya que se desconocen las circunstancias del hecho delictivo y la naturaleza del mismo, aunque de la noticia de Aulo Gelio se puede inferir un concepto de falso testimonio que vendría determinado por la prueba o confesión ("convictus esset") de la falsedad de una declaración oral ("dixisse") formulada ante el juez. Pero frente a esta despreocupación por ofrecer un concepto del delito, se pone de manifiesto un mayor interés por señalar el tipo de pena aplicable. Según el texto citado, la pena que la ley decenviral establecía contra el falso testigo consistía en el despeñamiento desde el monte Tarpeyo, sanción a la que tal vez acompañara una nota de infamia[186].

Sabemos también que en determinados casos, al menos, el testimonio era obligatorio y que cuando en tales circunstancias el testigo rehúsa declarar, queda éste expuesto en un principio a una reacción privada individual o familiar, que el ordenamiento se limita a encauzar dentro de un molde ritual mediante el procedimiento de la "obvagulatio". Consistía éste en requerir a gritos el testimonio de quien se negaba a comparecer como testigo. Se hacía un número ilimitado de veces con una periodicidad de tres días y ante el domicilio del testigo. Piensa Mommsen que la acción de rehusar el testimonio constituía una "infamia facti" y, en consecuencia, la "obvagulatio" tenía por objeto procurarse un testigo para un acto, a la vez que dar a conocer públicamente aquella situación de infamia, representando en todo caso un residuo de la justicia popular itálica conservado en la ley de las XII Tablas[187].

No aparece suficientemente claro si el "falsum testimonium dicere" de la ley decenviral alude a la falsedad testimonial judicial o si tiene, por el contrario, el sentido de calumnia. Mommsen, de forma impre-

[186] AULO GELIO, *Noctes atticæ*, 20,1,53, sobre la Tabla VIII, 23: "Ex XII tabullis... si nunc quoque... qui falsum testimonium dixisse convictus esset, e saxo Tarpeio dejiceretur".

[187] J. A. ARIAS BONET, "Prueba testifical y obvagulatio en el antiguo Derecho romano", en *Studi in onore di Pietro de Francisci*, I, Milano 1956, págs. 293 y 300.

cisa parece considerar el falso testimonio de aquella primitiva fuente en el segundo sentido apuntado[188], no admitiendo el reconocimiento y sanción del falso testimonio judicial hasta principios de la República. En el extremo opuesto, Emilio Costa le atribuye un claro sentido judicial que nos sitúa ante una irregularidad punible observada en la prueba de testigos: para él se trata de una falsa declaración emitida conscientemente por un ciudadano llamado a dar su testimonio en un negocio civil[189].

Al parecer, la ley de las XII Tablas ha permanecido como base del Derecho vigente hasta las reformas de Sila[190], aunque esta afirmación no es compartida por todos los autores, no faltando quienes opinan que aquel viejo sistema punitivo debió desaparecer mucho antes de que las leyes silanas fijaran otro distinto. Es probable que aquél hubiera caído en desuso como consecuencia de la costumbre cada vez más extendida de consagrar los negocios jurídicos en escritura, lo que determinaría que frente a una mayor importancia de la falsedad documental, la testimonial hubiera pasado paulatinamente a un segundo término. La gravedad de la pena de la ley citada de las XII Tablas se explicaba por su carácter expiatorio, y al haberse perdido éste antes de Sila se hacía menos necesaria su aplicación[191].

Ante estas consideraciones surge la pregunta de si hubo alguna ley intermedia que con anterioridad a la ley Cornelia cubriera el posible vacío dejado por la antigua norma sobre falsedad testimonial, ya caída en desuso. Aunque Ferrini no descarta tal posibilidad, no argumenta tampoco a favor de la misma. En todo caso, de haber existido, se desconoce[192]. No obstante, a la ley Cornelia se atribuye un carácter no enteramente innovador, sino más bien recepticio, lo que inclina a pensar que, caída en desuso la pena de la ley de las XII Tablas, la práctica

[188] T. MOMMSEN, *Römisches Strafrecht*, pág. 668.

[189] E. COSTA, *Crimine e pene*, pág. 27. Sobre la intervención judicial del testigo y el valor de su testimonio, así como sobre el procedimiento general en Derecho romano, es de suma actualidad la obra de Ursicino ALVAREZ, *Curso elemental de Derecho romano*, Madrid 1848, así como sus *Instituciones de Derecho romano, II, Derecho procesal civil*, Madrid 1973.

[190] E. COSTA, *Crimine e pene*, págs. 31-32.

[191] M. SCARLATTA-FAZIO, "Falsità e falso", pág. 505.

[192] C. FERRINI, "Esposizione storica e dottrinale del Diritto penale romano", en *Enciclopedia del Diritto penale italiano*, dirigida por E. Pessina, I, Milano 1905, pág. 151, nota 1.

debió ir introduciendo otras medidas que fueron las que la ley Cornelia había de contener en su momento[193].

2. La reforma silana, base del sistema romano posterior

a. Supuestos previstos de falsedad testimonial

La necesidad de nuevas reglas que sustituyeran a las precedentes se haría notar especialmente en tiempos del dictador, cuando las circunstancias político-sociales y económicas facilitan una mayor criminalidad, que ya se advierte en otros tipos de falsedad, respecto de los cuales se intensifica su represión (como ya vimos al tratar de la falsedad documental) y acaso también en la de testigos. Tal necesidad se ve reforzada ante la trascendencia procesal que la prueba ha adquirido, y obliga a evitar las posibles graves consecuencias que de un falso testimonio pudieran derivarse, lo que sólo se consigue mediante una adecuada regulación de dicho delito[194].

Si es cierto que la pena contra los testigos falsos según la ley decenviral había dejado de aplicarse, así como también el procedimiento de la "obvagulatio", habría que admitir que los cambios experimentados en la época de Sila debieron de ser de notaria entidad. Al seguir produciéndose delitos de falsedad testimonial se hacía necesaria una regulación. Y si los motivos de la inobservancia de la antigua norma persistían, las medidas que Sila adoptara significarían necesariamente partir de un nuevo planteamiento para establecer soluciones innovadoras.

¿Qué se entiende por falsedad testimonial en esta etapa? Falta una abstracción del delito, pero se contemplan determinadas situaciones en las que se encuentra un testigo, las cuales al haber originado o contribuido a la sanción de un inocente son objeto de sanción. Ocupémonos de ver cuáles son esos supuestos.

---

193 T. MOMMSEN, *Römisches Strafrecht*, págs. 932 y ss.; PAIS, "Saxum Tarpeium", en *Rivista di Storia antica*, 1900, págs. 13 y ss.; C. FERRINI, "Esposizione storica", pág. 150.

194 U. ALVAREZ, *Curso elemental de Derecho romano*, págs. 383 y ss.; Id, *Instituciones*, II, págs. 91-92.

a'. La falsa declaración ante el órgano judicial sería el primer supuesto de falsedad testimonial, aunque aparece con contornos poco definidos y no en sentido estricto sino en función de otro delito, el de homicidio: la "lex Cornelia de sicariis et veneficis" sancionaba con pena de exilio, según la referencia de Paulo, a quien se hubiera valido del falso testimonio –sin especificar si sólo se tiene en cuenta el oral o también el escrito– para conseguir la muerte de alguien a través de la condena que se hubiera basado en aquella prueba[195].

Por lo común los testigos interrogados en juicio respondían oralmente, aunque cuando las circunstancias lo exigían sus declaraciones eran reproducidas en "tabulæ" a la vez que siete testigos garantizaban su verdad. Tal sucedía cuando la diseminación de los "cives" dificultaba su presencia física en el acto y lugar del juicio, en tanto que la escritura facilitaba el medio antedicho de prestar declaración[196]. Y es precisamente entonces cuando la "lex Cornelia testamentaria", que parecía silenciar el falso testimonio, se ocupa de sancionar las "falsas testationes", es decir, esos documentos que podían contener las declaraciones o testimonios de los testigos[197].

De esta forma la falsedad testimonial se involucraba en la documental, en la medida en que una declaración testifical fuese recogida documentalmente. Pero ello indica que no todo tipo de falsedad testimonial quedaba bajo la sanción de la ley. No cabe duda de que el testimonio recogido por escrito gozaba del favor de muchos, sobre todo de quienes afirmaban la superioridad de las pruebas escritas sobre las orales, pero con el transcurso del tiempo se abre paso la consideración de que la prueba oral de testigos prevalece frente a la escritura o al menos una y

[195] *Paul. Sent.*, 5,23,1 (= *Collatio* 8,4): "Lex Cornelia pœnam deportationis infligit eis, qui hominem occiderint, eiusve rei causa furtive faciendi cum telo fuerit; et qui venenum hominis necandi causa habuerit, vendiderit, paraverit; falsum testimonium dixerit, qquis periret; mortisve causam præstiterit", ed. *Fontes iuris romani anteiustiniani* (*F.I.R.A.*).

[196] J. A. ARIAS BONET, *Prueba testifical*, págs. 285 y ss.

[197] Así aparece en el Senadoconsulto Liboniano, según la referencia de Ulpiano en el libro VIII de su *De officio proconsulis*: "Praeterea factum est senatus consultum Statilio et Tauro consulibus, quo pœna legis Corneliæ insogatur ei qui ad falsas testationes faciendas testamentave falsa invicem dicenda aut consignanda dolo malo coierint". Ver A. D'ORS, "Contribuciones", II, págs. 553-554.

otra son valoradas en un plano de igualdad[198]. Hay que tener en cuenta que el testimonio oral ofrecía como ventaja a los "oratores" una mayor libertad y agilidad en los interrogatorios[199]. La práctica de este tipo de actuación, ciertamente frecuente, parecía, pues, escapar al control penal. Por ello teniendo en cuenta que de la contemplación de la falsedad documental-testimonial a la testimonial en sentido amplio no mediaba más que un paso, esta última posibilidad había de ser pronto recogida en un senadoconsulto, el Liboniano. Con el tratamiento de la falsedad testimonial propiamente dicha por este senadoconsulto comenzaba su reconocimiento como un delito autónomo.

b'. Cabe ahora preguntarse si sólo es falsedad la declaración inexacta de la verdad; en otros términos, si el silencio de la verdad conocida, habiendo obligación de manifestarla, constituye igualmente una forma de delito. Si la respuesta no es fácil respecto del derecho anterior a Sila[200], dentro del sistema posterior la solución no ofrece dificultades, teniendo en cuenta que por falsedad se entiende una desfiguración de la realidad y que el silencio consciente de la verdad conocida es también, en definitiva, una forma de contribuir a la creación de una imagen diferente de la realidad. De acuerdo con esta idea, ya en tiempos de Sila se menciona expresamente el supuesto como una forma de falsedad, y en el mismo sentido se expresan otras fuentes muy posteriores pero herederas de una indudable tradición romanística, tales como el Edictum Theodorici[201].

---

[198] *Paul. Sent.*, 5,15,4: "Testes, cum de fide tabularum nihil dicitur, adversus scripturam interrogari non possunt". A medida que el derecho romano evoluciona, y especialmente en una época tardía, la tendencia es a admitir la prueba testifical contra la escritura. Así Constantino las equipara: *Cod. Iustin.*, 4,21 *De fide instrumentorum*, 15: "In exercendis litibus eandem vim obtinet tam fides instrumentorum quam depositions testium". Augusto en ocasiones atribuye el máximo valor al testimonio, como en *Cod. Iustin.*, 4, 20 *De testibus*, 18, año 528; 6,23 *De testamentis et quemadmodum testamenta ordinentur*, 27, año 530; 8, 38 *De contrahenda et committenda stipulatione*, 14, año 531.

[199] J. A. ARIAS BONET, *Prueba testifical*, pág. 291.

[200] M. SCARLATTA-FAZIO, "Falsità e falso", pág. 506.

[201] Así debe entenderse la dualidad de formas que prevé la ley Cornelia: *Paul. Sent.*, 5,25,2: "Qui ob falsum testimonium perhibendum vel verum non perhibendum...". Con más claridad se expresa a propósito de la falsedad consistente en silenciar la verdad el *Edictum Theodorici*, XCI: "Qui testibus pecuniam dederit, ut falsum testimonium dicant, vel certe quod sciunt taceant, aut non expriment veritatem..." (edit. *F.I.R.A.*, cit.).

c'. Las normas que contemplan la falsedad testimonial desde la época de Sila pronto encuentran amplio eco en los jurisconsultos, especialmente en Paulo y Ulpiano, manteniéndose su doctrina inalterada a lo largo de varios siglos. Es precisamente a través de Paulo como se perfila la idea del delito, apareciendo unidos bajo el régimen penal que estableciera la "lex Cornelia testamentaria" quienes "falso vel varie testimonia dixerunt"[202], situaciones que deben interpretarse como la declaración falsa de un testigo en juicio y como la circunstancia de que un mismo testigo incurriese en contradición al prestar sucesivas declaraciones, respectivamente, si bien en el último caso –que es conceptuado como una forma de falsedad o "quasi falsum" a la que se extiende el régimen general de sanciones establecido respecto del "falsum"[203]– no puede descartarse otra posible interpretación que sería la de que, llamados a declarar distintos testigos, las declaraciones de cada uno sobre una misma cuestión fuesen discrepantes. El concepto unitario del delito en Paulo representa, por consiguiente, la fijación del mismo al final de la trayectoria que se inició en tiempos de Sila, pero al mismo tiempo constituye el núcleo de la ulterior evolución de esta figura, el origen de todo un sistema en el que se irán articulando las posteriores variaciones.

[202] *Paul. Sent.*, 5,15,5.

[203] G. G. ARCHI, "Problemi in tema de falso", pág. 58, señala que la falsedad testimonial no aparece como un delito *per se*, sino más bien como un instrumento de otro delito. La conceptuación de la falsedad testimonial como "quasi falsum" se encuentra en MODESTINO, *Digest.*, 48,10,27, or.: "Eos, qui diversa inter se testimonia praebuerunt, quasi falsum fecerint, et praescriptio legis teneri pronuntiat". En cambio, otras figuras, como la negativa a reconocer el propio signo realizado por el testigo de un testamento u otro tipo de documento sí es considerado como "falsum": MODESTINO, *Digest.*, 48,10,27,1: "Et eum, qui contra signum suum falsum praebuit testimonium pœna falsi teneri pronuntiatum est. De impudentia eius, qui diversa duobus testimonia praebuit, cuius ita anceps fides vacillant, quod crimine falsi teneantur, nec dubitandum est". Sobre la extensión de la pena de falsedad a este supuesto, Ver también ARCHI, "Problemi in tema di falso", págs. 58-59, quien piensa que el camino recorrido por el falso testimonio hasta ser considerado como un verdadero "crimen falsi" es difícil de establecer, pero sería lícito suponer, a su juicio, que en esta extensión del "falsum" juega un papel importante un conjunto de decisiones imperiales bajo casos presentados en la "cognitio extra ordinem". Para un resumen de estas ideas, Ver A. D'ORS, "Contribuciones", págs. 539 y 554.

d'. Vamos a ocuparnos ahora de la situación del perjurio, figura íntimamente conexa con la falsedad testimonial, como ya se apuntó en un principio.

Un elemento que suele estar presente en la prueba testifical es el juramento que el testigo debe prestar de decir verdad y que supone un refuerzo del crédito que su declaración merece, a la vez que un medio de coacción moral para actuar rectamente. A propósito de aquél debemos preguntarnos cuándo se exige y qué valor tiene y sobre todo qué incidencias ofrece en relación con el delito objeto de nuestro estudio. En el Derecho romano clásico no parece que hubiera sido exigible el juramento. Ciertamente resultaría difícil conciliar el "iuditium" clásico y el hecho de tener que descartar a un testigo por darse en él la circunstancia de ser "iniuratus". Y aunque a juicio de algún autor la imposición del juramento como obligatorio debió ser tardía, es posible, no obstante, que en la práctica se acostumbrara a exigir[204].

La iglesia, por el contrario, ha debido imponer desde un principio el juramento del testigo, como garantía de verdad. De ahí que englobándose en el falso testimonio la idea de perjurio, aquél sea concebido por la patrística ante todo como una ofensa a Dios. Es sintomático que los textos romanos que parecen haber establecido por vez primera y de forma abierta la obligación del juramento, son constituciones imperiales de la época cristiana, lo que da pie a algunos para atribuir a Constantino aquella imposición respecto de las causas civiles[205]. La importancia de este acto es puesta de relieve por Quintiliano al afirmar que así como la fuerza de un documento radicaba en el "consensus" de quienes colocaban en él su "signum", la del testimonio arrancaba precisamente del juramento[206]. Pero en el Derecho romano el juramento del

[204] J. A. ARIAS BONET, "Prueba testifical", pág. 292, donde sigue a Mommsen.

[205] BERTOLINI, *Appunti didattici*, II, cit. Por J. A. ARIAS BONET, "Prueba testifical", pág. 292. En *Codex Theodosianus*, 11,14, *De fide testium et instrumentorum*, 2 (= *Lex Romana Visigothorum*) se insiste en el carácter obligatorio del juramento: "Quod testibus sine sacramento credi non possit - quia testes sine sacramento testimonium peribere non possunt". A la importancia que el juramento adquiere en la época cristiana corresponde la gravedad del perjurio y su correspondiente sanción, ya que, siendo correlativos ambos aspectos, no se explicaría uno sin el otro. A los castigos divinos se unen ahora graves sanciones terrenales. Ver Biondo BIONDI, *Il Diritto romano cristiano. III. La familia. Rapporti patrimoniali. Diritto publico*, Milano 1954, págs. 406 y ss., y 496 y ss.

[206] J. A. ARIAS BONET, "Prueba testifical", pág. 292.

testigo tiene carácter promisorio, lo que significa que ha de ser previo a la declaración. De ahí que en ocasiones la negativa a jurar puede presuponer de entrada la intención de testimoniar en falso[207].

e'. La compra del testimonio ¿constituye en sí, independientemente de la veracidad o no del mismo, una forma del delito de falsedad testimonial? El estudio de esta cuestión debe realizarse en relación con los motivos que pueden inspirar la actuación del testigo y la transcendencia de aquéllos. Entre los diferentes móviles que en este punto podrían citarse figuran la amistad, la gratitud o el interés económico, pero de ellos sólo este último es el que invariablemente ha encontrado eco en las fuentes, determinando el falso testimonio por precio, es decir, la venalidad en el mismo, una responsabilidad especial en el testigo a la vez que una extensión de aquélla a quien lleva a cabo el soborno. Sin embargo, la actitud del Derecho respecto de la relevancia de este motivo muestra una evolución interesante que vale la pena exponer.

Antes de las leyes silanas la esencia del delito ha consistido en la alteración de la verdad. La expresión originaria alude escuetamente al "falsum testimonium dicere", sin entrar en los posibles motivos del mismo, lo que es explicable ya que en la época domina la forma sobre las motivaciones. Sin embargo, la "lex Cornelia", de acuerdo con Paulo, imprimiría un giro a la situación anterior, que habría de conducir al extremo opuesto de afirmar que sólo hay delito cuando en la declaración ha mediado precio: la venalidad sería así determinante de la existencia de delito de falsedad testimonial. Pero si es ésta la conclusión a la que se llega mediante la interpretación literal de la referencia de Paulo, dicha idea no puede aceptarse, debiendo ser la realidad muy diferente. Sin duda, el gran jurista del siglo III, al referir la disposición de la ley Cornelia, la presenta con una mentalidad de su propia época y le atribuye rasgos que en realidad sólo ha adquirido a medida que el procedimiento ha ido evolucionando con el transcurso del tiempo. No hay que olvidar que cuando surgen las leyes silanas es la época de las "quæstiones perpetuæ" y por consiguiente el delito se fija según la configuración exterior, en tanto que el juez no puede entrar en el examen de los motivos y circunstancias del delito, limitándose por el contrario a comprobar tan sólo si el hecho de que se acusa o juzga se cometió

[207] *Cod. Iustin.*, 4,20,9. Constantino (a. 334): "Iurisiurandi religione testes, priusquam perhibeant testimonium, iamdudum arctari praecepimus, et ut honestioribus potius fides testibus habeatur".

realmente. Ello no impide que de otra parte la compra del testimonio por un tercero constituya a su vez una conducta punible, siendo el senadoconsulto Geminiano el que sancionaba dicha venalidad[208].

En la época de Paulo, en cambio, en virtud de esa evolución apuntada, los motivos son ya suficientemente relevantes. Las "quæstiones perpetuæ" han desaparecido y el juez, en la "cognitio extra ordinem", no sólo puede sino que además debe tener en cuenta los motivos que influirán en la valoración de los hechos. En consecuencia, si el falso testimonio se ha producido por interés, esta circunstancia se traduce ahora en una agravación del delito y de la pena[209]. Se advierte así la evolución experimentada en cuanto a la valoración del móvil, ya que siendo en un principio independiente e irrelevante en cuanto a la configuración del delito de falsedad testimonial, se ha convertido posteriormente en una circunstancia modificativa de la responsabilidad y, en definitiva, constitutiva de una forma determinada de delito[210].

Esta relevancia del motivo, puesta de manifiesto por Paulo en sus "Sententiæ", se refleja en la "Collatio" así como en el Edictum Theodorici, donde se especifica que las consecuencias del soborno se hacen notar tanto respecto del "falsum testimonium dicere" como de la conducta negativa del testigo, consistente en callar –por precio– la verdad que conoce[211].

f'. Finalmente, otra cuestión que hemos de abordar es la referente a la incomparecencia del testigo en juicio. Cabe preguntarse ahora si el testigo puede ser constreñido a comparecer en juicio, siendo objeto de sanción de persistir en su negativa a hacerlo, o si, por el contrario,

[208] A. D'ORS, "Contribuciones", págs. 539 y 554.

[209] M. SCARLATTA-FAZIO, "Falsità e falso", pág. 506.

[210] ULPIANO, *De offic. procons.*, libro VIII, tit. De pœna legis Corneliæ testamentariæ: "pœna legis Corneliæ inrogatur ei qui ob instruendam advocationem testimoniave pecuniam acceperit"; MARCIANO, *Digest.* 48,10,1,1: "Item ob instruendam advocationem testimoniave pecuniam acceperit pactusve fuerit societatem coierit ad obligationem innocentium, ex Senatusconsulto coercetur"; 2: "Sed et si quis ob renuntiandum remittendumve testimonium, dicendum vel non dicendum pecuniam acceperit, pœna ligis Corneliæ afficitur"; HERMOGENIANO, *Digest.*, 48,10,20: "Falsis pœna coercentur, et qui ad litem instruendam advocatione, testibus, pecuniam acceperunt, obligationem, pactionem fecerunt, societatem inierunt, ut aliquid eorum fieret, curaverunt".

[211] *Paul. Sent.*, 5,25,2: "Qui ob falsum testimonium perhibendum vel verum non perhibendum pecuniam acceperit, dederit..." (*Collatio* 8,5); *Edictum Theodorici*, XCI.

su presencia es voluntaria. La obligación de colaborar con la justicia es señalada en términos generales en los textos evangélicos, donde se prescribe que el que sabe está obligado a declarar[212], y en esta misma línea Gelasio advierte que el juez debe obligar al testigo para que manifieste cuanto sepa[213]. Pero en el Derecho romano parece que la comparecencia sólo es obligatoria en causas criminales, en tanto que respecto de las civiles el testimonio no es obligatorio, apareciendo el testigo como un voluntario colaborador, al menos en el Derecho antiguo y clásico romano, si bien desde Sila el no comparecer en cualquier tipo de causas da lugar a una situación similar a la del testigo que sí lo hace pero en lugar de testimoniar, calla, constituyendo ambos supuestos un delito de falsedad. Pese a ello, algún autor insiste en el carácter libre del testimonio en causas civiles antes de Justiniano, pasando a convertirse en obligatorio en el Derecho justinianeo[214].

b. *Régimen penal*

Puesta de manifiesto la trascendencia de la prueba de testigos, es necesario al juez asegurarse de que el testimonio es verdadero. Para llegar a alcanzar esa certeza es preciso confrontar las declaraciones de más de un testigo, en una búsqueda de la necesaria coincidencia que revele la verdad. De ahí la preocupación constante del Derecho por establecer disposiciones acerca del número de testigos a exigir para que el testimonio sea aceptado como prueba definitiva por el juez, y de ahí también que la falta de esa coincidencia conduzca a una presunción de falsedad.

El Derecho romano clásico establece en líneas generales que los testigos sean más de uno, aunque no hay unanimidad en cuanto al

---

212 *Levítico*, 5,1: "Si uno pecare, oyendo a otro imprecar y siendo testigo de la imprecación, porque lo vio o de otro modo lo conoció y sin embargo no lo denunció, contrayendo así reato".

213 GAUDEMET, "L'Eglise dans l'Empire Romain (IV-V siècles)", en *Histoire du Droit et des Institutions de l'Eglise en Occident*, dirigida por G. LE BRAS, III, Paris 1958, pág. 248.

214 De la primera opinión participa WENGER, *Institutionem der römischen zivilprozessrecht*, Münschen 1925, pág. 187, y en la misma línea se encuentra U. ALVAREZ, *Curso elemental*, pág. 384. BERTOLINI, *Appunti didattici*, sigue la segunda opinión apuntada.

máximo número de ellos. Dentro del Derecho provincial romano-español, la ley de Urso señala un máximo de veinte, de entre los indicados por el demandante, debiendo ser ciudadanos o "incolae" de la colonia[215]Los libros sagrados insisten igualmente en reclamar más de un testigo[216], y es norma general la de no admitir el testimonio de uno solo, aun tratándose de persona de rango superior u "honestior" –en la terminología del Bajo Imperio–[217].

A propósito de esta cuestión conviene indicar que la declaración de todos los testigos no siempre tiene el mismo valor, sino que en caso de disparidad de testimonios el testigo de mayor rango social presumiblemente merece más crédito. Constantino confirma esta discriminación cuando atribuye una más amplia "fides" a los "honestiores". Sin embargo, no por ellos se reconoce al falso testimonio de un "honestior" una mayor gravedad en consonancia con la trascendencia de aquél, ya que, no obstante el silencio de las fuentes, la condición privilegiada se entiende sólo en un sentido favorable.

Tras este preámbulo, examinamos el régimen penal contra el falso testigo. Aunque la reforma penal que Sila introdujo difiere de la primitiva ordenación de la falsedad testimonial, el preciso contenido de aquélla no podemos determinarlo, si bien las sanciones que entonces se establecen perduran hasta la época visigoda. El desarrollo de la "lex Cornelia testamentaria" nos es conocido especialmente a través de las referencias de Paulo y de Ulpiano: sabemos así que la sanción en aquélla establecida respecto de unos supuestos concretos de falsedad se extiende a la venalidad y al falso testimonio, pero las opiniones de los autores no coinciden en determinar cuáles eran aquellas penas. Este desacuerdo se debe principalmente a la inconcreción de los juristas citados y sobre todo a la circunstancia de que Paulo en diferentes pasajes de su obra señale penas diversas para un supuesto de falsedad testimonial que en apariencia es el mismo. Posiblemente esta incongruencia

[215] A. D'ORS, *Epigrafía jurídica de la España romana*, Madrid 1953, pág. 220.

[216] *Deuteronomio*, 19,15: "Un solo testigo no vale contra uno en cualquier delito o en cualquier pecado, cualquiera que sea el pecado. En la palabra de dos o tres testigos se apoyará la sentencia" (= 17,6); *Números*, 35,30: "...un solo testigo no basta para deponer contra uno y condenarle a muerte".

[217] *Codex Theodosianus*, 11,14, De fide testium et instrumentorum, 2. Constantinus ad Iulianum Praesidem (= *Lex Rom. Visigoth.*): "...Et nunc manifeste sancimus, ut unius omnino testis responsio non audiatur, etiamsi praeclarae curiae honore praefulgeat".

podría explicarse por el hecho de que Paulo en algún caso, al referir las penas de la ley Cornelia, utiliza una terminología de su época –lo que no es nuevo en este jurista– en contraste con el criterio seguido en otras ocasiones, y de ahí la aparente confusión; pero tampoco puede descartarse la posibilidad de interpolaciones posteriores que sin duda no faltan en su obra.

Pero una atenta investigación sobre los pasajes que aquí nos interesan parece descubrir que los supuestos punibles de falsedad testimonial son diversos, lo que explica mejor la falta de unanimidad acerca de las respectivas sanciones. En efecto, las referencias de Paulo a la falsedad testimonial son a propósito de la ley Cornelia testamentaria, de la ley Cornelia de "sicariis et veneficis" y de la ley Julia "de adulteriis". Sólo una de sus referencias, la de sus "Sententiæ", 5,17,5, no aparece bajo la rúbrica de las leyes anteriores. Así, pues, la diferente penalidad que en cada caso se señala podría explicarse por el diverso valor que el falso testimonio alcanza en función de cada tipo de delito.

De acuerdo con esta idea, puede pensarse en la existencia de unas sanciones contra el falso testigo en general, que se verían agravadas si el testimonio se produce en función de uno de los delitos antes señalados. En principio aquella sanción general sería la misma que la ley Cornelia testamentaria aplicaba respecto de la falsedad documental, pena que, como indiqué, es difícil conocer con exactitud[218], pero que en tiempos de Paulo se había concretado en la de exilio o deportación, o en la pérdida de la condición de decurión en su caso[219], sanción que el Edictum Theodorici simplifica y reduce a la de exilio[220].

Si en el falso testimonio ha mediado dinero o promesa de precio, la pena se agrava a la vez que tiene en cuenta la categoría social del responsable, de forma que si pertenece a una clase social inferior

---

[218] Recuérdese que para unos debía tratarse en su origen de la pena capital, admitiéndose a fines de la República la alternativa entre ésta y la de exilio, en tanto que en la época de Marciano y Ulpiano consistiría en la pena de deportación. Para otros en principio sería la "aquæ et ignis interdictio", que a fines de la República pasaría a ser sustituida por la de muerte.

[219] *Paul. Sent.*, 5,15 *De testibus*, 5 (= *Lex Rom. Visigoth.* 5,17,5): "Qui falso vel varie testimonia dixerunt vel utrique parti prodiderunt, aut in exilium aguntur, aut in insulam relegantur, aut curia submoventur".

[220] *Edictum Theodorici*, XLII: "Qui varium aut falsum testimonium dixerint, aut utriusque parti prodiderint, in exsilium relegantur".

–"humilior" en el Bajo Imperio–, la pena sería de muerte, en tanto que si su categoría es más elevada –"honestior"– es sancionado con la deportación y pérdida de su patrimonio o con la pérdida de sus bienes, según el Edictum Theodorici[221].

Cuando el falso testimonio ha tenido lugar en un proceso en el que al acusado pudiera serle aplicada pena de muerte o aquella conducta dolosa fuese el medio utilizado para producir la muerte del acusado, la pena del falso testigo sería siempre la capital, aunque la finalidad que con el falso testimonio se perseguía no se hubiera conseguido. La diferencia de condición social no influye en la naturaleza de la sanción, pero sí en la forma de ejecutarla, ya que si se trata de persona de inferior rango socio-político la pena capital consistiría en la crucifixión o en ser arrojado a las fieras[222].

La ley Julia "de adulteris" sanciona igualmente el falso testimonio, pero no especifica si el supuesto previsto es el de la falsedad de testigos en una causa de adulterio únicamente, aunque es de suponer que así fuese, si bien el hecho es irrelevante en orden a la sanción porque se remite a lo establecido en la ley Cornelia testamentaria[223].

---

[221] *Paul. Sent.*, 5,25 *Ad leg. Cornel. Testament.*, 2 (= *Lex Rom. Visigoth.*, 5,27,2): "Qui ob falsum testimonium perhibendum vel verum non perhibendum pecuniam acceperit, dederit, iudicemve, ut sententiam ferat vel non ferat, corruperit corrumpendumve curaverit, humiliores capite puniantur; honestiores publicatis bonis cum ipso iudice in insulam deportantur"; *Edictum Theodorici*, XCI: "Qui testibus pecuniam dederit, ut falsum testimonium dicant vel certe quod sciunt taceant, aut non expriment veritatem, vel iudici praemium dederint, ut sententiam contra iustitiam dicat, vel non iudicet, humiliores capite puniantur, honestiores bonorum suorum amissione multentur".

[222] *Paul. Sent.*, 5,23 *Ad leg. Corn. de sicariis et beneficis*, 1 (= *Lex Rom. Visigoth.*, 5,25,1): "Lex Cornelia pœnam deportationis infligit eis, qui hominem occiderint, eiusve rei causa furtive faciendi cum telo fuerit: et qui venenum hominis necandi causa habuerit, vendiderit, paraverit; falsum testimonium dixerit, quo quis periret: mortisve causam præstiterit. Ob quæ omnia facinora in honestiores pœna capitis vindicari placuit: humiliores vero in crucem tolluntur aut bestiis obiciuntur".

[223] *Collat.* 8,2: Paulus libro singulari de pœnis ómnium legum sub titulo ad legem Juliam de adulteris, 1: "Qui falsum testimonium dixerit, proinde tenebitur, ac si lege Cornelia testamentaria damnatus esset".

II. EL DELITO DE FALSEDAD TESTIMONIAL EN LA ÉPOCA VISIGODA

Planteamiento general

El sistema romano sobre la falsedad testimonial, que se acaba de exponer, se prolonga en sus líneas generales durante gran parte de la época visigoda, aunque no siempre las fuentes legales visigodas se ocupan de la materia. Ciertamente, no parece que el Código de Eurico haya sancionado el delito de falso testimonio: el palimpsesto parisino no contiene referencias al mismo y las "antiquæ" del *Liber* no puede afirmarse que sean euricianas[224]. Tampoco el examen de otras fuentes, como la "lex Burgundionum", permite conocer una posible regulación del delito en el primer código visigodo. En la citada ley aparece un sistema ordálico para determinar la existencia de un delito de falso testimonio, procedimiento que no parece que estuviera presente en el Código de Eurico[225].

En cambio, la "Lex Romana Visigothorum" recoge fielmente el contenido de las "Sententiæ" de Paulo así como las disposiciones del "Codex Theodosianus" sobre falsedad testimonial, como fuentes fundamentales de este delito, sin que ni siquiera las "interpretationes" alteren el sentido de las normas citadas.

Las primeras reformas del sistema tienen lugar durante el reinado de Chindasvinto, quizás porque es entonces cuando, afirmada la personalidad visigoda, nuevos factores surgidos han determinado un

[224] A. D'ORS, "El Código de Eurico", en *Estudios Visigóticos*, II, Roma-Madrid 1960, págs. 71 y ss.

[225] *Lex Burgundiunum*, edic. F. WALTER, *Corpues iuris germanici antiqui*, Berlin 1824, I, págs. 340-341; tit. LXXX *De testibus falsa referentibus et calumniatoribus*, 1: "Necesse est eaquæ minus constituta sunt praesentis legis sanctione constitui: quia in diversis causis præ facilitate plurimos referre falsa cognovimus, qui postea ad probandum quæ retulerint, dum damnis suis timent, etiam sponte se conflictui exponunt"; 2: "Iubemus ergo, ut de testibus, qui pro quacumque parte se tulerint, si ad conflictum causæ descenderint, et divino iudicio falsus ibídem relator pugnans occubuerit, CCC solidos mulctæ nomine omnes testes partis ipsius, a qua parte testis superatus esta, cogantur exsolvere. Nec multorum male referentium crimen credatur potuisse unius exitu expiari. Ut quos non punit necessitas, damna feriant ad vindictam: qua facilius imposterum ne quis audeat propria pravitate mentiri".

abandono parcial del sistema romano para adoptar nuevas formas jurídicas. Interesa, pues, conocer el contenido de tales reformas, para destacar la entidad de las mismas y saber qué perdura del sistema romano y en qué medida se innova.

Al ocuparnos del nuevo sistema jurídico, se ha de advertir que la Iglesia ha mantenido y exteriorizado una doctrina tradicional sobre el falso testimonio que arranca de las Sagradas Escrituras y que a veces se recuerda en la legislación conciliar. Sobre el terreno concreto que nos interesa, la influencia de aquella doctrina sobre el Derecho romano ha sido escasa. Era precisamente en el último siglo de la dominación visigoda en España cuando tal influencia pudo ser mayor, dado incluso el común origen conciliar de muchas normas llamadas a regir tanto en el orden temporal como en el eclesiástico. Sin embargo, tal influencia no se hace patente, ya que cuando la legislación de la Iglesia se ocupa de la falsedad testimonial lo hace pensando en los eclesiásticos que pudieran incurrir en este delito, y en estos casos preocupa sólo el aspecto espiritual, el perjurio, y en función del mismo establece las sanciones, que no trascienden a la esfera común temporal[226].

[226] El falso testimonio tenía en la Biblia un doble sentido: con este nombre se comprende en el Decálogo una norma preceptiva de carácter ético y religioso, cuyo ámbito no se reduce a la sola actuación procesal –*Deuteronomio*, 5,20: "No dirás falso testimonio contra tu prójimo"; *Exodo*, 20,16: "No testificarás contra tu prójimo falso testimonio"–, pero también en los libros del Antiguo Testamento, al ocuparse de ciertos aspectos procesales y concretamente de la prueba de testigos se establecen normas contra quienes actuasen con falsedad: *Números*, 35,30, anteriormente transcrito; *Deuteronomio*, 19,16 y ss. refleja claramente este sentido procesal: "Si surgiere contra uno un testigo malo acusándole de un delito, los dos interesados en la causa se presentarán ante Yahvé, ante los sacerdotes y los jueces en funciones en ese tiempo; quienes si, después de una escrupulosa investigación, averiguasen que el testigo, mintiendo, había dado falso testimonio contra su hermano, le castigarán". Ambas acepciones se encuentran en la legislación conciliar, siendo recogidas en la *Hispana* (Ver TEJADA Y RAMIRO, *Colección de cánones*, cit.). La situación del "falsus testis", destacada ya en el concilio de Elvira, así como en el de Vannes del 465 y tenida en cuenta en la *Hispana* (sed falsum testem iuxta scripturam impunitum non licere ese"), es la propia de la falsedad del testimonio judicial. Pero el concilio de Elvira, como los de Arlés I y Agathense, sancionaba al testigo falso con pena de excomunión, perpetua o limitada a dos o cinco años, según las circunstancias, y esta sanción sería repetida en concilios posteriores y mantenida en la época visigoda a través de la *Hispana*. Los concilios toledanos no legislaron sobre la falsedad testimonial. Ver sobre estas cuestiones VIVES, MARIN y MARTINEZ, *Los concilios visigóticos e hispanorromanos*, I,

1. Supuestos delictivos. Criterios utilizados para su diferenciación: el sujeto del delito y el objeto punible

En la época visigoda, y especialmente hasta Chindasvinto, las situaciones constitutivas del delito de falsedad testimonial son esencialmente las mismas que contemplamos a fines de la época romana. Al margen de aquellas normas del Derecho romano reproducidas en el Breviario, dos leyes contenidas en el Liber, la 2,4,6 y la 2,4,9, constituyen el núcleo básico regulador de las actuaciones delictivas que nos interesan[227].

Barcelona-Madrid 1963, y A. DE LA HERA, "«Falsus testis» y «delator»", en *A.H.D.E.*, XXXIII, 1963, págs. 365-390. En la esfera canónica, el testamento verdadero exige la conjunción de dos elementos, a saber, el convencimiento subjetivo de que la declaración se adecúa a la realidad y el conocimiento objetivo y directo del hecho sobre el que se atestigua. La falta de uno de ellos impide, por consiguiente, considerar el testimonio como verídico, aunque a veces la no concurrencia de ambos no prive al testimonio de una apariencia de autenticidad. Este planteamiento se ha observado especialmente en el Derecho canónico de la época posclásica romana, manteniéndose como aquél durante la época visigoda. El canon 74 del concilio de Elvira establece respecto del "falsus testis" la obligación de probar el testimonio dado, aunque cualquiera que sea el resultado de tal prueba no pierde la consideración de falso testigo y es objeto de sanción, circunstancias que, en caso de probarse la identidad entre el testimonio y el hecho sobre el que se declara, revisten la solución canónica de una aparente incongruencia, cuya explicación se ha intentado mediante muy diversos argumentos, uno de los cuales, el de A. DE LA HERA, parece acertar definitivamente. Con el citado autor hay que pensar que si, pese a haber conseguido probar el testigo la veracidad de su declaración, sigue siendo objeto de sanción como reo de falso testimonio, es porque la verdad no es completa: sin duda se trata de un testimonio en el que falta un convencimiento subjetivo sobre la realidad acerca de la que se atestigua, pero en el que la casualidad ha determinado una eventual coincidencia entre ambas situaciones.

Con la salvedad del Derecho canónico, las fuentes no suelen insistir en la necesaria conjunción de la identidad objetiva y subjetiva del testimonio. Parece que la falta de una debía arrastrar consigo la de otra, o, en todo caso, se presta más atención a la primera, aunque la importancia de la segunda es también evidente por cuanto, desde otro ángulo, sin la intervención consciente del sujeto es sabido que no habría delito.

[227] *Lex Visigothorum*, 2,4,6. Chindasvinto: "De his qui falsum testimonium dicunt.- De his contra alium falsum testimonium dixerit et in mendacio inveniatur, aut certe si ipse dixerit, quia falsum testimonium dedit, si maiores loci persona esta, det illi de propia facúltate sua, contra quem falsum testimonium dixerat, tantaum quantum per testimonium eius perderé debuit, et si testificare ultra non noverit. Quod si minoris loci persona esta et non habuerit unde componat, ipse tradatur in potestate illi contra quem falsum testimonium dixerat serviturus" (sigue la interpolación ervigiana). "Nam

Se trata de dos normas atribuidas a un mismo legislador y que si a primera vista parecen coincidir en cuanto a las situaciones que sancionan, el hecho de que la solución adoptada en cada caso sea diferente obliga a pensar que cada una de ellas regula necesariamente un supuesto distinto o bien son distintas las circunstancias que concurren en cada caso, lo que justificaría un tratamiento también diferente.

En efecto, ambos textos de Chindasvinto se ocupan de la falsa declaración hecha por un testigo en juicio, así como de la inducción a la falsedad, pero mientras el primero de ellos, la ley 2,4,6, contempla preferentemente el delito desde el punto de vista del falso testigo, el segundo, la ley 2,4,9, lo hace desde el punto de vista del inductor. Esta parece ser la base de diferenciación, y según ella en el primer caso lo que se sanciona es el falso testimonio, entendido como la declaración dolosamente inexacta hecha por un testigo ante el juez, tanto si ha sido libre y espontánea como si ha sido inducida por otra persona. El texto, al referirse al segundo supuesto, el falso testimonio inducido, se limita a advertir que en este caso tanto el testigo como el inductor serían sancionados como responsables del delito, sin establecer una pena diferente de la que corresponde al que actúa libremente, pero sin señalar tampoco expresamente una equiparación de penas entre inductor e inducido. La ley deja, por tanto, una cuestión sin resolver, cual es la de la situación y sanción aplicable contra el inductor, cuya mención en el texto parece puramente circunstancial, y esa laguna sería precisamente la que completaría la ley 2,4,9.

---

omnino per talium testimonium qui se primitus falsa testificasse prodiderint, causa ipsa revolví non poterit; excepto si aliter evidentior ordo veritatis clauerit, id esr aut per legitimum alium et melioratum testem aut per iustos et legales ordines scripture"; *Id.*, 2,4,9: Chindasvinto: "De his qui ad falsum testimonium dicendum alios provocant vel servos alienos ad libertatem impellunt.- Si quis contra hominem ingenuum et adversus libertum aliquem provocasse convincitur falsum dicere testimonium, tantum illi componat, quem per falsam testificationem conabatur addicere vel damnara, quantum si iuste eum obtinuisse, poterat de istatu vel de rebús eius adquirere. Si vero testis, simpliciter ab alio ad testimonium invitatus, false contra ingenuum atque libertum testificare dinoscitur, qualiter per eius testimonium in servitute quisque humiliaretur, et tamen ille, qui testem protulit, conscius fraudis huius non invenitur, solus testis ipse superiori sententia, id esta, sicut ille, qui testem ad falsum testimonium provocabit, ei, quem suo testimonio decipere voluerit, obnoxius maneat, ita ut, si non habuerit unde componat, in potestate eius cum id, quod habere videtur, perenniter serviturus tradatur".

Esta segunda ley de Chindasvinto se ocupa, como se ha indicado, del inductor de la falsedad, respecto del cual rige un sistema penal diferente, por cuanto su actuación, inspiradora del falso testimonio, se hace acreedora de una responsabilidad agravada. Pero a este supuesto, por razón de la misma gravedad, la ley equipara un tipo de falso testimonio que queda fuera de la regulación de la ley 2,4,6, ya que se trata de un caso específico que exigiría un régimen penal distinto del común: es el caso del testigo que con su falsedad persigue no ya un beneficio propio ilícito o pretende ayudar a alguien en cuyo favor declara, sino que procura la condena a servidumbre de un hombre libre inocente, lo que nos lleva a considerar que los motivos no son irrelevantes en la configuración y sanción del delito.

Las dos leyes mencionadas parecen contemplar una postura activa del sujeto responsable de la falsedad. En cualquier caso el delito se habría producido al manifestar lo contrario de la verdad, falseándola mediante una conducta positiva. Pero podemos preguntarnos si el hecho de silenciar la verdad conocida es considerado en el derecho visigodo, como lo fue en el romano, un supuesto constitutivo del delito de falsedad testimonial. La respuesta la ofrece la ley 2,4,11, también de Chindasvinto, en la que se contempla la situación de aquellos que, siendo amigos de una de las partes, testimonian en lo que a ésta pueda favorecer pero no en lo que le pueda perjudicar, y esta ocultación parcial de la verdad, que supone negar la colaboración con la justicia, constituye asimismo delito de falsedad[228], aunque dadas las circunstancias que aquí concurren, la sanción correspondiente al responsable de esta conducta será diferente, como veremos, de la que sería aplicable ante una conducta positiva, toda vez que las consecuencias de este silencio serán menos graves, ya que no se impide que por otro medio pudiera averiguarse la verdad.

En relación con este supuesto se plantea también el de la trascendencia del perjurio. El juramento del testigo reviste en la época visigoda el mismo carácter obligatorio que tenía en la época romana. Al Breviario

---

[228] *Lex Visigothorum*, 2,4,11. Chindasvinto: "...Si quis autem contra eos habuerit testimonium dicere, nullatenus adquiescant. Quod quia satis esta contrarium veritati hanc omnes iudices se noverint habere licentiam, ut talia comenta instanter inquirant et inventa disrumpant, atque quos eadem placita nominaverint, centenis flagellis verberandos insistant. Ita tamen, ut ista disciplina non ad infamiæ notam eis pertineat, sed testificandi quod cognitum habuerint, sic illis ex lege concessa Semper, et indubitata libertas".

pasó literalmente la disposición del "Codex Theodosianus" que así lo establecía, y de igual modo, la "antiquæ" 2,4,2, continuando aquella tendencia, rechaza expresamente el testimonio al que no acompañe el juramento. Ciertamente entre el juramento testifical romano y el germánico había una importante diferencia, ya que mientras entre los romanos era promisorio o previo a la declaración, entre los visigodos en un principio, de acuerdo con la tradición germánica, debió ser asertorio, es decir, el interrogatorio tenía lugar antes del juramento, que tendría por objeto en este caso confirmar las declaraciones precedentes[229], pero a partir de la "antiqua" 2,4,2, se adopta el sistema romano antes apuntado. A partir de este momento, la negativa del testigo a declarar bajo juramento previo lo que sabe o la negativa a jurar que no sabe nada –y quizás en un primer momento, el hecho también de negarse a ratificar a posteriori con el juramento la veracidad de la declaración previa– parecen guardar íntima relación con la forma de falsedad testimonial negativa[230].

Para completar esta exposición sobre los supuestos constitutivos del delito en la época visigoda, se ha de señalar por último que falta en la legislación visigoda una regulación específica de la venalidad testifical. Ciertamente, el contenido de las "Sententiæ" de Paulo, donde se ponían de relieve las consecuencias del soborno en cualquier tipo de testimonio, fue reproducido en el Breviario, sin que la "interpretatio" hubiera añadido nuevos elementos a aquél. Pero la legislación visigoda posterior guarda silencio sobre este extremo, si bien es posible que la actuación del testigo por precio se subsuma y sobreentienda en cualquier caso de inducción.

---

[229] Ver BRUNNER-SCHWERN, *Historia del Derecho germánico*, trad. y notas de J. L. ALVAREZ LOPEZ, Barcelona 1936, págs. 26 y ss., y P. MEREA, "Da minha gaveta", en *Boletim da Faculdade do Direito*, Coimbra, XXXII, año 1956, págs. 171 y ss. Aunque las leyes visigodas no especificaban que el juramento de los testigos sólo debía pronunciarse sobre aquello que hubiese sido visto y oído, tanto el códice de Holkham como casi todas las "notitiæ judicati" del período posgótico así lo afirman (MEREA, *op. cit.*, pág. 173). El códice de Holkham lo indica con estas palabras: "quia oculis nostris vidimus et auribus audivimus et in hac causa quod testificamus præsentes fuimus".

[230] *Lex Visigothorum*, 2,4,2: "Antiqua": "Quod testibus sine sacramento credi non possit...- ...Certe si admonitus quisquam a iudice de re, quam novit, testimonium peribere noluerit, aut si nescire se dixerit, id ipsum etiam iurare distulerit et per gratiam aut per venalitatem vera subpresserit...".

2. Cuestiones en torno al régimen penal: circunstancias que configuran el sistema punitivo

En un principio, durante la época visigoda, el falso testimonio ha debido sancionarse de acuerdo con el criterio adoptado por el Derecho romano. Aquel régimen de sanciones, a veces confuso, se había concretado en la época de Paulo en la pena de exilio o deportación y en la pérdida de la condición de decurión, en su caso. En el Edictum Theodorici aparece ya simplificado y reducido a la pena de exilio, sanción que recoge el Breviario alariciano y que posiblemente ha debido prolongarse hasta Chindasvinto, primer monarca visigodo que legisla sobre esta cuestión[231].

En términos generales, y prescindiendo por ahora de los problemas y matices interpretativos que la ley ofrece, el falso testimonio ha sido sancionado por Chindasvinto atendiendo al parecer a la diferente condición social o económica del sujeto, circunstancia que revela la continuidad con el criterio que se observaba en el derecho romano de la última etapa. Así, a tenor de la ley 2,4,6, si el responsable es "maior persona" habría de sufrir una pena patrimonial en la misma cuantía del daño, además de quedar incapacitado para testimoniar en el futuro; si se trata, por el contrario, de "minor persona" sería entregado en servidumbre a la víctima de su falsedad.

Se trata, pues, de dos sistemas diferentes de penas establecidos en función de un criterio discriminador sobre el que es necesario hacer, sin embargo, algunas precisiones. La disposición de Chindasvinto que contiene el régimen penal expuesto plantea ciertamente, tal vez por su redacción escueta, un problema que no puede pasar desapercibido: se advierte que la ley parte de la presunción de que quien disfruta de la condición de "maior persona" ha de tener medios económicos suficientes para compensar a la víctima, por elevado que sea el valor del daño originado, a pesar de que a causa de esta indeterminación la cuantía de la pena patrimonial sea ilimitada.

Aunque ambas circunstancias suelan coincidir, es necesario preguntarse qué sucede si el delincuente que es "maior persona" no puede resarcir a su víctima en la totalidad o en parte. En sentido inverso, ¿qué

[231] *Edictum Theodorici*, XLII: "Qui varium aut falsum testimonium dixerint, aut utriusque parti prodiderint, in exilium dirigantur".

sucedería si quien es "minor persona" tiene medios para compensar a la víctima?. La ley no parece cerrar definitivamente la puerta a esta posibilidad –es más, la admite–, pero no ofrece solución a la misma. Quizás no sería aventurado pensar que la distinción "maior-minor" encierra más un contenido económico-patrimonial que socio-político. En efecto, si alguien que por su anterior consideración social mereciera el calificativo de "maior persona" ("home de grand guisa" en la versión romance del XIII) careciera de medios económicos suficientes para cumplir la pena a la que se hiciera acreedor como responsable del delito de falsedad testimonial, ¿habría de quedar la víctima sin compensación por esta causa que le es ajena o, para evitar esta posibilidad, debería sufrir el testigo falso la misma pena de compensación mediante la servidumbre como si fuese "minor persona"? O a la inversa, si quien pertenece a una categoría social inferior posee, no obstante, medios suficientes para satisfacer los daños y perjuicios causados, ¿habría de negársele esta posibilidad –tal vez preferible por la misma víctima–, obligándole en cambio a un servicio personal que acaso no resulte de todo punto necesario y remunerador para aquélla?

Por otra parte, aunque la responsabilidad por el delito no implica –al menos respecto de quien posee medios para compensar– la pérdida del rango social, ¿podría admitirse que en el caso contrario, es decir, si carece de recursos económicos necesarios, se pierde automáticamente la condición de "maior persona" para pasar a "minor", siendo entonces aplicable la pena establecida respecto de quien se encuentra en esta situación y viceversa?

Hay que inclinarse hacia una respuesta afirmativa, considerando que esta hipótesis debió de ser la que la ley quiso recoger. Pero de ser así, más correcto hubiera sido distinguir entre quien tiene bienes suficientes y quien carece de ellos, sin aludir a otras circunstancias ya no relevantes. Quizás la distinción "maior-minor" refleja sólo una influencia o persistencia de la terminología romana, pero cuyo contenido y valor práctico comienza a cambiar.

Volvamos ahora nuevamente al sistema de penas que antes dejamos enunciado para matizar el alcance y contenido de las mismas. En cuanto a la pena de carácter patrimonial hemos de señalar que, destinada su cuantía a la víctima de la falsedad, su objeto es indudablemente el de procurarle satisfacción por los daños sufridos, aunque la ley no aclara si se trata de compensar tan sólo los daños materiales. Pero teniendo en cuenta que éstos pueden no existir si la falsedad se descubre a tiempo y que sin embargo la sanción patrimonial parece que debía aplicarse siempre, es decir, incluso en el caso de que no se hubieran producido perjuicios materiales, habrá que admitir que los daños morales también serían valorables en orden a determinar la compensación, e incluidos dentro de ellas, aunque no conozcamos el procedimiento a seguir.

En algunos lugares, donde circulan códices del *Liber* interpolados, esta sanción debió verse agravada con la de cien azotes aplicados en público, decalvación –que lleva consigo la vergüenza pública– y la infamia perpetua[232]. Quizás el motivo de esta agravación se deba a que la sanción establecida pareciera insuficiente en determinadas circunstancias o ambientes. Surge aquí la duda acerca de si donde se conoció la ley interpolada la citada agravación de sanciones era aplicable tanto respecto de quien tuviera la condición de "maior persona", posiblemente con medios económicos suficientes para compensar totalmente a la víctima, como respecto de quien era considerado "minor persona", el cual no podía compensar. Es probable que en el primer caso no se aplicara, pero acaso tampoco en el segundo, porque los códices que incluyen la adición lo hacen tras el párrafo que alude a los falsos testigos que obran por un interés –que se supone económico, aunque también pudiera ser por amistad– y a los inductores[233]. Quizás sólo a ellos y en estas circunstancias se aplicaran las penas adicionales incrementadas, lo que llevaría a pensar que la causa de dichas penas adicionales está en función no tanto de la categoría social o económica del sujeto como de ciertas circunstancias que determinan una valoración más grave del delito.

Pero en todo caso, los códices que contuvieran la interpolación no debieron ser muy numerosos y, al menos, el que se tomara como base para la traducción romance más difundida del *Fuero Juzgo* y los que permitieron una expansión posterior, no estarían interpolados en la citada ley.

---

232 A. GARCIA-GALLO, "El Concilio de Coyanza. Contribución al estudio del Derecho canónico español en la Alta Edad Media", en A.H.D.E., XIX-XX, 1959, pág. 611.

233 Según K. ZEUMER, *Leges Visigothorum Antiquiores*, Hannoverae et Lipsiae 1894, pág. 99, el texto añadido a la ley 2,4,6, en algunos códices sería: "et insuper ad aliorum terrore centenis flagellis publice verberati turpiter etiam, ut digni sunt, ac viliter decalventur", y en otros ejemplares: "atque insuper ad aliorum terrorem centenis flagellis publice verberati, turpiter decalvati perenni infamio subiacebunt".

En cuanto a la pena de servidumbre que en ocasiones ha de sufrir el falso testigo, se plantean también ciertos problemas. A falta de bienes con que compensar hasta el límite de los daños originados, la legislación establece subsidiariamente la entrega de la persona de aquél en servidumbre a la víctima de su falsedad, de forma que ésta se beneficie del trabajo personal del sujeto.

Si la finalidad de esta medida es meramente compensatoria y no la de procurar un enriquecimiento desproporcionado a la víctima, nos hemos de preguntar si su duración es limitada en el tiempo, hasta igualar con el fruto del rendimiento del trabajo personal el valor del perjuicio, o si, por el contrario, se trata de servidumbre perpetua. Esta segunda posibilidad parece, en buena lógica, excesiva, sobre todo si se tiene en cuenta que la servidumbre tal vez tenga lugar no sólo cuando el falso testigo carezca absolutamente de bienes, sino también en la medida en que es necesario cubrir la diferencia entre la cantidad compensada y el resto, hasta completar la totalidad del valor del daño. En estos casos, y especialmente en el último, la servidumbre perpetua carecería de sentido compensatorio.

Ante este planteamiento la legislación no adopta una solución siempre clara. La ley 2,4,6 guarda silencio, en tanto que la 2,4,9 se inclina a favor del carácter perpetuo de la pena. Pero si este criterio, el único que la legislación expresa, es el mismo que late en la ley 2,4,6, no lo sabemos[234]. Sin embargo, teniendo en cuenta que la ley 2.4.9 contempla un supuesto de falsedad testimonial considerado especialmente grave, que requiere por tanto una sanción distinta de la común y más elevada, y que tales circunstancias no concurren en el supuesto de la 2,4,6,

[234] Quizás pudiera servir para explicarnos aquel contenido una fuente tardía pero que quizás recoja un criterio ya antiguo, el Fuero Real, que al fijar el carácter de la servidumbre en términos generales, destaca su aspecto temporal. He aquí el texto 2,8,13, versión de la ley 2,4,6 del *Liber*: "Que pena meresce el que dice falso testimonio, o el que corrompiere a otro para ello.- Si algun home dixere falso testimonio contra otro, y despues fuere fallado en la falsedad o el mismo manifestare que la dixo, peche a aquel contra quien dixo la falsedad quanto le fizo perder por ella; e si no hubiere de que lo pechar, sea metido en poder de aquel contra quien dixo la falsedad: e sírvase del fasta que gelo peche". Sobre la servidumbre del deudor se ocupan F. TOMAS Y VALIENTE en "La prisión por deudas en los derechos castellano y aragonés", en *A.H.D.E.*, XXX, 1960, págs. 249-489, y también J. A. ALEJANDRE, *La quiebra en el Derecho histórico español anterior a la Codificación*, Sevilla 1970.

bien pudiera pensarse que como norma general rige la servidumbre temporal, por tiempo limitado.

Sanciones diferentes recibiría el responsable de un falso testimonio negativo. En este caso, como en general en todo falso testimonio, el sujeto habría violado el juramento de decir verdad que sin duda antes prestara, por lo que incurre en una situación similar a la del perjuro[235]. Y puesto que en su actuación no ha habido declaración, sino silencio, no queda incapacitado para testimoniar en el futuro, lo que también le distingue del supuesto más general.

3. Repercusiones procesales de la existencia de falso testimonio en juicio

Una última cuestión se plantea en torno a la regulación del delito en la legislación visigoda. Interesa saber si la falsedad de testigos en un litigio conlleva la nulidad del mismo, de forma que éste tuviera que revisarse "ab initio". El supuesto adquiere especial importancia cuando el juicio ha terminado en una sentencia cuyo contenido ha sido influido o determinado por el falso testimonio, descubierto a posteriori. El problema se replantea cuando el testigo confiesa a posteriori, en una nueva declaración, su falsedad, ya que en este caso es necesario conocer si esta segunda declaración es reputada válida y si, en consecuencia, puede producir como efecto la nulidad del juicio.

Tengamos en cuenta, como ya se apunta en este planteamiento, que la solución puede ser sustancialmente diferente según que el mismo testigo falso fuera quien desencadenara la revisión del juicio ya concluido, aun cuando dicha revisión fuese provocada a través de un procedimiento indirecto, según que el conocimiento de la falsedad se produzca al margen de la confesión del propio testigo, o que éste mismo reconozca su falsedad después de haber testimoniado pero antes de que se dicte sentencia en el juicio.

[235] *Lex Visigothorum*, 2,4,2: Antiqua: "Quod testibus sine sacramento credi non possit...- ... Si nobilis fuerit testimonium postea in nullo iudicio dicere permittatur, nec testimonium ipsius recipiatur ulterius. Quod si, licet ingenue, minoris tamen fuerint dignitatis persone, et testimonium careant et flagella infamati suscipiant; quia non minor reatus est vera subprimere quam falsa confingere".

En cuanto a la primera posibilidad, debemos tener presente que Chindasvinto, en las leyes 2,4,1 y 6 del Liber, sancionó al falso testigo con la incapacidad testimonial, que le inhabilitaba para prestar válidamente una ulterior declaración[236]. De acuerdo con Zeumer hay que pensar que quien prestó en juicio un testimonio tenido inicialmente por verdadero, si reconoce posteriormente su falsedad –aunque en aquella ocasión actuara por amor, temor o ruego– se confiesa testigo falso. Y si confiesa haber actuado como testigo falso, su posterior declaración, a tenor de las disposiciones antes citadas, carece ya de valor y, por tanto, de fuerza para provocar la revisión del juicio[237]. Esta idea preocupó a Ervigio y motivó la referencia al supuesto en la ley 2,4,7, así como también el apéndice ervigiano a la ley 2,4,6, de Chindasvinto. Partiendo de la consecuencia que se desprende de la redacción de Recesvinto, aclara Ervigio que la declaración posterior del falso testigo no basta para determinar la reanudación del juicio. Y sin embargo es evidente que este juicio puede adolecer de un defecto importante que exija una revisión que conduzca a una sentencia acorde con la verdad. Para hacer viable esa revisión Ervigio arbitra un procedimiento que, sin contradecir la legislación de Chindasvinto en orden al valor de la segunda declaración del falso testigo, permita constatar la falsedad de la primera, dejando vía libre para que se desenvuelvan las consecuencias de este hecho.

La solución adoptada consiste en permitir el inicio nuevamente de la causa cuando se presenten otros testigos diferentes o documentos dignos de crédito que conduzcan al conocimiento de la verdad de los hechos, así como al conocimiento de la certeza de la falsedad del primer testimonio que prestara el falso testigo.

Otra posibilidad es la de que se llegue a conocer la falsedad por la declaración a posteriori de un tercero que espontáneamente revela el hecho sobre el que antes guardó silencio, o por otros medios que, a diferencia del caso anterior, no fueran provocados por la segunda declaración del testigo, incapaz por sí sola, como sabemos, de produ-

[236] *Lex Visigothorum* 2,4,1: "...qui falsum testimonium dixerint... nullatenus erunt ad testimonium admittendi"; 2,4,6: "et se testificare ultra non noverint".

[237] K. ZEUMER, *Historia de la legislación visigoda*, trad. de C. CLAVERIA, Barcelona 1944, págs. 191 y ss. Sin embargo, la misma ley 2,4,6 no impide que el testigo sea sancionado cuando él mismo manifiesta haber cometido falsedad, si bien el texto no hace constar si esta manifestación es judicial o extrajudicial.

cir directamente consecuencias procesales y, por tanto, la revisión del juicio. Téngase en cuenta que según el procedimiento visigodo, la sentencia no concluye definitivamente la causa, ya que la parte contraria a la que presentó los testigos –que resultaron ser falsos–, aunque en su momento no pudiera objetar contra ellos, después del fallo tendrá aún un plazo para probar la incapacidad o falsedad de aquellos testigos. No es fácil determinar cuál fuera este plazo: Chindasvinto no lo dice, pero Ervigio, en la ley 2,4,7, modifica el que antes estaba establecido. De ahí el interés en conocer el primitivo y el nuevo plazo.

Piensa Zeumer que la modificación de Ervigio se realiza sobre su propia y anterior disposición en la que ya estableció un cierto plazo, concretamente sobre la interpolación ervigiana a la ley de Chindasvinto 2,4,6. Esta hipótesis se deduce de la referencia posterior de Egica a un antiguo plazo fijado por Chindasvinto: puesto que este rey no legisló sobre dicha materia, es posible que Egica le atribuyera aquella disposición en su totalidad, sin tener en cuenta que estaba interpolada.

La referencia al plazo en el texto interpolado no la conocemos, pero sí sabemos en cambio que Ervigio, en la 2,4,7, sustituyó el anterior fijándolo en seis meses, y que Egica volvió al primitivo en la ley 2,4,8, que debería ser, como el que él restaura, de treinta años. Esta nueva alteración por obra de Egica no parece que se debiera a razones procesales, sino más bien a su tendencia contraria a todas las disposiciones de su antecesor, si bien en este caso no advierte que al suprimir la ley precedente para restaurar otra atribuida a Chindasvinto, en realidad está devolviendo su vigor a la primitiva disposición del mismo Ervigio[238].

[238] *Lex Visigothorum*, 2,4,7: Ervigio: "De his qui falsum probantur testimonium protulisse, et de spatio sex mensuum quo testem liceat infamare, sive ut super mortuum non liceat testimonium dicere.- ...Illi tamen persone, qui se in derogatione prolati testis nescire dixit, quis obicere possit, licentiam consulta pietate porrigimus, qualiter infra sex menses et vitia ignorati testis perquirat et cause sue negotium reparare intendat. Quos infra sex menses non patuerit et vitia predictorum testium querere et coram iudice eorum infamiam comprobare, exactis sex mensibus nullum iam ei ultra temporis spatium dabitur quod aut prolatum testem infamem esse convincat aut alium testem pro eadem causa in iudicio proferat; sed quod testimonio eorum extiterit alligatum, valebit perpetuo modis omnibus inconvulsum. Et tamen si is, cui licitum est per sex menses vitia testium accusare, legitimam fortasse infra constitutam tempus probationem invenerit, qua prolatum contra se testem infamem possit convincere, supra eos, quos viventes patuerit infamare, licitum erit causidico adductum testem

Dentro de ese plazo, breve en un tiempo y otras veces amplísimo y muy posterior a la sentencia, todavía puede actuarse contra los testigos del juicio, salvo que éstos ya hubieran muerto[239]. El efecto sería la revisión nuevamente del juicio, para lo cual no existe el obstáculo que antes se señalaba, porque la iniciativa no parte ya del testigo falso, incapacitado para testimoniar o declarar, sino de la otra parte o de un tercero[240].

La última posibilidad sería la de que el falso testigo reconociera su falsedad después de prestar su declaración pero antes de que el juicio hubiera terminado por sentencia. Podría pensarse que el supuesto es similar al anterior del falso testigo que después de la sentencia confiesa su delito, y que éste se consuma independientemente de que la sentencia se base o no en él y, por tanto, de que ésta se haya pronunciado. Pero no parece que estemos ante supuestos de consecuencias similares, sobre todo si partimos de que el período probatorio aún permanece abierto y, con ello, la posibilidad de enmendar el testimonio, en cuyo caso, de derivarse una sanción contra el testigo, ésta debería ser menos grave, toda vez que, antes de la sentencia, no han podido producirse efectos, al menos materiales, sobre la víctima. Quizás esta circunstancia permitiera al testigo falso enmendar su declaración, pero estamos ante una mera hipótesis sin apoyo en las fuentes: tanto las leyes 2,4,1 y 2,4,6, como después la interpolación ervigiana a esta última, y la 2,4,7, de este mismo monarca, contemplan tan sólo un falso testimonio confesado

---

producer"; 2,4,8. Egica: "De derogandis testibus, quod per triginta annorum spatium protelentur ad obiectum illis infamium comprobandum.- ... Sed disrupta mensuum ipsorum institutione cunsctis liceat causas suas per XXX annorum spatium legitime testium probatione iuxta anteriorem domini Chindasvinti principis legem proprium negotium reparare et alium testem proferre, quod debita cunctis iustitia iudicium discreto examine debeat promulgari". La referencia de K. ZEUMER, *Historia de la legislación visigoda*, págs. 191 y ss.

239 *Lex Visigothorum*, 2,4,7: "Nam aliquem de numero illorum testium qui primum iurasse noscuntur constiterit fuisse defunctum; nullum super mortuum testimonium dabitur; nec in talibus vel quibuslibet aliis causis testimonium vivi super mortuum ullo modo admittetur, excepto si per legitimum et manifestum scripture textum, ubi ipse qui defunctus esta, aut reum se criminis esse agnoscens suscripsit aut iusto equitatis iudicio publice denotatus apparuit".

240 La leyes 2,4,6, en su añadido ervigiano, 2,4,7 y 2,4,8 se refieren a un juicio ya terminado, tras de lo cual el testigo confiesa su falsedad o es acusado de incapacidad por la otra parte. De ahí que la revisión del litigio parezca que debe hacerse desde el inicio.

o descubierto después de concluido el juicio por sentencia, sin que en ellas ni en ninguna otra norma se contemple y resuelva esta tercera posibilidad planteada, que, de haberse producido en la práctica, tal vez se sustanciara con el mismo criterio y de la misma forma que la situación regulada en las leyes citadas.

III. EL DELITO DE FALSEDAD TESTIMONIAL EN LA ÉPOCA ALTOMEDIEVAL

Observaciones generales

Después de haber estudiado el régimen común que el Derecho visigodo ha ofrecido a la problemática que plantea el delito de falsedad testimonial, llegamos a la época altomedieval o posgótica, donde encontramos, respecto de ésta, como de tantas otras instituciones, una diversidad de soluciones que responden a la pérdida muy extendida de la vigencia del Liber. Sin embargo, no todos los territorios participan de esta característica. La dispersión normativa es general, pero la variedad de enfoques que los ordenamientos jurídicos ofrecen es particularmente acusada en los territorios cristianos no catalanes.

En Cataluña, en cambio, los ordenamientos locales suelen guardar silencio sobre la institución, no porque no existan juicios o en ellos la prueba testimonial haya decaído y con ella la necesidad de sancionar el falso testimonio o el perjurio, sino porque el Código visigodo aún se aplicaba respecto de estas conductas. Sólo tardíamente la institución será objeto de nuevas normas, que sin embargo no siempre se apartan del sentido que tuvieran las de la época gótica, las cuales serán así completadas, afianzadas y sólo en parte corregidas.

Se advierte claramente el contraste con otras áreas, cuyos Derechos siguen con frecuencia rumbos no coincidentes, aunque en algún momento algunos parecen aproximarse también a la solución gótica. Pero se trata de dos procesos diversos, cuando no opuestos, con particularidades en cada caso que habremos de destacar. Sólo en los siglos bajomedievales o en la época Moderna nuevas influencias comunes volverán a acercar, si no las soluciones, sí al menos los planteamientos que las motivan, respecto de la falsedad testimonial.

Mientras tanto, las circunstancias del alto Medievo aconsejan estudiar por separado el sistema jurídico catalán y el de los restantes territorios. De ellos tratará sucesivamente el presente capítulo.

1. El sistema catalán

a. Evolución del concepto y contenido de la falsedad testimonial dentro del proceso de formación del nuevo Derecho catalán

En líneas generales, el sistema visigótico se mantiene en Cataluña en vigor, sin interrupción perceptible, hasta el siglo X, pero desde esta fecha hasta la segunda mitad del siglo XI aquella vieja uniformidad comienza a ser alterada por la presencia de costumbres, decisiones judiciales o nuevas disposiciones legales que completan o modifican el Liber, la ley general del territorio[241].

De acuerdo con esta tendencia, la regulación de la falsedad testimonial experimentará asimismo un cambio de sentido que viene marcado por las nuevas normas agrupadas en los *Usatges*[242]. Otros ordenamientos no parece que se hubieran ocupado del delito, y las referencias que en algún caso, como en la carta de población de Cardona, se hacen al

[241] A. GARCIA-GALLO, *Manual*, I, págs. 368-370; G. SANCHEZ, *Curso de Historia del Derecho*, Madrid 1969, págs. 105-113; R. GIBERT, *Historia general del Derecho español*, Granada 1968, págs. 88-99, entre los manuales clásicos; E. GACTO, J. A. ALEJANDRE y J. M. GARCIA MARIN, *Manual básico de Historia del Derecho*, págs. 233 y ss, entre los manuales más actualizados; G. M. BROCA, *Historia del Derecho de Cataluña*, Barcelona 1919, I; J. M. FONT, *El desarrollo general del Derecho en los territorios de la Corona de Aragón*, Barcelona 1962.

[242] Manejo la edición de los *Usatges* de R. D'ABADAL I VINYALS y F. VALLS TABERNER, *Textes de dret català. Usatges de Barcelona*, Barcelona 1913, no obstante el conocimiento hoy de otros muy diversos manuscritos. La enumeración de los capítulos corresponde a la de esta edición. Pero quien más se ha venido ocupando de este texto desde hace una década es A. IGLESIA FERREIROS, a quien se deben los siguientes artículos, entre otros dedicados a este texto: "De Usaticis quomodo inventis fuerunt", en *Initium. Revista catalana d'historia del Dret*, 6, 2001, págs. 25-212; "Los *Usatges* de Barcelona. Una nota crítica", en *Id.*, 6, págs. 385-405; "Giraud, D'Abadal y Valls, Mor y los *Usatges*", *Id.*, 7, 2002, págs. 3-78; "Usatici glosados. El manuscrito de la Biblioteca Nacional de Madrid número 12691", *Id.*, 12, 2007, págs. 361 y ss.; "Contenido y ordenación de los Usatici. Cuadros sinópticos", *Id.*, 13, 2008, págs. 707 y ss.

"falsator" –a quien aunque se le equipare a cualquier otro delincuente "criminosus" se le facilita el asentamiento pacífico en el lugar con objeto de lograr la repoblación del mismo– no permiten descubrir si se trata del testigo falso o, lo que parece más probable, dado que no es un término empleado habitualmente respecto del "falsus testis", del falsificador de monedas, pesas o medidas[243].

Vamos a atenernos, por consiguiente, a los textos que integran la colección de los *Usatges*, y esto implica que el estudio del proceso de modificación del antiguo sistema deba ser paralelo al de formación del propio código, dada la hipotética diferencia de fechas de los distintos capítulos que lo integran, varios de los cuales tratan de la cuestión que aquí nos ocupa. Así, en primer lugar, habremos de examinar si ya en una primera etapa, a la que pertenece el primitivo núcleo de los *Usatges*, el *Liber* había sido desplazado en su vigencia respecto de la falsedad testimonial. En todo caso, desde el momento en que nuevas disposiciones inciden sobre este delito se planteará la cuestión de la posible divergencia y consiguiente desplazamiento del sistema precedente, aunque no conviene olvidar –y podemos ya adelantarlo– que los últimos capítulos incorporados a los *Usatges* y referentes al delito vuelven a recoger principios del Derecho visigodo.

Dentro de estas consideraciones previas, debemos hacer una doble advertencia, en torno a la naturaleza u origen del nuevo sistema que pretendemos estudiar y en orden a su delimitación cronológica.

En el primer sentido conviene señalar que si la denominación de sistema "posgótico", que a veces suele emplearse, es válida por cuanto el que ahora nos ocupa es posterior al romano-visigodo reformado por Chindasvinto –en lo que respecta a la falsedad testimonial–, tal calificativo no es plenamente correcto si tenemos en cuenta que el sistema no es el conjunto de disposiciones contenidas en los *Usatges* –aunque éstas constituyan el núcleo predominante y la novedad del mismo–, sino la combinación de éstas y ciertas normas visigodas que o no desaparecie-

[243] *Carta de población de Cardona*, otorgada por Borrell, conde de Barcelona, 23 de abril de 986, ed. T. MUÑOZ Y ROMERO, *Colección de Fueros y Cartas pueblas de España*, Madrid 1852, págs. 51-55: "Et si servus aut ancilla venisset inter eos, aut aliquis falsator vel criminosus, securus stesisset inter omnes alios abitatores sine aliqua dubitatione". También editada por J. M. FONT RIUS, *Cartas de población y franquicia de Cataluña*, I, Barcelona 1969, pág. 16. El fragmento transcrito, inserto en la carta de Borrell, era reproducción de la primitiva carta concedida a Cardona por Vifredo I (880-886?).

ron o siguieron ejerciendo su influencia sobre las nuevas, y es posible que también en el derecho consuetudinario local hubiese normas que regulasen algunos aspectos del delito de falsedad testimonial, aunque no nos sean conocidas.

Por otra parte, es necesario indicar que el nuevo sistema, altomedieval por su origen, no termina con la época que le da nombre, sino que se prolonga en la Baja Edad Media e incluso sus fuentes principales rigen en líneas generales hasta el siglo XVIII, si bien desde el siglo XV se inicia su integración con el Derecho romano-canónico o es modificado sustancialmente por la legislación general de Cortes, para dar lugar así a un nuevo sistema que podremos caracterizar por sus fuentes predominantes como de la Recepción.

Siguiendo siempre de cerca las fuentes en las que se regula el delito, que requieren en cada caso un examen e interpretación pormenorizados, nos adentraremos en el estudio del sistema altomedieval catalán. En este sentido se tendrá en cuenta en primer lugar los problemas que plantea el tema desde el punto de vista de sus fuentes, para ocuparnos posteriormente, y de acuerdo con esta base previa, de la regulación de la falsedad testimonial, estableciendo la necesaria comparación con el sistema visigodo.

Un primer examen de los *Usatges* revela que mientras unos capítulos ofrecen una referencia clara a la falsedad testimonial judicial, otros, que sólo mencionan la figura del perjurio, presentan dudas sobre si tal perjurio es cometido por un testigo llamado a deponer en juicio –en cuyo caso engloba o presupone la falsedad de testigos– o si se sanciona tan sólo un posible falso juramento, judicial o extrajudicial, ajeno al delito de falsedad testimonial. La aclaración de estas dudas exige examinar cada uno de los referidos capítulos, estudiando su contenido, la interpretación de los comentaristas y el acoplamiento de los diversos capítulos de los *Usatges* entre sí, así como el de éstos dentro del sistema, sin olvidar el origen de cada capítulo ni el orden cronológico en que aparecen o se insertan en los *Usatges*.

En esta colección, de acuerdo con la mayoría de los manuscritos y la opinión de los estudiosos que de ellos se han ocupado, parece distinguirse un primer núcleo que estaría compuesto por los 140 primeros capítulos, a los que se habrían añadido en fechas posteriores y diversas, los restantes[244]. En dicha primera época, cuyos límites cronológicos son difíciles de precisar, como lo demuestra la diversidad de opiniones al respecto[245], sólo uno de los capítulos que ha tenido su origen dentro de ella pudiera contemplar el falso testimonio judicial, lo que revela en todo caso que las normas visigodas relativas al tema han debido continuar en vigor casi en su totalidad. El capítulo de referencia es el 85. En él y en el 143 fundamentalmente basamos esta exposición. Por ello, para mayor comodidad del lector, se reproducen literalmente ambos textos a continuación:

> 85: "Præcipimus ut perjuria caveantur, nec admittantur testes ad juramentum antequam discuciantur; et si aliter discuti non possunt, separentur ad invicem et singulariter inquirantur. Et non liceat accusatori testes eligere absente accusato suo. Et omnino nullus nisi jejunus ad sacramentum vel testimonium admittetur. Et ille qui ad testimonium adducitur, si refutatur, dicat ipse qui eum refutat vel probet quare eum recipere noluerit. Et de ipso pago, non de altero, testes eligantur, nisi forte longius extra comitatum causa sit inquirenda. Et

[244] J. FICHER, *Sobre los Usatges de Barcelona y sus afinidades con las Exceptiones Legum Romanorum*, trad. de J. ROVIRA, Barcelona 1926; R. D'ABADAL-F. VALLS, *Textes*; C. G. MOR, "En torno a la formación del texto de los Usatici Barchinonae", en *A.H.D.E.*, XXVII-XXVIII, 1957-1958, págs. 413-459; A. IGLESIA, "De Usaticis quomodo inventi fuerunt", en *Initium*, 6, 2001, págs. 25-212. Dentro del núcleo de los 140 primeros capítulos, aún habría que destacar un conjunto de *Usatges*, los comprendidos entre el 4 y el 60, según una opinión extendida, que constituyendo un fondo consuetudinario de origen judicial posiblemente, representarían la parte más importante en principio, pero entre estos capítulos aún no figuraba ninguno que de alguna forma aludiera al tema que nos ocupa.

[245] Según FICKER, la materia fundamental sería anterior a 1068; a ella se agregarían después leyes de Ramón Berenguer I, tal vez del mismo año, y después de la muerte del conde, en 1076, el conjunto de normas sería reunido por algún juez en un solo código y ampliado con otras fuentes, para recibir por último otro material diverso, arbitrariamente compilado. Queda, sin embargo, la duda de si, como apunta ABADAL, la forma actual que presentan los *Usatges* refleja tan sólo una elaboración particular muy posterior, de mediados del XII tal vez, debida a algún jurista de la corte de Ramón Berenguer IV que la retocaría de acuerdo con las nuevas corrientes romanistas de su tiempo. La postura de MOR tiene un carácter igualmente revisionista. Por su parte A. IGLESIA, "De Usaticis quomodo", razona que los *Usatges* actuales son una recopilación de recopilaciones, a partir de un núcleo inicial, debido a Ramón Berenguer I, completado en fechas posteriores, hasta la fijación del texto oficial, formado por 174 capítulos, en 1588-1589.

si quis convictus fuerit perjurii, manum perdat aut centum solidos redimat".

143: "Quoniam ex conquestione subjectorum frequenter querelam suscepimus quod propter testium corrupcionem veritas offuscatur et deprimitur, imperiales leges in hac parte sequentes, sancimus quod, si quilibet testis ab aliquo productos fuerit, in sacramento comprehendat, nec sibi, nec se sciente, alicui subjecte persone pecuniam vel aliam rem fuisse datam vel promissam. Praeterea, falsitatem testium per quos veritati contraria proferuntur omnino compescentes, jubemus, sub examine nostri vel cujuslibet a nobis delegati, littigantem qui scienter falsum testem produxerit vel corrumperit, amissionem causa sustinere, et ómnium bonorum mobilium dumtaxat publicacionem incurrere: quórum bonorum medietas domino ipsius assignentur, et medietas erario nostro servetur. Sed eandem penam sustineat circa publicacionem bonorum qui falsum tulisse testimonium convictus fuerit, et insuper manum amittat et linguam, possessionibus utriusque devolvendis his qui jure succesorio ad eorum bona vocantur".

El capítulo 85, si en un sentido parece contemplar la falsedad testimonial, en otro parece dirigido contra el perjurio de aquellos cuya situación es la que sanciona. Interesa saber si la idea de perjurio es contemplada con independencia de la falsedad testimonial o por el contrario engloba en sí esta figura. La búsqueda de los posibles orígenes de dicho capítulo no arroja suficiente luz sobre la cuestión debatida: Ficker considera que su origen se encuentra en parte en costumbres locales y en parte en el Derecho romano-canónico, si bien la confrontación de las fuentes que cita no revela claramente, sobre todo respecto de alguna de ellas, esa pretendida conexión[246], lo que inclina a Abadal-Valls a rechazar ese origen al tiempo que apuntan su correspondencia literal con un capitular carolingio[247], lo que en definitiva no supone sino trasladar el problema a esta fuente.

[246] Las fuentes que FICHER cita son *Codex Iustin.* 4,20,4; *Decretum Gratiani* C. XXII, q. 5, c. 16 (sobre la necesidad de jurar en ayunas), y *Decretales Gregorii*, II, 20 De testibus, c. 2 (obligación de declarar en presencia del juez). No cita en cambio la posible concordancia con *Decretales*, II, 20, 1.

[247] Se trataría del "Capitulare missorum, in Theodonis villa datum secundum", sin fecha, pero posiblemente perteneciente a Carlomagno y promulgado en el año 805 o en el 806 (ABADAL-VALLS, *Textes*, pág. XVII).

Conviene a este respecto tener presente que la sanción que establece el capítulo 85 se encuentra en la misma línea de la del 67 que no ofrece dudas sobre su contenido, referente al perjurio dentro de un supuesto específico, lo que tal vez podría hacer pensar que el capítulo 85 contempla también una forma de perjurio, dada la aproximación entre las respectivas sanciones[248]. Un nuevo argumento a favor de esta hipótesis se nos ofrece cuando Alfonso I, según la opinión de Abadal-Valls, unos años más tarde legisla sobre la falsedad testimonial, siendo incluida su disposición en los *Usatges*, cap. 143, lo que permitiría pensar en principio que este delito carecía hasta entonces de regulación en los *Usatges*. Ante esta medida hemos de preguntarnos acerca de su finalidad, ya que el contenido del capítulo debatido, el 85, podría ser conocido en función de la respuesta a este nuevo problema.

No cabe duda de que el cap. 143 no tiene por objeto completar una laguna que el 85 presentara, ya que si éste versa únicamente sobre el perjurio, de acuerdo con el sistema vigente la falsedad testimonial era regulada hasta Alfonso I de forma completa por las disposiciones del Liber. Si por el contrario se intenta ahora modificar una norma anterior referente a la falsedad testimonial, hay que admitir que no podría ser el régimen del 85 el derogado, puesto que, de ser así, causa extrañeza la inclusión del capítulo derogado tanto en los *Usatges* como posteriormente en las recopilaciones catalanas, en las cuales nunca aparece entre las normas derogadas o en desuso. Hay que pensar, en conclusión, que la ley de Alfonso I, cuyo contenido realmente difiere del régimen que el *Liber* establecía, no modifica el capítulo 85 sino que deroga la ley del Liber, y si el capítulo 85 no resulta afectado es porque el supuesto que contempla es diferente.

Pero la solución no puede ser tan simple, porque no hay que olvidar que en el referido cap. 85 se sanciona una actuación en función de un juicio, actuación que, según el tenor literal del texto, sería un falso juramento. Y es aquí donde hay que tener en cuenta que el llamado a deponer en juicio es constreñido a jurar previamente a su declaración, según la más pura tradición romanística incorporada al

[248] El usatge 67, relativo al incumplimiento de una promesa jurada al señor, castiga el perjurio que dicho incumplimiento encierra en los siguientes términos: " si autem et perjurus esse viderit, aut manum perdat, aut centum solidis redimat, aut quartam partem facultatum suarum amittat, proventuram in manu illius cujus perjurus effectus esta".

Derecho legislado visigodo, que los *Usatges* recogen[249], juramento que será garantía de que quien lo pronuncia dirá verdad. Pero es evidente que mientras la declaración no tenga lugar no puede haber transgresión de aquel juramento y, desde otro enfoque, el perjurio se produce simultáneamente a la falsedad del testigo o de quien quiera que deba manifestarse en juicio.

De seguir manteniendo que el usatge 85 contempla una situación de perjurio al margen de la falsedad testimonial y a la vez diferente del supuesto del cap. 67, sólo cabría argumentar que lo que pretende el citado capítulo 85 es evitar mediante el examen de los testigos que, dadas las características de éstos, sean proclives al perjurio[250].

La explicación definitiva del sentido y valor del cap. 85 sólo es posible, sin embargo, considerando la referencia al perjurio en el contexto general que el capítulo ofrece, y teniendo en cuenta, por otra parte, la relación que existe entre aquél y el 143. En suma, es necesario seguir el mismo planteamiento que hicieran los comentaristas de los *Usatges*, si bien cualquier conclusión a la que se llegue presentará siempre ciertas lagunas, cuya existencia es la que nos ha llevado a las anteriores disquisiciones en la búsqueda de posibles nuevos argumentos plenamente convincentes que mostraran de una manera inequívoca la institución que estudiamos. En esta línea hay que admitir con Jaime de Montjuich[251] que la falsedad testimonial era ya contemplada en el primer núcleo de los *Usatges*, es decir, en el cap. 85 concretamente, aunque debemos añadir que sólo de una manera indirecta. En efecto, en él se contempla la figura del perjurio pero en función de sus consecuencias en un orden procesal, en tanto que el perjurio del cap. 67 era sancionable y de un modo especial por representar el incumplimiento

[249] *Usatges* 86: "Et testes, antequam de causa interrogentur, sacramentum distringantur, ut iurant se nichil aliud nisi veritatem esse dicturos... Hoc eciam jubemus ut honestioribus magis quam vilioribus testibus ad fidem pocius admittantur; unius autem testimonium, quamvis splendida et ydonea videatur esse persona, nullatenus esta audiendum".

[250] Si embargo esta hipótesis plantearía un problema no fácil de aclarar, cual sería el de que, pese a que todo falso testimonio encierra en sí un perjurio, dada la obligación de prestar juramento previamente a la declaración, a tenor del usatge 86, resultaría la incongruencia de que la sanción contra un perjuro (al margen del caso previsto en el usatge 67, en que la pena podría resultar agravada por la presencia de una relación señorial) sería más rigurosa que la aplicable al falso testigo.

[251] Recogida en T. MIERES, *Apparatus*, I, pág. 238, núm. 157.

de una promesa dentro de un régimen señorial. Pero el perjurio en juicio engloba la falsedad testimonial, y las consecuencias de aquél desde el punto de vista procesal son las mismas que derivan del falso testimonio; de ahí la identificación de ambas figuras.

La existencia de una disposición posterior que, refiriéndose igualmente a la falsedad testimonial, establece un régimen de sanciones diferente, no ha de suponer necesariamente la derogación de la norma preexistente, ya que aún tratándose de una misma institución, su enfoque en cada caso es distinto y los aspectos de ella que cada norma regula pueden no ser idénticos. La diferente regulación se ha intentado explicar considerando que el cap. 85, de acuerdo con la idea de que el perjurio en juicio supone un falso testimonio, contempla este tipo de falsedad en general, puesto que no se establecen limitaciones o condicionantes de ningún tipo, y por consiguiente sanciona la falsedad de testimonio cometida ante cualquier juez o tribunal, en tanto que el 143 se ocupa de un supuesto específico de aquélla, que por las circunstancias que en él concurren parece que debe destacarse del régimen común del 85, y exige en consecuencia un tratamiento diferente: se trata de la falsedad testifical que se comete ante el tribunal del rey o ante los jueces delegados o puestos por el monarca para juzgar en cualquier lugar. Esta diferencia que ya fue destacada por Jaime de Montjuich, explicaría la coexistencia de ambos preceptos a partir de la aparición del segundo de ellos. Así, complementándose y no excluyéndose uno a otro, podría descartarse la primitiva hipótesis que intentaba explicar la aludida coexistencia de preceptos considerando que se referían a supuestos diferentes, de perjurio el 85, y de falsedad testimonial el 143.

Sin embargo, afirmando que en uno y otro capítulos se contempla la figura de la falsedad testimonial, una detenida comparación de ambos permite ciertamente descubrir otras diferencias entre ellos: en el primitivo núcleo de los *Usatges*, así como en el derecho visigodo que sigue siendo supletorio, aparecían unificadas bajo un tratamiento penal idéntico las conductas del inductor y del actor, que ahora, en el 143, son en cambio diferenciadas en orden a la pena aplicable, como después veremos. Por otra parte, el capítulo último parece valorar especialmente las motivaciones de la conducta falsa del testigo. En el texto se sanciona al autor material y al inductor, lo que obliga a sobreentender que siempre en la inducción o corrupción existe una motivación, generalmente de carácter material. La referencia a la actuación por dinero o por otra recompensa, que aparece en la primera parte del texto, tiene por objeto insistir en la obligación del testigo de jurar previamente no haber recibido aquéllos en función de su testimonio, con lo que se establece una garantía, pero al mismo tiempo la incidencia en la situación descrita es la que motiva la sanción que el capítulo establece.

Veamos ahora hasta qué punto las disposiciones del *Liber* relativas a la falsedad testimonial se han visto desplazadas por la nueva normativa, en el momento de la promulgación de la ley atribuida a Alfonso I que constituye el cap. 143 de los *Usatges*. Hasta entonces, pese a la existencia de una nueva disposición que, comprendida en el núcleo primitivo de los *Usatges*, afectaba a la falsedad testimonial, el régimen establecido en el *Liber* apenas ha sido alterado por cuanto aquella norma fundamentalmente sólo introducía una modificación en orden al tipo de penas aplicables. Por el contrario, los cambios que el cap. 143 introduce son más amplios, al establecer un distinto régimen respecto del testigo falso y del litigante que induce a la falsedad, fijándose para cada supuesto penas distintas entre sí y en todo caso diversas respecto de las que señalaba el último código visigodo. Las modificaciones son, por consiguiente, más profundas, aunque no es fácil determinar con absoluta certeza el ámbito preciso de las mismas por las dudas que ofrece la interpretación del cap. 143.

Pero en cualquier caso hay ciertos aspectos de la falsedad testimonial que no son modificados por los *Usatges*. En efecto, se mantiene la trascendencia del falso testimonio dado por precio o amistad que había preocupado al Derecho visigodo, aunque ahora al ser recordada por la nueva normativa, ha sido objeto de sanción específica. De la misma manera se ha mantenido la distinción, en orden a sus consecuencias, entre el falso testimonio positivo o consistente en declarar como cierto algo que se sabe que no lo es, y el negativo o consistente en silenciar la verdad que se conoce. Hay además otras cuestiones sobre las que los referidos capítulos 85 y 143 de los *Usatges* no se pronuncian, sin que este silencio signifique que aquéllas han caído en el olvido o han sido derogadas. Así, entre las penas que señala el 143 se advierte con extrañeza la no mención de la que consistía en resarcir a la víctima de la falsedad por los perjuicios que hubiera sufrido como consecuencia del delito, y de la misma manera se nota la ausencia de la pena de inhabilitación contra el testigo autor de la falsedad.

Sin embargo, la importancia de ambas sanciones nos permite pensar que, pese al silencio de los textos respecto de las mismas, dentro del sistema permanecen aquéllas en vigor como penas acumulativas que existían en el derecho visigodo, considerado como ordenamiento supletorio. Pero desde Jaime I parece que las leyes góticas, y por tanto estas medidas punitivas complementadas por ellas, sólo perdurarían en la medida en que fueran incorporadas a los *Usatges*. Quizás por aquellas fechas, según la común opinión de los autores[252], Jaime I amplió el contenido de los *Usatges* con varios nuevos capítulos, y es sintomático que algunos de ellos referentes a la falsedad testimonial fueran precisamente, a juicio de Abadal-Valls, de origen visigodo y versaran sobre algunas de aquellas cuestiones sobre las que antes los *Usatges* habían guardado silencio, sin que ello fuera óbice para su vigencia. La creación de los nuevos capítulos por Jaime I supondría la puesta en práctica de la vía que permitiera continuar en vigor a aquellas antiguas disposiciones visigodas.

Los capítulos incorporados son los números 161, 162 y 165, los cuales plantean ciertas cuestiones acerca de la delimitación de su objeto en función de la falsedad testimonial, acerca de la articulación entre sí y dentro del sistema y por último en cuanto a su valoración en función de los anteriores capítulos de los *Usatges* que versan sobre la misma materia.

Por lo que respecta al primero de ellos[253], hay que señalar desde ahora la imprecisión del mismo en cuanto a su objeto. Un primer examen del texto puede llevarnos a pensar que regula tanto el falso testimonio judicial como el perjurio producido fuera del juicio. En él no se alude expresamente a la actuación en juicio e incluso no faltarían argumentos a favor de la consideración de que es la segunda posibilidad la que se contempla, tales como la circunstancia de que la sanción que establece

[252] Marquilles atribuyó a Jaime I los cps. 144 a 169, y con él coincide Ficker, pese a desconocer la anterior referencia. El contenido de la serie, según Abadal-Valls, sería plenamente visigodo. Ello explica su inclusión en los Usatges por Jaime I, ya que se trataba de disposiciones que debían ser excluidas de la prohibición general que afectaría al Derecho visigodo (ABADAL-VALLS, *Textes*, págs. XXI-XXII). G. JULIA I ANDREU, "El dret penal contingut en els Usatges", en *Revista Jurídica de Cataluña*, XL, 1934, págs. 99-109; 232-244 y 367-381, se limita a reproducir el contenido de los Usatges 161 y 162, y a señalar que tanto éstos como el 165 guardan grandes relaciones con el Liber.

[253] *Usatge* 161: "Si quis per amorem pecuniam aut per amorem amici vel propinqui sui perjuraverit quartam partem de ómnibus rebús suis, ei cui falsitatem juraverit, componat, et testimonium amittat".

guarda relación con la que fija el cap. 67, referente al perjurio, o la de que las "Constitucions i altres Drets" lo incluyen no entre las disposiciones sobre falsedad testifical sino como "perjurio", lo que nos puede llevar a pensar que el criterio interpretativo del recopilador se basa en una tradición o coincide con el sentido que en su momento debió tener dicho capítulo. Pero al margen de estas consideraciones, no carentes ciertamente de interés, otros detalles llaman la atención e inclinan a estimar que es la falsedad testimonial la institución parcialmente regulada en el texto comentado.

Lo que preocupa al autor de la norma es la actuación de aquella persona que perjura por precio o amistad. Y es evidente que suponiendo dicha actuación la presencia de un interés ajeno, se explica mejor este interés si de su actuación se deriva un resultado beneficioso para el amigo o el inductor, resultado que será más efectivo si está en función de un juicio. La ausencia de sanciones o alusiones a penas de tipo moral y, en cambio, las referencias a las consecuencias que para otro pudieran derivarse del perjurio permiten también pensar que es una actuación judicial la que se contempla, y sabido es que, siendo previo el juramento de decir verdad a la declaración del llamado a deponer, sólo puede afirmarse la existencia de perjurio después de haber efectuado una declaración que, por resultar falsa, contradice el juramento prestado. Mediante este razonamiento puede llegarse a la conclusión de que el perjurio judicial encierra en sí una situación de falsedad testimonial y que al establecerse una sanción contra el perjuro realmente se está queriendo sancionar el falso testimonio.

Pero es sobre todo dentro del contexto de los restantes artículos señalados donde se halla que el contenido del cap. 161 necesariamente contempla una faceta de la falsedad testimonial. Y así, si el 162 aislado también presenta dudas acerca de su contenido, al relacionarse los dos citados su sentido en la línea propuesta resulta evidente. El cap. 162 sanciona el falso testimonio dado contra alguien, es decir, una actuación que debe ser judicial puesto que, aunque este extremo tampoco se recoja expresamente en la norma, sabemos que a dicha actuación acompañan ciertas circunstancias que son propias de un testimonio judicial, a saber: que el testimonio, que no sería a favor sino en contra de alguien, habría producido daño a la víctima en caso de haber sido cierto y que la sanción que se habría de imponer al autor del falso testimonio sería equivalente al valor del perjuicio que pudo haber causado. Parece, pues, aludirse a las consecuencias de un falso testimonio judicial y a favor de esta idea se encuentra –aunque el argumento sólo tenga un valor relativo– la circunstancia de la posterior inclusión de este precepto en las Constitucions entre los referentes a la falsedad de testigos[254].

Sin embargo, de acuerdo con un principio jurídico ya viejo que se plasma en el usatge 86, no basta con un solo testimonio para que de la prueba testifical se deriven consecuencias respecto de un tercero. Así, pues, difícilmente podría haberse producido aquel daño por el único falso testimonio que el capítulo parece contemplar. Pero no hay que olvidar que el delito se consuma en la misma declaración, ya que inicia el conjunto de posibilidades que podrían determinar el perjuicio para la víctima, con independencia de que al fin éste se produzca o no. Por ello, ese primer acto abre al responsable las puertas del campo penal, en tanto que las repercusiones de la falsedad sobre la víctima contra quien vaya dirigida la acción del testigo o falso acusador –y las respectivas nuevas consecuencias que en este caso se deriven para el mismo culpable– dependen de que a aquel testimonio se sumen otro u otros coincidentes. Quizás, pensando en esta posibilidad, para dificultar esa coincidencia premeditada en el contenido de dos o más testimonios falsos, el usatge 85 establecía ya que el interrogatorio de los testigos se hiciera por separado y uno a uno.

Ante la disyuntiva de considerar los dos *Usatges* hasta ahora examinados como ajenos a la falsedad testimonial o por el contrario estimar que ambos contemplan nuestra institución, me inclino hacia esta última posibilidad. Es cierto que aisladamente considerados podrían plantear problemas que harían difícil ver en ellos una clara referencia al falso testimonio: si ambos tienen un común origen visigodo, a juicio de algunos estudios de la colección catalana que los engloba, y si su inclusión en los *Usatges* se debió a un mismo legislador y se produjo en un mismo momento, no se comprende fácilmente por qué integran dos capítulos diferentes, tratando ambos de una misma cuestión. Por la misma razón podría dudarse acerca de si la penalidad establecida en cada uno se excluye recíprocamente o se complementa, e incluso pudiera pensarse que el objeto contemplado en cada usatge es diverso. Sin embargo, parece que tanto el cap. 161 como el 162 contemplan

[254] *Usatges*, 162: "Si quis falsum testimonium contra proximum suum aliquo casu dixerit vel fecerit, tantum de suo avere perdat quantum proximus sus amisisset si veritatem, contra eum testificando, dixisset" (*Constitucions i altres Drets de Cathalunya*, Barcelona 1588, I parte, IX, 7 De crim de fals, 2, en pág. 464.

un mismo supuesto de falsedad testimonial, si bien cada uno lo hace desde un punto de vista distinto. Adviértase que la diferente penalidad que cada uno de los referidos *Usatges* establece no radica en que el primero sancione un supuesto diverso, cual sería la venalidad en el falso testimonio. Esta posibilidad debe ser descartada por cuanto en el 161 la misma pena se aplicaría si el perjuro actuara "per amorem amici" –que no supone ciertamente venalidad–.

Ambos capítulos, por consiguiente, se complementan, y los dos a su vez lo hacen con el 165: mientras el 161 se preocupa de sancionar un falso testimonio otorgado con la finalidad de favorecer a alguien, el 162 contempla un falso testimonio en el que parece existir un más alto grado de malicia por parte del autor, por cuanto con su actuación pretende fundamentalmente causar un daño a otra persona. Aunque del falso testimonio prestado con la finalidad esencial de favorecer a alguien también puede derivarse un perjuicio ajeno, esta circunstancia ya es prevista en el mismo capítulo al señalar la compensación que en tal caso la víctima deberá recibir.

Estas diferencias de matiz justifican el distinto tratamiento penal en cada caso, de forma que mientras en el primer supuesto la pena está en proporción del propio patrimonio, en el segundo lo está en función del daño causado, con lo cual se concluye que, no siendo sanciones acumulables, sino alternativas, el tratamiento por separado y en distintos capítulos aparece justificado.

Pero la referencia de los citados *Usatges* a una misma institución, la falsedad testimonial, aún permanece en el terreno de la hipótesis, ya que incluso la alusión explícita al "falsum testimonium" del cap. 162 podría admitir una diversa interpretación. La viabilidad de aquélla depende finalmente de que puedan acoplarse y ser ambos complemento necesario del cap. 165, el cual regula ya sin lugar a dudas la falsedad testimonial judicial, y depende también de su compatibilidad con los *Usatges* precedentes.

El cap. 165 tiene en cuenta un supuesto muy concreto de falsedad testimonial, la falsedad negativa o consistente en callar la verdad en general, ya fuera mediante precio o por merced, negar el conocimiento de la verdad que conoce o no cumplir con la obligación de jurar en la forma establecida, en cuyo caso se presume que pretendía falsear su testimonio y que la negativa a jurar tiene por objeto incurrir además en perjurio. Estos supuestos habían existido antes, pero los textos no los habían regulado, quizás porque no era necesario, ya que aquéllos estaban previstos en el *Liber* y éste continuaba en vigor en tanto no hubiese sido expresamente modificado. Y puesto que la situación respecto del Derecho visigodo cambia a partir de 1251, era necesario ahora incluir en los *Usatges* aquellos preceptos si se quería mantener su vigencia. Por otra parte, la redacción del nuevo capítulo ofrecía de paso la oportunidad de modificar el enfoque o la penalidad de aquel hecho si se consideraba necesario[255].

Esta es, pues, la función que cumple el cap. 165, y el proceso que en este caso se observa con nitidez ha debido ser el mismo que ha afectado al falso testimonio positivo o consistente en inventar y presentar como cierta una versión deformada de la realidad, que ha sido contemplado en los anteriores capítulos. Esta consideración supone de entrada que aunque cualquier conducta considerada como falsedad testimonial signifique alteración de la verdad, la gravedad en cada caso puede ser distinta y en consecuencia también lo sería el tratamiento penal respectivo. Este hecho se explica porque la sanción no sólo se establece en función de la naturaleza del delito sino también en función de la maldad que aquél pueda encerrar en cada una de sus formas. De acuerdo con este tratamiento, el falso testimonio positivo supondría siempre mayor gravedad, como corresponde a la presentación –o falsa acusación– de un hecho falso que pudiera resultar lesivo, como verdadero. El falso testimonio negativo supone, sobre todo, negar la colaboración necesaria para hallar la verdad, lo que no impide que ésta pueda encontrarse por otra vía. De ahí que no resulte extraño que el usatge 165 sancione esta modalidad de delito con una pena ligeramente inferior a la que en otro caso hubiera de corresponder al responsable del positivo, pero sólo ligeramente inferior, dado el intento de equiparación entre ambas formas, que este último usatge formula.

El cap. 165 sanciona la conducta negativa apuntada con la pena de inhabilitación testifical. Ante esta medida tan leve podríamos pensar que ella es consecuente con el razonamiento anterior; sin embargo, tal

[255] *Usatges*, 165: "Opportet itaque conctos homines vera que sciunt testificari et judici convenit illos ad hoc vocare; sed si admonitus aliquis a judice dicere id quod novit et testimonium prohibere noluerit, aut eciam se nescire dixerit ad ipsum jurare noluerit, et per graciam vel per venalitatem vermú supperrexerit, nisi metu mortis vel corporis sui debilitacione hoc taceat, testimonium ipsius non recipiatur ulterius, quia non minor reatus esta vera subpreme quam falsa confringere".

pena parece excesivamente reducida y hay que sospechar que no es la única aplicable –aún tratándose de simple falsedad testimonial negativa, de menor gravedad relativa–, porque si callar la verdad, después de haber jurado decirla, es falso testimonio y lleva en sí la noción de perjurio, no se explica cómo se sanciona esa forma de falso testimonio más levemente que el perjurio, a pesar de la importancia que a aquel delito atribuye el mismo usatge cuando advierte que "non minor reatus esta vera subprimere quam falsa confringere" (si bien esta frase hay que interpretarla en su justo valor, ya que, pese a esa equiparación de valor indicada, las consecuencias penales serán siempre diferentes en cada caso). La posibilidad de que el usatge 165 contemplara un delito distinto, el desacato al juez o la no colaboración con la justicia, parece disiparse ante el parangón que establece esta frase y a la misma conclusión conduce el contexto de la norma.

Hay que pensar, por tanto, que la pena señalada en el cap. 165 no es única, sino acumulable. Pero esta afirmación, si en principio parece aceptable, plantea a su vez el problema de determinar a qué otra se acumula y cuándo tiene lugar. La disposición cuyo contenido se quiere completar o modificar ahora sólo puede ser el usatge 143 en cuanto se refiere directamente al falso testimonio y que, si bien antes, al igual que el 85, era completado por el Derecho visigodo, ahora que ello no es posible, al haber perdido éste su vigencia supletoria, necesita de una nueva norma, que sería el usatge 165, puede no reproducir necesariamente la disposición que antes suplía el Derecho del Liber.

Pero si sólo la forma de falsedad negativa fuese la que viera expresamente recogida su sanción e incrementada en la nueva norma dada por Jaime I, resultaría que dicha sanción sería mayor que la que hubiera de corresponder a la falsedad positiva, lo que no deja de resultar paradójico, puesto que ésta encierra una mayor gravedad, como antes se señaló, o al menos se equipara a ella. Por otra parte, las mismas razones que han motivado una disposición complementaria de la que regulaba una forma de falsedad determinada, podrían alegarse a favor del otro tipo de falsedad. Y es aquí cuando al tratar de encontrar una explicación a los capítulos 161 y 162 y enfrentarnos con las dudas que su contenido nos planteaba, tal explicación aparece en función del proceso expuesto respecto del otro usatge, coetáneo y del mismo origen, el 165: por tanto, tratándose de un falso testimonio positivo, la sanción antes establecida en el usatge 143, común para todo tipo de falsedad, se incrementa también con nuevas penas que a su vez serán diferentes según sea la finalidad que se persiga con aquella actuación dolosa.

Recapitulando, observamos que el nuevo ordenamiento jurídico catalán ha regulado desde un principio la falsedad testimonial producida en juicio, si bien parece haberla sancionado en función del perjurio que el autor de aquella conducta cometía a la vez. Por ello todo tipo de falsedad testimonial, con independencia de las circunstancias de que se rodeara y del tribunal en que tuviera lugar, recibía un tratamiento uniforme. Pero más tarde pareció que el hecho de que esta conducta se produjera ante el tribunal regio u otro delegado del rey no podía ser indiferente: el delito adquiría entonces una mayor gravedad y en consecuencia el responsable del mismo se hacía acreedor a una sanción superior, en consonancia con aquél. Acaso la consideración ya clásica de que con la falsedad se ofende no sólo a Dios y a las partes, sino también a la justicia o a quien la representa, en este caso el rey, se hubiera tenido en cuenta. Pero en cualquier caso ahora la falsedad testimonial se sanciona en función de lo que representa, como un delito contra la administración de justicia o contra la fe pública, y no sólo como una conducta que encierra un perjurio.

Por ello la regulación del delito comienza a tener en cuenta el grado de participación en él del sujeto, e incluso en un momento más tardío las motivaciones del autor no son indiferentes para el ordenamiento jurídico, ya que el régimen de sanciones será distinto según se pretenda favorecer a una de las partes o bien esencialmente causar un perjuicio a otra. También la venalidad en el falso testimonio se ha contemplado, aunque no parece que haya recibido un tratamiento específico.

Por último, como falsedad testimonial se comprende una conducta de signo positivo: el silencio de la verdad conocida, la negativa del testigo a prestar la colaboración necesaria para hallar la verdad, se engloban como una forma igualmente punible de falsedad testimonial.

b. El régimen de penas en función del grado de participación en el delito y los daños ocasionados a la víctima

El estudio detallado del conjunto de sanciones que el ordenamiento de los *Usatges* establece contra el responsable del delito de falsedad testimonial no debe llevarnos a pensar que la prevención del delito y la adopción de medidas para garantizar la verdad del testimonio no preocupan al citado sistema jurídico. Por ello, brevemente, antes de exponer aquéllas ha de hacerse una referencia a estas medidas.

Entre ellas figuran las que determinan una selección de los testigos: a tal efecto se establece la obligatoriedad de proceder a un examen previo de ellos con objeto de evitar que quienes presten testimonio sean personas a quienes estuviera prohibido hacerlo a consecuencia de alguna actuación falsa precedente, ya fuera falso testimonio o perjurio, causas de inhabilitación. Con esta medida se pretende evitar posibles anulaciones posteriores de sus respectivas declaraciones, lo que determinaría en suma una dilación en el juicio[256].

En conexión con este proceder interesa que los testigos sean personas conocidas, lo que facilitará el examen señalado. Por este motivo se recomienda que quienes deban deponer en juicio sean, si ello es posible, personas del lugar, excluyéndose tan sólo este requisito ante el supuesto de que la causa se haya de ver en algún punto distante o fuera del condado, en cuyo caso el desplazamiento del testigo originaría gastos que podrían ser evitados en otro caso[257]. Finalmente, dentro de las medidas que establecen una selección de testigos destaca la que reconoce la preferencia de los "honestiores" frente a los "viliores". Aquel a quien públicamente se reconoce que es más "honestus", se supone que es más digno de fe, si bien este reconocimiento no llega al extremo de considerar, excepcionalmente, suficiente el testimonio de un solo testigo "honestior", y tampoco el quebranto de esa mayor confianza, cuando éste comete falsedad, determina una pena mayor (como ya se vio al comentar el usatge 86).

Junto a estas normas cabe señalar igualmente la obligación impuesta al testigo de prestar juramento previo a su declaración (también expresada en el usatge 86), de hacer ésta en presencia del acusado y estando separado de los restantes testigos, con objeto de dificultar así

[256] Como requisito general se establece también el de la edad (usatge 163), fijándose en los catorce años el límite a partir del cual tanto el hombre como la mujer podrían emitir válidamente su testimonio.

[257] *Usatges*, 85. Sobre los gastos procesales, Ver J. LALINDE, "Los gastos del proceso en el Derecho histórico español", en *A.H.D.E.*, XXXIV, 1964, págs. 249-416, y del mismo autor, "Los gastos del proceso en el Derecho visigodo", en *Studi in onore di Edoardo Volterra*, V, Milano 1971, págs. 99-120.

la posible connivencia entre ellos y descubrir mejor las contradicciones que revelarían la existencia de falsedad (usatge 85).

Es en el régimen de penas aplicable al responsable del delito de falso testimonio donde hallamos la máxima diferencia con respecto al sistema anterior. Previamente a su estudio conviene advertir que dichas sanciones se fijan en función del hecho de la falsedad en sí, de la finalidad que con ella se persigue y de los resultados que se hubieran alcanzado. Señalada anteriormente la relación y complementariedad de los diferentes capítulos de los *Usatges* que se ocupan del falso testimonio, así como la de éstos con otras normas, se exponen aquí el sistema de sanciones que en cada momento y en cada caso se han aplicado de acuerdo con el sistema.

Hasta Jaime I, y mientras el Derecho visigodo se ha combinado con las normas que constituyeron el primitivo núcleo de los *Usatges*, se ha debido en general de mantener básicamente el régimen penal contra la falsedad de testimonio, según se observó a fines de la época visigoda, si bien desde mediados del siglo XI se advierte una agravación de las sanciones. Así, pues, la pena debió consistir en la incapacitación como testigo para el futuro y en la entrega de sus bienes por parte del responsable del delito a quien pudo resultar perjudicado por el mismo, en una cantidad igual al valor del daño producido o que pudo producirse, o bien si por carecer de medios económicos no pudiera cumplir aquella pena talional, sería ésta reemplazada subsidiariamente por el trabajo personal en beneficio de la víctima. A este conjunto de sanciones el usatge 85 vino a agregar otra pena, al parecer, alternativa, consistente en la amputación de una mano o en su lugar el pago de una multa de cien sueldos como forma de redención[258].

Puesto que de los problemas que plantean las sanciones de origen visigodo hemos tratado ampliamente al ocuparnos de este Derecho, se abordarán aquí únicamente las cuestiones que suscitan las nuevas penas que el usatge citado introduce. A este respecto, llama la atención en primer lugar la posibilidad de que pudiera aplicarse una pena de mutilación, que faltaba totalmente en el Derecho visigodo. ¿Cuál podría ser entonces el origen y la vía a través de la cual este tipo de sanción ha surgido en el alto Medievo catalán? Aunque ausente entre los visigodos a propósito del delito que nos ocupa, se aplicó en cambio en

[258] Recuérdese el último párrafo del usatge 85: "Et si quis convictus fuerit perjurii, manum perdat aut centum solidos redimat".

algunos pueblos germánicos, como los anglosajones y los carolingios. Sabemos que entre estos últimos un capitular del año 779 castigaba el perjurio y delitos afines (entre los cuales podría encontrarse el falso testimonio) con la pena de amputación de una mano, y que esta sanción, considerada como no redimible, debió estar en vigor hasta principios del siglo IX, momento en que se admite la posibilidad de redención, pasando entonces a convertirse en subsidiaria en caso de insolvencia. El parecido es grande con respecto a la medida que introduce el usatge 85, y tratándose de una disposición carolingia, que tal vez llegó a regir en Cataluña, la influencia parece posible. La hipótesis de que aquella norma dejara su huella en algunas costumbres del país parece verosímil, teniendo en cuenta sobre todo, según la opinión cualificada de Ficker, que la materia fundamental y primera de los *Usatges* es un anteproyecto de derecho consuetudinario aprobado por los magnates en asamblea y declarado vigente por el conde Ramón Berenguer I[259].

Es posible además que en el establecimiento de esta pena física haya tenido intervención la Iglesia. La costumbre de aplicar una sanción corporal sobre aquel miembro mediante el cual se llevó a cabo la realización material del delito es típicamente germánica. Pero si aquí la sanción recae sobre la mano y el motivo es el perjurio o el falso testimonio jurado, parece aludirse a un juramento consistente en extender la mano sobre los libros sagrados o sobre una cruz[260]. Es precisamente a propósito de ciertas formas eclesiásticas de juramento, como las que se realizan "super reliquiis sanctorum", "in sanctis reliquiis" o "in ecclesia", cuando se emplean aquellas penas, que por ello aparecen como tutelares del juramento, a juicio de Brunner[261]. Por tanto, no sería aventurado pensar que la Iglesia hubiera participado en el mantenimiento primero y en la extensión después de este tipo de penas aplicado al falso testimonio.

[259] La referencia a la sanción de la falsedad entre los carolingios, en P. DEL GIUDICE, "Diritto penale germanico rispetto all'Italia", en *Enciclopedia del Diritto penal italiano*, I, págs. 429-609, y en especial pág. 601.

[260] Entre los germanos en general, el perjurio del testigo es sancionado con la misma pena que el perjurio de una de las partes. Aunque hay excepciones, como entre los anglosajones y borgoñones, se entiende que el falso testimonio se sanciona como el perjurio, si el testimonio prestado con falsedad es después jurado (P. DEL GIUDICE, *Id., ibídem*).

[261] BRUNNER, *Deutsche Rechtsgeschichte*, II, Leipzig 1892, pág. 681.

Cuando más tarde se siente la necesidad de regular directamente el falso testimonio judicial y especialmente la inducción a la falsedad, se va a introducir un nuevo sistema de sanciones, caracterizado por sancionar con mayor gravedad el delito. El Derecho fija ahora un distinto régimen penal según se trate del inductor de la falsedad o del testigo falso. Sin embargo, el texto del usatge 143 no se refiere a todo tipo de inductor sino sólo al supuesto en que éste es a la vez una de las partes litigantes. Qué régimen penal se aplicaría a un no litigante que por tener un interés indirecto en el proceso corrompiera a un testigo para que declarara en un determinado sentido, no coincidente con la verdad, no lo sabemos, aunque habrá que pensar que le sería aplicable el mismo tratamiento que al testigo falso, según establecía el Derecho visigodo, no modificado ni derogado en este punto. La circunstancia de que el usatge sólo contemple un supuesto concreto de inducción determina que no sea fácil apreciar si el distinto régimen penal es determinado por la participación como autor moral o por tratarse de uno de los litigantes, aunque el estudio de las sanciones permitirá responder en función de esta segunda circunstancia.

De otra parte, podemos también plantearnos la siguiente posibilidad: puesto que el testigo es siempre un tercero (aunque las partes pueden cometer falsedad en sus respectivas intervenciones), no directamente interesado en el juicio, es evidente que cuando comete el delito de falsedad testimonial y, por tanto, se arriesga a sufrir las consecuencias penales que sobre él pudieran recaer por su conducta, es porque a cambio de ese riesgo ha recibido o espera recibir, generalmente, un beneficio o compensación material o moral[262], salvo que haya actuado bajo coacción o miedo, en cuyo caso no es responsable[263]. Podemos preguntarnos, de acuerdo con aquel razonamiento, si cuando de la falsedad se deriva un beneficio para alguien, la responsabilidad recae sólo sobre el falso testigo o si es compartida con el beneficiado, y si éste, en el caso de que la respuesta fuera afirmativa, sufriría la misma pena tanto si de tratara de una de las partes litigantes como si fuera un extraño.

---

[262] La actuación por precio o merced está prevista en el usatge 161. La posibilidad de que interviniera en juicio mediante engaño, que pudiera determinar la inexistencia de responsabilidad, podría mantenerse en vigor en función de la ley 2,4,6 del Liber.

[263] *Usatges*, 165: "... nisi metu mortis vel corporis sui debilitacione hoc taceat...".

Aunque los *Usatges* no prevén la primera cuestión planteada, la respuesta debe ser positiva, ya que, al menos hasta Jaime I, el *Liber* continúa vigente con carácter supletorio y en él se reconoce igual responsabilidad al autor material de la falsedad y al inductor. Sin embargo, conviene matizar el sentido de la ley visigoda, ya que si en ocasiones el inductor es a la vez quien espera obtener un beneficio como consecuencia de la falsedad de un testigo, otras veces el beneficiario puede ser una persona distinta que incluso pudiera haber sido completamente ajena a la actuación delictiva. El primero de estos supuestos es el único que la ley tiene en cuenta[264]. Pero en todo caso se trataría de un inductor que, aunque interesado en el juicio, no habría de ser parte del mismo, es decir, ni acusado ni actor. Precisamente de esta posibilidad se ocupan los *Usatges*. Cuando el inductor es uno de los litigantes que respectivamente procura la condena del otro o la propia absolución merced a un testimonio falso, la igualdad penal reconocida en el *Liber* se rompe, al establecerse una diferente sanción cuya gravedad es notoria, siendo el inductor cualquiera de los litigantes[265].

Dos son las sanciones que se señalan contra el litigante inductor: la pérdida de la causa y la confiscación y posterior adjudicación de sus bienes. La primera de ellas revela que este sistema de sanciones sólo es aplicable al supuesto de que quien corrompa a un testigo sea parte del juicio, pues está claro que un inductor extraño al mismo no podría ser castigado con la pérdida de la causa en la que no tuviera un interés directo. La segunda sanción, la confiscación de sus bienes, plantea la necesidad de conocer qué bienes serán objeto de esta medida, en qué cuantía y qué destino recibirán[266].

El mismo usatge responde a la primera cuestión al señalar que la pena consistirá en "omnium bonorum mobilium publicationem", si bien no sólo los bienes muebles, ya que el mismo texto agrega "in fine": "possessionibus utriusque (del inductor y del testigo) devolvendis hiis qui iure successorio ad eorum bona vocantur". Queda, pues, por determinar qué se entiende por "possessiones", y a esta pregunta responde Marquilles en su comentario sobre los *Usatges*, señalando que con este término se alude a los bienes inmuebles: "Possessioni-

[264] *Lex Visigothorum*, 2,4,6.

[265] El usatge 143 se refiere únicamente al "littigantem qui scienter falsum testem produxerit vel corrumperit".

[266] *Usatges*, 143.

bus, id esta, sedentibus bonis"[267]. En consecuencia, el inductor no sólo pierde los bienes muebles sino el conjunto de su patrimonio, mueble e inmueble; sin embargo, la mención por separado de los bienes de una y otra naturaleza jurídica responde a que el régimen y el destino de cada tipo de ellos es diferente. En efecto, aunque el responsable del delito pierde unos y otros, de ellos sólo los muebles son confiscados, en tanto que los inmuebles habrán de pasar a los herederos. De modo que, perdida la propiedad del patrimonio, queda claro el respectivo destino de los bienes: los inmuebles pasarán a los herederos, quedando en caso de faltar éstos como "bona vacantia"[268], para seguir el destino final previsto respecto de los bienes que se encuentran en este situación jurídica; en cuanto a los bienes muebles, el texto especifica que deberán ser divididos por mitad, correspondiendo una parte al señor y otra igual al erario público.

El usatge 143 establece igualmente el régimen de penas aplicable al testigo falso. Se distingue del régimen hasta entonces en vigor porque ahora se sanciona el falso testimonio por sí y no en función solamente del perjurio. La sanción establecida contra el falso testigo consiste en la amputación de una mano y de la lengua, más la pérdida de sus bienes. La primera medida supone una agravación indudable de la pena física o corporal que regía antes respecto del falso testigo, ya que no sólo no parece que ahora sea redimible mediante una cierta cantidad monetaria, sino que además a la pena que consiste en la amputación de la mano se añade la que afecta a la lengua. En esta pena puede verse claramente un doble simbolismo: se sanciona a una persona en cuanto perjuro y a la vez falso testigo. Si, como vimos páginas atrás, el juramento se realizaba mediante el ritual consistente en colocar la mano sobre los libros sagrados, se explica que la sanción corporal recaiga sobre ese miembro, y si por otra parte el falso testimonio se comete mediante la palabra, se comprende que por el mismo motivo el castigo recaiga sobre el miembro que hace posible aquélla. En este segundo tipo de sanción podría verse también otro significado: en otros casos ha estado siempre presente la pena de inhabilitación testifical contra quien antes actuó como testigo falso, pero esta garantía frente a futuras actuaciones no se recoge en el cap. 143. Este silencio puede

[267] J. MARQUILLES, *Commentaria super Usaticis Barchinone* (sin fecha ni lugar de edición), fol. 363 v. y ss.

[268] Ver F. TOMAS Y VALIENTE, "La sucesión de quien muere sin parientes", en *A.H.D.E.*, XXXVI, 1966.

explicarse dado que, vigente aún el *Liber* como Derecho supletorio, la pena de inhabilitación allí establecida se mantiene; pero esta explicación no serviría a partir del momento en que el *Liber* dejara de regir. Entonces se abre paso otro razonamiento: no cabe duda de que si bien la amputación de la lengua no lleva consigo una inhabilitación testifical en sentido jurídico, sí determina la incapacitación física para poder actuar oralmente en juicio, con lo que el resultado puede llegar a ser el mismo, el de evitar que en el futuro pudiera testimoniar de nuevo.

En cuanto a la pérdida de los bienes del testigo, es aplicable cuanto se ha dicho con respecto a la misma sanción contra el inductor, ya que al mismo le sería de aplicación "eadem poena" y el mismo régimen, es decir, la confiscación de sus bienes muebles, a distribuir –ya se trate de los mismos bienes o del producto de su venta– en partes iguales entre el señor y el erario, y la pérdida de los inmuebles a favor de los herederos[269].

Hasta aquí el conjunto de medidas adoptadas ante el supuesto de falso testimonio o inducción a la falsedad previsto en el usatge 143. Sin embargo, queda aún una cuestión por resolver que no carece de importancia: entre los destinatarios de las cantidades o bienes que el responsable ha perdido, no figura la víctima de la falsedad, quien pudo sufrir perjuicios o daños económicos o al menos el riesgo de mayores males y un daño moral. Al repartirse los bienes muebles por mitad entre el señor y el erario y destinarse íntegramente los inmuebles a los llamados a heredar, no hay posibilidad de que una parte de ellos pudiera emplearse en compensar a la víctima. ¿Supone entonces esta medida una derogación del principio que el Derecho visigodo ha mantenido, favorable a la compensación económica o subsidiariamente personal a la víctima? Si en la falsedad ha mediado soborno o inducción de uno de los litigantes, la víctima sería lógicamente la otra parte procesal, y en este caso podría obtener como beneficio compensatorio el reconocimiento automático del derecho de su parte, ya que el inductor sería penado con la pérdida de la causa. Pero si no hay tal inducción o si ninguno de los litigantes ha guiado la conducta del testigo falso, ¿obtendría la víctima alguna forma de compensación? Las posibles soluciones por vía de hipótesis serían varias. Podría pensarse, aunque la ley no lo dice,

[269] *Usatges*, 143: "... sed eandem penam sustineat circa publicationem bonorum qui falsum tulisse testimonium convictus fuerit, et insuper manum amittat et linguam, possessionibus utriusque devolvendis hiis qui jure successorio ad eorum bona vocantur".

que si el testigo intentaba favorecer con su declaración a una de las partes en contra del derecho de la otra, acaso a esta última se aplicara la regla anterior, aunque a ello puede objetarse que si el litigante que hubiera podido resultar beneficiado no es responsable de la conducta del testigo no sería justo que soportara la pena señalada, como si de un inductor se tratara.

Otra posibilidad sería, de acuerdo con el Derecho visigodo, que a falta de bienes con que satisfacer a la víctima, por hallarse todos distribuidos, el culpable compense a ésta con su trabajo o servidumbre personal, o bien que se practicara una detracción previa del patrimonio destinada a la parte perjudicada. Estas últimas soluciones sólo habrían podido practicarse, sin embargo, antes de 1251, es decir, en tanto que las leyes góticas se han mantenido en vigor y antes de que su aplicación supletoria desapareciera, al menos desde una perspectiva teórica.

A raíz de la disposición de Jaime I prohibiendo la aplicación de las leyes godas, el régimen expuesto hasta aquí se vería ligeramente alterado. Las penas que debían recaer desde entonces sobre el falso testigo serían únicamente las recogidas en los *Usatges*, aunque hay que pensar que si la medida no llegó a ser efectiva, tal vez el sistema señalado hubiera continuado en vigor. Hecha esta salvedad, y desde el punto de vista teórico al menos, la sanción resultará ahora de lo establecido en los *Usatges* 143, 161, 162 y 165, siendo diferente según sea la naturaleza de la declaración del testigo y la finalidad que con ella se persigue.

Como regla general se mantiene una sanción común contra el falso testigo en todos los casos, sanción que coincide con la que establecía el usatge 143, pero que ahora se concreta o incrementa de formas diferentes en función de las distintas modalidades de delito que se tienen en cuenta. Si la falsedad es del tipo que hemos dado en llamar positivo y tiene por objeto beneficiar a alguien –sea uno de los litigantes, inductor o no, o un extraño–, la pena de amputación de miembros y de pérdida de los bienes se incrementa con la de inhabilitación testifical y compensación, con una cuarta parte del patrimonio, a la víctima que hubiera podido resultar perjudicada por aquella actuación, no obstante no haber sido éste el objeto fundamental perseguido por el autor del delito. Al tratarse de una cantidad que viene determinada no en función del perjuicio efectivo o potencial –tanto si es de tipo material como si es moral– sino en proporción al patrimonio propio, y teniendo en cuenta que éste tanto puede ser amplio como exiguo, no cabe duda de que la pena económica ha perdido aquí el carácter talional, y así, si en ocasiones puede ser superior al valor del perjuicio causado o que se pudo causar, otras veces la citada cuantía no alcanzaría a compensar aquél.

Distinto es el caso de la actuación dolosa del testigo que pretende ocasionar, por encima de cualquier otra meta, un perjuicio ajeno. A las penas de mutilación y patrimonial, comunes, se une ahora otra sanción de contenido económico destinada también a compensar a la víctima. Pero aquí sí se trata de una pena talional, por cuanto su valor se fija no en función del patrimonio del delincuente sino en relación con la cuantía del daño, si bien, como el usatge 162 expresa claramente, la pena se habrá de cumplir en aquellos términos aunque el perjuicio no se hubiera llegado a producir. Para fijar aquella cuantía se valora el daño previsiblemente causado si el testimonio hubiera sido verdadero o no se hubiera descubierto a tiempo la falsedad.

Queda por resolver el problema de la concordancia entre el contenido del usatge 143 y el de los *Usatges* 161 y 162, ya que aquél al determinar la distribución total de los bienes no dejaba opción a una posible detracción a favor de cualquier persona distinta de las allí contempladas. La única solución posible a este obstáculo sería la de considerar que esa separación de bienes a favor de la víctima, ya fuera la cuarta parte del patrimonio total o una cuantía igual al valor del daño, habría de hacerse en un primer momento, de forma que sólo sobre el patrimonio restante se procedería después al reparto por mitad y a la entrega a los herederos, y ello sería así tanto si la separación hubiera afectado sólo a los bienes muebles –que de ser suficientes para la función que habían de cumplir, representaría la solución más aceptable– como si hubiera afectado también a los inmuebles, como podría hacer pensar la alusión indiscriminada del cap. 161 a "omnibus rebus suis".

Por último, respecto de la falsedad testimonial que calificábamos de negativa, por consistir en callar la verdad conocida, negando así una colaboración para averiguarla, ya se apuntó que su gravedad parecía menor y que, en consecuencia, también la sanción correspondiente lo sería. Si también en este caso son aplicables las mismas penas comunes señaladas respecto del falso testimonio positivo –de ahí tal vez la equiparación en cuanto a la importancia del delito, que se apunta en el cap. 165–, a ellas en cambio tan sólo se añade ahora la pena de inhabilitación para volver a actuar en el futuro como testigo.

2. El sistema en los restantes territorios

a. Líneas generales de su evolución

El estudio del proceso altomedieval en los territorios cristianos no catalanes ofrece un panorama evolutivo que se inicia al margen del *Liber* y concluye en unas áreas aplicando y generalizando el antiguo Derecho visigodo, mientras en otras dará lugar a un Derecho nuevo que se desarrolla de forma generalmente autónoma aunque no siempre esté exento de influencias del sistema anterior[270].

Este proceso evolutivo no uniforme revela la falta de sincronía que en líneas generales existe entre las diferentes regiones y especialmente entre la leonesa y la catalana, y se manifiesta en unas condiciones de vida y en un nivel cultural, económico y social esencialmente diversos como diverso es también el planteamiento y el desarrollo político-militar que condicionan aquellos aspectos.

Frente a la vigencia ininterrumpida, aunque decadente, del *Liber* en tierras catalanas se ha insistido en que otras regiones que conocieron su vigencia asisten ahora a la desaparición del sistema visigodo a raíz de la caída de la monarquía gótica. Sería aquélla la consecuencia inmediata, en el orden jurídico, de la ocupación musulmana y del inicio de la Reconquista que, especialmente intensos en algunos territorios, como en los leoneses, habrían de alterar profundamente el "status" de vida de sus pobladores.

No faltan ciertamente argumentos para rechazar la idea de la pervivencia del Derecho visigodo, cuando todos los demás aspectos de la cultura debieron desaparecer[271]. Sin embargo, frente a esta tesis se

[270] Sobre el proceso en esta época, en términos generales, Ver J. LOPEZ ORTIZ, "El proceso en los reinos cristianos de nuestra Reconquista antes de la Recepción romano-canónica", en *A.H.D.E.*, XIV, 1942-1943, págs. 184-226.

[271] Esta idea ya fue expuesta por A. GARCIA-GALLO, *Manual*, I, págs. 65 y ss., así como por L. GARCIA DE VALDEAVELLANO, *Curso de Historia de las instituciones españolas. I. De los orígenes al final de la Edad Media*, Madrid 1968, págs. 237 y ss., y

alzó la hipótesis de que el Derecho visigodo siguió rigiendo de forma generalizada en todos los territorios de la Reconquista, idea que fue expuesta en 1959 por Alfonso Otero en un sugestivo artículo. Rechazada la pretendida vigencia del viejo Derecho consuetudinario germánico[272], pero también la continuidad del primitivo Derecho hispánico[273], bastión contra todo tipo de influencias extrañas, el citado autor concluye aceptando que donde quiera que existiera vida humana en esos dramáticos momentos de la ocupación musulmana y posterior Reconquista, allí habría un Derecho que no podría ser otro que el de los últimos tiempos de la monarquía visigoda, el Derecho del Liber[274].

Pero esta afirmación no supone desconocer que la desaparición del poder público arrastró consigo la de aquellas instituciones cuya supervivencia dependía de él. Esta circunstancia no afecta a algunos aspectos de la vida, sobre los cuales en este caso seguiría rigiendo el

luego otros manuales y tratados se han hecho eco de ella: E. GACTO FERNANDEZ, J.A. ALEJANDRE GARCIA y J. M. GARCIA MARIN, *Manual básico*, págs. 110 y ss. Quizás la población visigoda que tras la conquista musulmana lograra sobrevivir en las zonas de la Meseta norte y el Valle del Duero fuera reducida y careciera de fuerza para imponer su cultura. La despoblación, al menos, del Valle es un hecho sobradamente demostrado y conocida es también la repoblación de aquellas tierras fundamentalmente por galaicos y astures (Ver C. SANCHEZ ALBORNOZ, *Despoblación y repoblación del Valle del Duero*, Buenos Aires 1966). De ahí la resistencia a admitir que en un principio el Derecho visigodo hubiera podido mantenerse ante las circunstancias señaladas.

272 A. GARCIA-GALLO, "La historiografía jurídica contemporánea. Observaciones en torno a la «Deutsche Rechtgeschichte» de Planitz", en *A.H.D.E.* XXIV, 1954, págs. 605-634: Id., "El carácter germánico de la épica y del derecho en la Edad Media española", en *A.H.D.E.*, XXV, 1955, págs. 583-679.

273 En relación con la continuidad de una cultura primitiva, Ver A. BARBERO y M. VIGIL, "Sobre los orígenes sociales de la Reconquista: cántabros y vascones desde fines del Imperio romano hasta la invasión musulmana", en *B.R.A.H.*, tomo CLVI, cuaderno II, págs. 271-399, Madrid 1965, y en general los trabajos que junto con éste se reúnen en el volumen *Sobre los orígenes sociales de la Reconquista*, Barcelona 1974.

274 A. OTERO, "El Códice López Ferreiro del Liber Iudiciorum", en *A.H.D.E.*, XXIX, 1959, págs. 557-574. Según la hipótesis de Otero, cabría plantearse si el hecho de que durante el siglo X se haya juzgado en León por el Liber supone realmente el comienzo de la recepción de esta obra a través de los mozárabes o denota la puesta en vigor de un ordenamiento latente, cuando las circunstancias hacen posible nuevamente su aplicación. Ver C. SANCHEZ ALBORNOZ, "El «juicio del Libro» en León durante el siglo X y un feudo castellano del XIII", en *A.H.D.E.*, I, 1924, págs. 382-390.

Liber, pero en cambio motiva el que desaparezca la organización procesal y el procedimiento así como el Derecho penal, para dar paso a un sistema de autodefensa ajeno a aquella tradición visigoda.

Y ante la inexistencia del procedimiento, el viejo papel representado por los testigos en la actuación judicial desaparece igualmente. De aquel procedimiento no quedaría, a lo sumo, más que un vago remedo, en el que ya no se apreciaría la esencia de lo que fuera antaño, y ante las nuevas circunstancias el *Liber* o no contiene regulación, al no haberlas podido prever, o ésta resulta inadecuada para los nuevos aspectos que ofrece el Derecho procesal y el Derecho penal, y por ello deja en estos casos de aplicarse. No es que el Derecho visigodo haya desaparecido; es que para esas transformaciones que se han experimentado no sirve. Fácil es colegir que si la prueba de testigos pierde su naturaleza y su razón de ser no cabe plantearse el problema de la falsedad testimonial, al menos en los términos en que tradicionalmente se entendía.

Pero con el afianzamiento del poder público, con el alejamiento progresivo de las líneas fronterizas y la pacificación de ciertas zonas, la vida, las relaciones vuelven a desarrollarse en ellas a la vez que una incipiente organización. Estas circunstancias determinan también la reaparición de los problemas consustanciales a toda vida de relación, y esos problemas unas veces se han resuelto por los interesados, pacíficamente o no, sin intervención de terceros, pero otras se han hecho depender de ciertas pruebas o del juicio de alguien imparcial. De esta manera en determinados casos sería requerida la actuación de ciertas personas que si unas veces coinciden en su naturaleza y función con los testigos de épocas pasadas, otras cumplen una función de meros garantes de las partes que litigan. Vuelve así a hablarse de la existencia de testigos y, por consiguiente, de la posibilidad de que su conducta, no siendo correcta, pueda y deba ser punible[275].

He afirmado antes que en la medida en que la regulación que el *Liber* ofrecía no se adecuaba a las nuevas circunstancias, este código era inaplicable. De ahí que se deba considerar qué norma rige en su lugar esas conductas, qué sistema sustituye al anterior. Por la misma

[275] Como "confirmantes de la credibilidad que debe otorgarse al juramento de su patrocinado" definen a los "cojuradores" R. RIAZA-A. GARCIA-GALLO, *Manual de Historia del Derecho español*, Madrid 1934, pág. 773. Para la distinción entre juramento acompañado u juramento de manquadra, Ver J. GARCIA GONZALEZ, "El juramento de manquadra", en *A.H.D.E.*, XIX, 25, 1955, págs. 211-255.

razón que desaparece el procedimiento, falta la legislación, carentes uno y otra de unas circunstancias propicias para que el poder pudiera ocuparse de ellos. Por ello, la falta de fuentes legislativas, destacable incluso en momentos muy posteriores, es suplida desde un principio por la costumbre u otras formas de producción del Derecho.

En un principio, las nuevas normas que reemplazan al *Liber* rompen necesariamente la uniformidad conceptual que éste ofrecía acerca del falso testimonio, quizás sobre todo porque ahora no existía una forma única de actuación de los testigos, y por tanto faltaba una noción típica de falsedad testimonial. Será difícil precisar si bajo los términos "falsator", "homo falsus", "mentirosus", etc., que mencionan algunas de aquellas fuentes se contempla la situación del falso testigo o cojurador, del perjuro o del calumniador, y si las respectivas conductas se producen o no dentro del juicio.

Este fenómeno que se acaba de exponer es general. En León la regulación de la falsedad testimonial, ya al margen del Liber, queda a merced de un nuevo Derecho especial de formación judicial o consuetudinaria, que casi en su totalidad nos es desconocido. En el área aragonesa-navarra se desarrolla un Derecho también de carácter consuetudinario que formará en gran medida un fondo común que en la segunda mitad del siglo XI se plasmará en algunos fueros breves. No es fácil determinar a priori el origen de ese fondo consuetudinario: si en muchos casos la falta de analogías con otros ordenamientos permite pensar que se trata de un Derecho autóctono, a veces en cambio no es posible rechazar un cierto origen o influencia visigodos, ya que en determinados lugares el *Liber* debió permanecer aunque en forma consuetudinaria, o restaurarse cuando inmigrantes mozárabes llegaron a aquellas zonas.

No hay razón tampoco para poner en duda la existencia en tierras de las Extremaduras de una común preocupación por el falso testimonio o por el perjurio, al igual que en otras regiones; y consiguientemente hay que pensar que aquellas conductas debieron ser objeto de sanción en cualquier lugar. Sin embargo las fuentes son parcas al contemplar estos supuestos, lo que significa que su sanción ha debido efectuarse según la costumbre o el "usus terrae" o en algún caso mediante fazañas que generalmente no nos han llegado, sin despreciar tampoco la posibilidad de que en ocasiones los preceptos del fuero local fueran completados por el derecho visigodo que de alguna forma podía subsistir.

Hasta el siglo XII y en algunos lugares hasta el XIII ha debido de estar en vigor, sobre todo en la Extremadura leonesa, el sistema de Derecho libre, costumbres y fueros breves. Y aunque en cuanto a la falsedad testimonial no conozcamos fazañas y costumbres que versen sobre esta materia y los fueros breves guarden silencio, no hay que olvidar que cuando en el siglo XII comienza a redactarse el Derecho local, el contenido de estos fueros refleja en gran medida un Derecho tradicional, aunque las fuentes no siempre permitan conocerlo directamente, y en la medida en que este Derecho local regula el falso testimonio puede pensarse que tales normas responden a una tradición.

Como observamos, el sistema de los primeros siglos de la Reconquista se ve alterado a lo largo de la Edad Media. Este cambio es especialmente perceptible en León, cuando la llegada de nuevos pobladores, mozárabes que en mayor número emigraban de las tierras del sur donde conservaban el Derecho visigodo y sobre todo una mayor cultura, sentará las bases de una mejor organización y reforzará el poder público, el cual de esta manera comenzará pronto a legislar y a hacer posible el mantenimiento de aquellas instituciones a las que antes había arrastrado consigo con su caída o su debilidad. Se restaura así el procedimiento y el orden penal, aunque las circunstancias pasadas –o que parcialmente se mantienen– no permiten una vuelta inmediata al sistema romano-visigodo del Liber.

Así pues, cuando el poder público vuelve a ocuparse de las tareas legislativas, la primera y más destacada manifestación de las mismas, el fuero de León de 1017, trata ya entre sus preceptos claramente del delito, y este núcleo legislativo, aunque sólo se refiera al aspecto penal de aquél, había de alcanzar amplia difusión al extenderse a muy diversos y alejados lugares[276].

Un proceso similar a éste, respecto del Derecho secular, se advierte también en el ámbito del Derecho de la Iglesia. Un delito como el de falsedad testimonial, que en la mayoría de las ocasiones encierra en sí un perjurio y por tanto una ofensa a Dios, y del que en muchas ocasiones podían ser sujetos los eclesiásticos, dada su frecuencia, o se produciría en causas de las que fuera parte la Iglesia, reclamaba sin duda la adopción por ésta de medidas paralelas en el orden penal canónico.

---

[276] A. GARCIA-GALLO, "El Fuero de León. Su historia, textos y redacciones", en *A.H.D.E.*, XXXIX, 1969, págs. 5-171.

Sin embargo hasta la segunda mitad del siglo XI la toma de postura por la Iglesia no ha sido fácil: las circunstancias políticas del momento hicieron que la celebración de concilios fuese poco frecuente, y, en consecuencia, escaso siempre el número de nuevos cánones, su papel en el concierto de normas reguladoras de cualquier institución –y en concreto de la que aquí nos ocupa– fue necesariamente secundario. A esta circunstancia se une también la dificultad en cuanto a la difusión de bulas, lo que determina una notable facilidad para la invención o falsificación de ellas. Por ello ante la combinación de ambas circunstancias, en el espacio de tiempo señalado se vive sobre una tradición visigoda o se recurre a escritos de los Santos Padres, adquiriendo gran importancia la costumbre, en tanto que las innovaciones, a veces repetidas y de notoria consistencia, no se realizan de un modo uniforme en todos los territorios, determinando así la ruptura de la unidad de la Iglesia española.

Se explica así que el falso testimonio, según el territorio y la época, sea objeto de distintas regulaciones. En general puede señalarse que el proceso canónico valora ampliamente el testimonio. De ahí que la actuación procesal eclesiástica se encuentre orientada firmemente hacia la averiguación de la verdad y que la sanción del falso testimonio esté en la línea de sanción del perjurio[277].

Donde perdura el Derecho visigodo, el falso testimonio es regulado en la esfera canónica por la Hispana, fundamentalmente. Pero durante el Alto Medioevo la Hispana sólo ha continuado vigente en determinadas zonas o lugares. Todo hace pensar que en Asturias no rigió antes de su restauración por Alfonso II y hay dudas en cuanto a aceptar que a partir de aquel momento arraigó pronto y se difundió la vieja colección canónica; entre los mozárabes si a veces se ha mantenido en su pureza, es posible que en ocasiones se haya visto alterada, sobre todo cuando se ha hecho una nueva redacción, y en Cataluña la simplificación de los "excerpta" ha debido ocasionar con frecuencia modificaciones esenciales, a la vez que la colección era desplazada por otras formadas fuera de España. Pero por encima de todo la Hispana va quedando anticuada y se advierte la necesidad de que nuevas fuentes contribuyan a la regulación del falso testimonio. Muchas de ellas no nos han llegado pero otras nos son conocidas, como el Decretum de

[277] J. MALDONADO, "Líneas de influencia canónica en la historia del proceso español", en *A.H.D.E.*, XXIII, 1956, págs. 467-497.

Burchardo de Worms, cuya aplicación debió suponer por su contenido una clara ruptura con la tradición, y los "libri poenitentiales" que no siempre contienen una clara referencia al falso testimonio.

Pero sin duda, antes del concilio de Coyanza, han debido ser muchos los lugares donde la regulación y sanción de la falsedad testimonial, como de tantas otras instituciones, ha quedado también a merced de la costumbre, y aunque carecemos de datos que nos permitan conocer el origen y contenido de ésta, sí sabemos que el citado concilio trató precisamente de reformarlas.

Es evidente que el peso de la tradición no se había perdido ni en la esfera secular ni en la canónica. La llegada de contingentes de mozárabes con un Derecho visigodo vivo y conservado más o menos fielmente, más el refuerzo del poder público y el restablecimiento de la organización y el procedimiento penal determinarían en definitiva una vuelta al Derecho visigodo en algunas zonas: primero se difundiría y arraigaría en la ciudad de León y después en todo el reino, pasando de ser una fuente primero subsidiaria a ser la ley general que desplazaría a los fueros locales[278]. En el orden eclesiástico no hay que olvidar que el concilio de Coyanza imprime a la regulación de la falsedad testimonial un giro hacia el Derecho visigodo.

Esta tendencia, allí donde se observa, es fácil de comprender. Podría pensarse que las costumbres que el concilio de Coyanza trató de reformar eran de origen visigodo, en cuyo caso la labor del concilio habría sido más de confirmación y fijación de aquéllas que de reforma. Podrían ser, por el contrario, costumbres influidas por los decretos de León de 1017, pero cabría objetar que desde esta fecha han transcurrido pocos años aún y no es seguro que aquellas normas arraigaran en la esfera eclesiástica en tan poco tiempo, y en todo caso no se explica bien la razón de que Coyanza hubiera de oponerse a aquellas medidas, pero además el problema queda en pie porque es evidente que antes de 1017 también debían existir tales costumbres cuya relación con la reforma cuyacense no es clara. Parece, pues, más sensato pensar que las costumbres que el concilio de Coyanza intenta reformar serían de muy diverso origen y nunca uniformes. Quizás lo que el concilio pretendía era precisamente, y por lo que respecta a la regulación de la falsedad testimonial, acabar con esa diversidad de fuentes, remitiendo en cambio a una fuente única, la normativa visigoda.

[278] A. GARCIA-GALLO, *Manual*, I, pág. 370.

Pero además de este posible interés hay otras razones que explican la preocupación acerca del falso testimonio. Tal como se desarrolla el proceso, la prueba testifical recupera en parte su antiguo valor no sólo por el peso de la tradición sino porque, aunque el valor de la prueba documental es grande, ya que el documento alcanza una importancia privilegiada como instrumento eficaz probatorio, no hay que olvidar que tales documentos son escasos por entonces, y es esta circunstancia la que abre paso al triunfo de las pruebas subjetivas, especialmente la de testigos y el juramento[279]. Se comprende así que, si grande es el valor atribuido a la prueba testimonial, no sea menor la trascendencia que tiene la falsedad del testimonio. Teniendo además en cuenta que son frecuentes los pleitos que la Iglesia promueve sobre propiedades, en muchos de los cuales a falta de documentos la intervención de testigos sería decisiva, se explica la necesidad que aquélla siente de rodear de las mayores garantías la prueba testifical, y entre tales garantías la primera había de consistir en lograr una unificación de normas, tarea que es acometida por el concilio citado[280].

Sorprende a primera vista esta remisión del ordenamiento canónico en materia de falsedad testimonial al Derecho secular visigodo. En realidad lo que sucede es que el Derecho canónico, que hasta entonces se había limitado al aspecto puramente espiritual de las instituciones, prescinde de dicho aspecto en cuanto al falso testimonio, en tanto que este delito en el aspecto temporal sigue rigiéndose sin interrupción por los Derechos seculares. La falsedad testimonial no era ciertamente una institución eclesiástica, aunque ofreciera un aspecto espiritual, pero el interés de la Iglesia por ella era patente, como lo revela el hecho de que el concilio de Coyanza se preocupara de su regulación. En esta ocasión, la Iglesia se limita, por tanto, a determinar qué Derecho secular debía aplicarse a los supuestos de falso testimonio que afectaran a sus intereses, y de acuerdo con el deseo unificador antes señalado, elegirá el derecho visigodo, de base más generalizada.

---

[279] CUSIN, *Introduzione allo studio della Storia*, Padova 1946, págs. 188-190.

[280] A. GARCIA-GALLO, "El Concilio de Coyanza", pág. 612. Sabemos además que a veces las partes tratan de fundamentar sus derechos mediante la declaración de testigos y que éstos con frecuencia rehúsan prestar juramento. Acaso esta conducta se explicara porque conocían la falsedad y de aquella forma podrían al menos evitar el perjurio. Si en muchos casos no se llegaba a producir la falsedad testimonial, en otros –cuando falta ese escrúpulo moral– sí, y esta conducta había de preocupar a la Iglesia.

Sin embargo, la reacción contra la secularización del Derecho canónico sería impulsada por Gregorio VII algún tiempo después, habiendo de afectar esta vez plenamente a la regulación de la falsedad testimonial, ya que la nueva legislación pretendía afirmar el carácter canónico del ordenamiento jurídico de la Iglesia, para lo cual en muchos casos, como en este, habría de volver a antiguos textos canónicos en su versión auténtica, antes olvidados. De esta forma se irá creando una doctrina canónica acerca del falso testimonio que llegará a influir en el Derecho secular durante la Baja Edad Media, como tendremos ocasión de comprobar en su momento.

En conclusión puede afirmarse que ante la desaparición o imposibilidad de aplicar el Derecho visigodo, aparece a comienzos de la Alta Edad Media un Derecho de origen consuetudinario o judicial que lo sustituye, caracterizado por la inconcreción de sus normas o la falta de un criterio uniforme acerca del falso testimonio. Cuando las circunstancias lo permiten este Derecho evoluciona, en unos casos hacia un sistema con caracteres propios en el que sólo excepcionalmente se advertirán posibles influencias o reminiscencias visigodas, y en otros hacia el Derecho visigodo, en un intento de encontrar en él un criterio uniformizador.

b. Supuestos de falsedad testimonial

Del exiguo contenido que ofrecen en general las fuentes de la época, preocupadas casi exclusivamente por establecer el sistema punitivo respecto de cada delito, no es fácil deducir el concepto del de falsedad testimonial que en cada lugar se tenía. A veces, en los textos ni siquiera aparece clara la tipología del mismo que permita conocer qué clase de actuaciones constituían el hecho delictivo punible. Por ello no siempre es posible determinar con certeza si la actuación que las fuentes califican de falso testimonio coincide con la conducta procesal que a nosotros nos interesa o si por el contrario bajo aquella terminología se entiende una situación de perjurio o de mera calumnia producida al margen del juicio. Y aun en aquellas ocasiones en que las fuentes parecen coincidir en sancionar el hecho probado en virtud del cual alguno de los testigos declara en falso contra alguien ocasionando un daño, es necesario recurrir a numerosas matizaciones, ya que en la época medieval no siempre ni en todo lugar el concepto de testigo es uniforme ni su actuación procesal reviste el mismo significado. En consecuencia, para alcanzar aquel concepto del delito hemos de recurrir a un examen exhaustivo de los textos y a un estudio de las motivaciones del delito así como de las consecuencias penales que de él se derivan en cada caso.

En algunos casos la escueta referencia de los textos a un posible supuesto de falsedad es tan confusa o presenta lagunas de tanta importancia que no es posible conocer los rasgos fundamentales que caracterizan a la institución que contemplan. Es frecuente en algunos fueros la sanción contra "quien dice mentira" o contra "las testimonias mentirosas", como en el de Peralta de 1144[281] o el de Benavente de 1200, así como los portugueses concordantes con éste[282]. Si los redactores de tales textos se referían a la calumnia o al falso testimonio no lo podemos saber, por cuanto "decir mentira" puede tener lugar en juicio, con ocasión de la declaración de un testigo o una de las partes, o extrajudicialmente.

Sin embargo en otras ocasiones estos conceptos aparecen matizados por ciertas referencias que permiten una mejor aproximación a la idea del delito. Indudablemente no toda alusión al "falsum" puede identificarse con la falsedad testimonial, pero en cambio el "falsum dicere" parece contemplar una forma de falsedad producida mediante la palabra, que puede coincidir con la declaración falsa de un testigo en juicio, como sucede en el fuero de Castrojeriz[283].

Más próxima aún a este concepto se encuentra la expresión "falsum testimonium", mucho más generalizada, sobre todo en los más antiguos textos de los Derechos locales leonés y navarro-aragonés,

---

[281] *Fuero de Peralta*, dado por D. García, rey de Navarra, en 1144, ed. MUÑOX Y ROMERO, *Colección*, pág. 550: "Et si nullus homo disserit mentiris, pectet X solidos, si atorquerent vicinos que buen esta judicatum ad illo alcalde".

[282] *Fuero de Benavente* de 1200, en *Portugaliae Monumenta Historica*, vol. I, parte 2ª. *Leges et consuetudines*: "Et testimonia mentirosa, et fidelis mentirosus pectet LX solidos el VIIª ad palacium, et duplet el auer" (= *F. Sisimbria*, de 1201; *F. Alpedrinha*, de 1202; *F. de Mons Maior*, de 1203; *F. de Teixeiras et Santo Rodrigo*, de 1206; *F. de Penamocor*, de 1209; *F. de Pinel*, de 1209; *F. de Campomaior*, de 1260, etc.)

[283] *Fuero de Castrojeriz*, confirmación ulterior del de 974, ed. T. MUÑOZ Y ROMERO, *Colección*, pág. 39: "et si aliquis homo falsum dixerit, et probatum ei fuerit accipiatur illo concilio de Castro dentes suos qui falsum dixerit illa quinta, et ubi pesquisa non invenimus, delemitetur se pro foro suo".

e incluso, por lo que respecta al Derecho de la Iglesia, en los "libri poenitentiales"[284].

Pero ninguno de estos términos por sí solos bastan para establecer una clara distinción entre falso testimonio en el sentido de calumnia producida al margen del juicio y falso testimonio judicial. Es posible atender a otras posibles referencias que en cada caso se hagan tanto a las consecuencias que de tal conducta se deriven para la víctima como a las sanciones que serían aplicables al autor de aquélla, como asimismo al contexto general en que tal situación se contempla. Así, por lo que respecta al fuero de León de 1017 y a los de Estella y San Sebastián de 1164 y 1180 respectivamente, cabe considerar que en ellos se contempla la declaración falsa de un testigo en juicio, sobre todo en León donde parece claro que el falso testimonio punible era cometido en el acto de "testificar". Pero además, en este como en los demás casos, cabría suponer que las consecuencias de la calumnia

[284] *Fuero de León* (19), ed. A. GARCIA-GALLO, "El Fuero de León": " si autem aliquis testium falsum testificasse probatus fuerit, reddat pro falsitate Regi LX solidos, et illi ex quo falsum protulit testimonium, quidquid suo testimonio perdidit reddat integrum, domusque illius falsi testis destruantur a fundamentis, et a nullis recipiantur in testimoniis". La misma expresión, en los fueros de Villavicencio, Villafranca, Puebla de Sanabria; *Fuero de Estella* de 1164, edic. LACARRA-MARTIN DUQUE, *Los fueros derivados de Jaca. I. Estella y San Sebastián*, Pamplona 1969, 26,1: "Si aliquis exierit aut fecerit falsum testimonijm, et alius potuerit illum probare inde cum testimoniis aliis, postquam unus annus et diez unus erit transactus, emendabit cui perderé fecit totam perditam; et qui fecit testimonium, in mercede senioris terre erit" (= *F. de Estella*, edic. C, romanceada: "Si algun ditz fals testimoni..."; *F. de San Sebastián*, concedido por Sancho el Sabio; para San Sebastián, Ver también J. BANUS, *El Fuero de San Sebastián*, Zarauz 1963; III, 8; *Penitencial de Córdoba*, VI De periurio et mendacio seu falso testimonio, 83: "Si quis falsum testimonium dicens ut placeat próximo suo primum qualem fratri imposuit tale iudicium damnetur iudiciisacerdoti"; *Id*, VI,85: "Si quis falsum testimonium ut alium noceat testificatur si episcopus esta VII annos peniteat; presbiter V; diaconus IIII; subdiaconus III; Clericus II; laycus I, periuris II annos peniteat" (ed. J. PEREZ DE URBEL y L. VAZQUEZ DE PARGA, "Un nuevo penitencial español", en *A.H.D.E.*, XIV, 1942-1943, págs. 5-32). En otros términos parece aludirse también al falso testimonio: *Penitencial de Córdoba*, VI, 73: "Si quis vero falsitatem comiserit VII annos peniteat" y en el mismo sentido se expresan los penitenciales Albendense y Silense, en Severino GONZALEZ RIVAS, *La penitencia en la primitiva Iglesia española. Estudio histórico, dogmático y canónico de la penitencia en la Iglesia española desde sus orígenes hasta los primeros tiempos de la invasión musulmana*, Salamanca 1950. Los textos citados del Albeldense y del Silense, en págs. 189 y 175, respectivamente.

serían fundamentalmente de orden moral –pérdida de la fama u honor– y aunque en cambio los textos sólo prevén que del falso testimonio pueda derivarse un perjuicio para la víctima, sin especificar si moral o patrimonial, la obligación que se establece de resarcir por las pérdidas ocasionadas parece aludir a unas consecuencias económicas que serían propias del falso testimonio judicial, por cuanto éste puede motivar una sentencia condenatoria para una de las partes que llevara aparejadas tales consecuencias. En Estella y San Sebastián el carácter judicial de la actuación anterior se explicaría además por guardar relación con la otra actividad que es igualmente objeto de sanción en el mismo precepto, la acusación de falsedad.

El establecimiento en otros casos de sanciones elevadas contra el autor de una falsa declaración puede llevarnos a resolver la dudosa calificación de su conducta como judicial, puesto que sin duda las consecuencias más graves –morales, patrimoniales o físicas– que de esta actuación se derivarían para la víctima explicarían mejor la adopción de tales sanciones: la pena de "quintar" los dientes al responsable del falso testimonio en Castrojeriz permitiría, con esta hipótesis, considerar que la conducta punible contemplada tendría un carácter judicial.

Algunas fuentes no contemplan el falso testimonio en términos generales, ni bajo esta denominación, sino a través de la figura de la "pesquisa" o "perquisitio". Se trata de una prueba fundamental debida generalmente a iniciativa judicial, aunque a veces también de las partes, y consiste en la declaración de quien es llamado a hacerla, a fin de obtener mediante ella la verdad de un hecho. La falsedad en esta declaración supone indudablemente un falso testimonio, y las medidas adoptadas respecto de aquélla pueden considerarse válidas respecto del falso testimonio en términos generales[285].

[285] *Fuero de Sahagún*, de 1085, ed. T. MUÑOZ Y ROMERO, *Colección*, págs. 301-306: "Per falsam inquisitionem quam aliquis fecerit, vel dixerit, aut per falsum iuditium quem dederit vicinum suum aliquid perdere fecerit det ei quod pro eo perdicit et abbati sexaginta solidos"; *Fuero de Sahagún*, de 1152, ed. T. MUÑOZ Y ROMERO, *Colección*, pág. 311: "Qui falsam perquisitionem dixerit, amplius non sit legalis, et pectet Abbati sexaginta solidos, et dominus vocis tornet se ad suam vocem" (= *F. Silos*, ed. FEROTIN, *Recueil des chartes de l'Abbaye de Silos*, Paris 1897, núm. 44, págs. 63-65; *F. Santander*, dado por Alfonso VIII de Castilla el 11 de junio de 1187, en J. A. LLORENTE, *Noticias históricas de las tres provincias vascongadas, Alava, Guipúzcoa y Vizcaya*, IV, Madrid 1808, pág. 307); *F. Allariz*, publ. Por el *Boletín de la Comisión provincial de Monumentos históricos y artísticos de Orense*, III, septiembre-octubre

Son muy abundantes los ordenamientos que al ocuparse del falso testimonio parecen hacerlo en función de la idea de perjurio que aquella conducta pudiera encerrar. Jurar o testimoniar en falso y "jurar o firmar mentira sabida" son términos que muchos fueros contienen. Interesa, pues, saber si bajo estas distintas expresiones se contempla un mismo supuesto delictivo y si éste coincide con una forma de falso testimonio judicial.

Generalmente los textos que, como los Fueros de Madrid o de la Novenera[286], sancionan la conducta consistente en "jurar mentira" o en el falso testimonio, establecen respecto de uno y otro supuesto un mismo régimen de penas. La no diferenciación entre jurar en falso y falso testimonio, al menos desde el punto de vista penal, podría justificarse tal vez por tratarse simplemente de dos formas diversas de designar un mismo supuesto o bien, si éstos son diferentes, es decir, si se trata del perjurio y del falso testimonio, porque se supone que ambas conductas son inseparables, lo que a su vez denotaría que estamos en presencia

de 1907, nº 58, 19: "Et qui falsam perquisitionem dixerit, amplius non sit legalis et pectet domino de Allariz LX solidos et dominus vocis tornet se ad suam vocem"; *F. de Bonoburgo de Caldelas*, de 28 de abril de 1228, ed. Julio GONZALEZ, *Alfonso IX*, II, pág. 626: "El qui falsa per inquisicion disser, ia mays non seya leal, e peyte a o señor do burgo LX solidos, e o señor da voz tornesse a sua voz" (= *F. Ribadavia*, ed. *Boletín C. P. M. de Orense*, cit.); *F. Oviedo*, ed. J. A. LLORENTE, *Noticias históricas*, cit., IV, págs. 46-107: "Todo omne e toda muller que falsa exquisicion dixer onde provado pueda ser por concello peche sesenta sueldos, los medios al re, los medios al concello" (= *F. Avilés*, ed. FERNANDEZ-GUERRA, *El Fuero de Avilés*, Madrid 1865); *F. de Alfaiates*, en *Portugaliae Monumenta*, cit., I, *Leges et Consuetudines*, I,1, 470: "Toto omine qui esquisam falsam dederit.- Qui esquisam falsam dederit aut dixierit, aut fidelitatem falsam fecerit, si probatum fuerit, transquivirent eum ad crucem, et quiten ei dentes, et perdat quantum habuerit, et in die de Mercado pregonent eum pro falso in alfoz ubi moraverit. Et istud faciant alcaydes et sex, sin autem ad ipsos se tornabit rex, et cadat eis in periurii, et pectet regi C morabitinos, et in semper est post mulieres".

[286] *Fuero de Madrid*, ed. Galo SANCHEZ, con trad. de Agustín GOMEZ IGLESIAS, Madrid 1963, 44: "Qui falso iuraverit uel testimonauerit. Ad cui probatum fuerit quod falso iuravit aut testimunavit, cum II testimunias bonas quod uideant alcaldes quod directeras son, esquilent eum et amplius non intret per testemuno. Si fuerit mulier, percutant eam per totam ellam ciuitatem, et amplius non intret per testemonia"; *Fueros de la Novenera*, ed. G. TILANDER, Estocolmo 1951, 78: "De qui dize a otro que es falso testimonio.- Nuill hombre que dize uno a otro "falso testimonio eres", o "periurio as feyto", et pueden saber uerdad en dos buenos ombres e en dos bonas muylleres, deue pagar LX sueldos de calonia et iurar en Sant Esteuan; et si non pueden saber uerdat, ha a jurar en las Ribas".

del falso testimonio judicial, el único que requeriría ir acompañado de juramento, o bien, finalmente, el tratamiento penal unitario podría significar que ambas conductas aunque diferentes se equiparan desde el punto de vista de su gravedad.

Quizás no sea ajena la Iglesia, en cualquier caso, a la importancia que en el orden temporal se atribuye al juramento en falso. Es lógico que preocupando a la Iglesia el aspecto espiritual del falso testimonio, tenga especialmente en cuenta la actuación judicial falsa que, por ir acompañada de juramento, determina una situación de perjurio. De ahí la distinción entre este caso y el supuesto en que a una cierta declaración falsa no acompañó el juramento, en cuya regulación la Iglesia no interviene. En cambio, en el primer caso la Iglesia aplica las mismas sanciones contra el perjurio del testigo que contra el de cualquiera de las partes, siendo a su vez similares las medidas contra los perjuros que las que se adoptan contra el falso testigo que ha incumplido el juramento de decir verdad[287]. El falso testimonio queda por ello equiparado a los más graves delitos, de acuerdo con la valoración que de ellos hace la Iglesia[288]. Esta doctrina bien pudo haber ejercido su influencia sobre otros ordenamientos, especialmente en un primer momento, cuando éstos se encontraban en período de consolidación.

Pero en este punto se debe llamar la atención sobre el sentido de las palabras que emplea la mayor parte de los fueros que se ocupan de estos supuestos, tales como todos los de la familia de Cuenca, aunque

[287] *Burchardi Ecclesiae Wormaciensis Episcopi Decretorum libri XX*, en MIGNE, *Patrología latina*, vol. 140, Paris 1880, libro 16 De accusatoribus et testibus, cap. 8: "De illis qui convistis fuerint aliquos ad falsum testimonium attraxisse (Ex concilio Aquisgrán, cap. 9).- Si quis convictus fuerit aliquos ad falsum testimonium, vel perjurium attaxisse, aut per quamcumque corruptionem solicitasse, ipse quidem usque ad exitum non communicet".

[288] *Burchardi Decret.*, libr. 16, cap. 4: "Quales ad testimonium accedere debeant (Ex concilii apud Theodonis villam habito, capite 3).- Homicidae, malefici, fures, sacrilege, raptores, veneficis, adulteri, et qui raptum fecerint, vel falsum testimonium dixerint, seu qui ad sortilego magosque cucurrerint, nullatenus ad accusationem vel ad testimonium erunt admittendi"; *Id.*, cap. 16: "De falso testimonio quod capital sit crimen (Ex concilii Agath., capite 8).- Noverint falsi testes, quod si falsum testimonium capital crimen non esset, nequaquam Dominus in Evangelio inter principalia crimina hoc annumerasset. Ait enim: De corde exeunt homicida, adulteria, furta, falsa testimonia. Et ideo similiter debet poenitere, et excomunicari falsus testis, sicut adulter, et fur, et homicida".

a veces con variantes entre ellos, los de Ledesma, Alba, Alfaiates o los concordantes de Coria, Cáceres y Usagre[289], ya que si bien la voz "iurar" en relación con una situación de falsedad parece comprender una idea de perjurio, cuando se distingue entre "iurar" y "firmar" testimonio falso, como hacen estos y otros fueros, tal distinción parece poner de manifiesto la existencia de dos conductas diferentes pero que inciden ambas sobre la falsedad testimonial –lo que permite alejar toda interpretación en el sentido de que una de ellas tendría lugar en juicio y la otra, el perjurio, sería posiblemente extraprocesal– y que se mantie-

[289] J. ROUDIL, "El manuscrito español 8.331 de la Biblioteca del Arsenal de París", pub. En *Vox Romanica* 22/1, Berna 1963, págs. 128-174 y 22/2, Berna 1964, págs. 219-380. Cit. por *"Formulario"*, 670: "Mando que tod aquel que falso testimonio firmare o iurare, peche la demanda duplada, si provarelo pudieren; e iamas non sea recebido en firma e sea encartado por mal enfamado...". Concuerda con *Fuero de Cuenca*, ed. R. UREÑA, Madrid 1935, 41,10 (11) –944-: "Quicumque falsum testimonium firmaverit, aut iuraverit, pectet peticionem duplatam, si testibus convictus fuerit. Et insuper in testimonio amplius non recipiatur, nomenque eius incartetur, ut infamia sue falsitatis magis publicetur ac magis, sive firmet aut iuret pro pacto confratrie vel collationis..." (= *F. Zorita de los Canes*, ed. UREÑA, Madrid 1911, 813; *F. Plasencia* (98); *F. Latino de Teruel*, 515; *F. Teruel*, 748; *Carta puebla de Santa María de Albarracín*, pág. 223; *F. Soria*, 279; *F. Molina*, 239 (137); *F. Alcaraz*, XII, 32; *Fs. Alarcón-Alcázar*, 787; *F. Baeza*, 877).- *Fuero de Alba de Tormes*, ed. CASTRO Y ONIS, *Fueros leoneses de Zamora, Salamanca, Ledesma y Alba de Tormes*, Madrid 1916, 51: "Qui iurar falsedat per auer condesado.- Todo omne de Alba o de su termino qui auer lexar en condesixo uinier iurar o falsedat uiniere firmar por onde su uezino pierda su auer o derecho que deua auer, e los alcales lo esquirieren con VI bonos omnes de los seísmos, e primero iuren sobre Sanctos Euangelios; e si esquisa falaren, dela peticion doblada, e tresquilenlo en concexo, e non entre mas en testimonio; e si los alcaldes esto non fizieren, caiales en periuro como manda nuestro fuero". *Fuero de Ledesma*, ed. CASTRO Y ONIS, *Fueros leoneses*, 267 (sin rúbrica): "Todo omne que mentira sabida iurar o firmar onde los alcalldes e las iusticias sobieren uerdade, peche XX morauis o sea falso e nunca sea coyecho en iura nin en firma nen en testimonja; e esos moravis metalos el conceyo en prouecho del muro o dela puente". *Fuero de Alfaiates*, 307 (= *F. de Castel-Rodrigo*, III, 53; *F. de Castello Melhor*, 124 –todos ellos en los *Portugaliae Monumenta*–; *Fuero de Coria*, 307; *Fuero de Cáceres*, 294; *Fuero de Usagre*, 313): "Qui mentira iurar.- Tod ome que mentira iurar ou firmar e sobrel achare alkalde ou iurado que mentira iuró ou firmó tresquien lo fasta la metad de sua cabeca e yxca por aleyuoso do concello e non aya mays portelo nin firme"; *Fuero de Coria*, ed. J. MALDONADO y E. SAEX, *El Fuero de Coria*, Madrid 1949, 184: "Qui dixier a otro "mentira jureste".- Qui dixier a otro "mentira jureste" o "mentira firmaste" o "mentirosa verdad dixieste" sinon aquel que deue retar, peche a el IIII maravedís se ge lo pudier firmar e fagalo verdadera" (= *Fuero de Usagre*, 190).

nen lo suficientemente próximas entre sí como para recibir ambas un tratamiento global y por tanto idéntico. Quizás con estos datos podría pensarse que las fuentes aluden a la falsedad de testigos o "firmas" y a la falsedad de cojuradores, hipótesis que se refuerza ante el hecho de que falten normas en las que expresamente se prevea y sancione la posible falsedad cometida por éstos, pese a que su actuación frecuente debió dar lugar en ocasiones a estas situaciones irregulares.

De ser así, ambas posibilidades, constitutivas del delito de falsedad testimonial, pueden encerrar una idea de perjurio, difiriendo tan sólo en la naturaleza de la actuación del sujeto, quien en un caso declara acerca de los hechos que conoce –cuando se tratara de testigos o "firmas"– y en otro garantiza, sin conocer los hechos, la veracidad (que acaso no le consta, y de ahí que su actuación se repute como falsa) de aquella de las partes que se manifiesta sobre ellos –cuando se trata de los cojuradores–.

Sin embargo, no siempre la idea de perjurio ha estado unida a la de falso testimonio, sancionándose en ocasiones con independencia de éste. Así ha sucedido a veces incluso en alguna de las mismas áreas a las que antes se ha aludido: este fenómeno se advierte en un primitivo Derecho de tipo territorial extendido por Aragón, que después aparecería recogido en diferentes redacciones del fuero de Jaca y se extendería por Navarra y Aragón hasta pasar al Fuero General de Navarra y al Código de Huesca, permaneciendo en vigor en este último territorio hasta que las Cortes reunidas en Monzón en 1564 lo modificaron. Este fondo común ofrece una regulación independiente del perjurio, sin ocuparse en cambio del falso testimonio[290]. En cambio, otras redacciones del Fuero de Jaca contienen preceptos sobre el falso testimonio que acusan un origen distinto[291]. Tales preceptos al contemplar el falso

[290] J. M. RAMOS LOSCERTALES, "Textos para el estudio del Derecho aragonés en la Edad Media. I: Recopilación de los Fueros de Aragón", en *A.H.D.E.*, V, 1928 (es la llamada "Recopilación II de los Fueros de Aragón"), cap. 88: "De homine periuro et probato.- De homine periuro et probato debet expelli a uicinitate et comunitate aliorum, quia per nihil aliud in tantum perditur fructus messium et uinearum sicut pro periurio, et peitet". Concuerda con *Fuero de Jaca*, A 237, ed. M. MOLHO, Zaragoza 1964; *Jaca*, C 273; *Jaca*, D 272; *Jaca*, E 289; *Fuero de Sobrarbe*, según el ms. 13081, fol. 215 v.

[291] Se trata de las redacciones C y D, que recogen un Derecho navarro, y de la E, que es Fuero de Pamplona. Ver nota 77 de este trabajo, en referencia a la falsedad documental.

testimonio lo hacen desde una perspectiva nueva, ya que sancionan la inducción al falso testimonio y el falso testimonio otorgado mediante un "servicio", es decir, por precio, supuestos que no parece que hubieran sido advertidos, aunque acaso se sobreentendieran, en el Derecho generalizado de Navarra y Aragón[292].

Junto a la declaración falsa de un testigo en juicio, en algunas fuentes se sanciona la acusación de falsedad no justificada o no verificada según los trámites establecidos[293]. Así sucede en los fueros de Estella y San Sebastián, y es posible que el Derecho consuetudinario que constituía ese fondo común de la región navarro-aragonesa hubiese contemplado ya las consecuencias que en el orden penal se derivarían de una acusación de falsedad no probada, posibilidad que aparece a través de una fazaña que se reproduce tanto en el Fuero General de Navarra como en el Vidal Mayor, según la cual la falsa acusación no probada contra una mujer determinó que al acusador le fuera aplicada una pena talional[294].

En algunos Derechos locales de la Extremadura castellana también debió contemplarse la acusación de falsedad que, al no ser debidamente probada, deviene a su vez falsa, posibilidad que será recogida en el Formulario y en los fueros de la familia de Cuenca. Un mismo precepto del Formulario contempla las diversas consecuencias que, según las

---

[292] *Fuero de Jaca*, C 260: "Qui per servici diz fals testimonj.- Si algun es corromput per seruici et fa fals testimonj, et aquel que fi lo testimoni e lo que lo y fi far entre els falsaris sien mis et nunqua sien testimonjs" (= *Jaca*, D 259; *Jaca*, E 274).

[293] He aquí el texto completo de los Fueros de Estella y San Sebastián, antes citados: "De falso testimonio.- "Si aliquis dixerit aut fecerit falsum testimonium et alius potuerit illum probare inde cum testimoniis aliis, postquam unus annus et dies unus erit transactus, emendabit cui perdere fecit totam perditam; et qui fecit testimonium in mercede senioris terre erit. Sed si cum testibus non potest probare, per duellum potest se salvare, et si victus de bello erit hemendabit sicut suprascriptum est. Sed si duelum poterit vincere, ille qui probat debit quingentos solidos de calupnia, et erit homicida de eillo quem probare voluit et de parentibus suis. Sec si in secundo anno illum non apelaverit, nunquam amplius respondebit, nec ille amplius audebit illum apelare, quod si faceret calumpnia daret CC et L solidos".

[294] *Fuero General de Navarra*, 6,9,4: "Fazania como una mujer iurgada de lapidar fue defendida por exiemplo de unos mozos, como Susana". El mismo argumento y solución, en *Vidal Mayor*, ed. G. TILANDER, IX,13. Ver P. MEREA, "Sobre o regime da prova nas demandas de mulher forçada", en *Boletim da Faculdade do Direito*, Coimbra, 38, 1962, págs. 42-51.

circunstancias, pueden derivarse de la acusación de falsedad. Si la acusación es probada, el sujeto cuyo falso proceder queda al descubierto sufre la condena y el acusador se beneficia de una parte del producto de la misma; en tanto que si no prueba, el acusado de falsedad testimonial o perjurio queda libre y el acusador sufre la sanción correspondiente. Puesto que una misma actuación es la que puede originar los dos resultados apuntados, se explica que un mismo precepto los englobe y se ocupe de ellos[295].

En la Extremadura leonesa aparecen igualmente ciertos preceptos que sancionan la acusación irregular de falsedad, pero la naturaleza del delito y las motivaciones de las medidas punitivas no coinciden con las de los supuestos anteriores. Así frente al criterio de los fueros de la familia de Cuenca, representados dentro de la misma región por Plasencia[296], en Coria y en Usagre se conoce otra forma de acusación de falsedad constitutiva igualmente de delito, pero no ya por la imposibilidad material de probar tal acusación, sino a consecuencia de la falta de legitimación para reptar a los testigos por parte de quien acusa. El motivo de la acusación puede ser cierto, pero la falta de un requisito procesal es la que determina que la acusación resulte viciada y punible[297].

En algún caso parece contemplarse igualmente un supuesto de falsa acusación punible, como en el de Marañón, fuero breve que sigue el modelo del que Pedro I otorgara a Caparroso en 1102. Se prevé en él la posible falsedad de la declaración de los testigos que presenta en el juicio una mujer en querella contra alguien por haber sido violada. Ante tales testimonios, el acusado puede a su vez reputarlos falsos, pero el texto no permite conocer si son los testigos quienes deben responder de la acusación de falsedad, si es el acusador quien debe probar su acusación o si la sanción señalada –de la que después se tratará– corresponde

[295] *Formulario*, 670: "Mando que tod aquel que falso testimonio firmare o iurare, peche la demanda duplada, si provarelo pudieren; e iamas non sea recebido en firma e sea encartado por mal enfamado. Mas tod aquel que a otro acusare de falsedat o de iura falssa e no lo pudiere prouar peche LX mencales al iuez e alcaldes e al querelcso la mehatad".

[296] *Fuero de Plasencia*, ed. J. BENAVIDES CHECA, Roma, 1896. El precepto concordante con Cuenca dice así: "De pleytos e conveniencias, tit. De falsedad e jura mentirosa, I: Todo ome que a otro de falsedad o de jura mentirosa o de firma acusare, e non lo pudiere afirmar, aquel acusamiento, peche 10 maravedis".

[297] Ver nota 289.

al acusador de falsedad de los testigos si no prueba su acusación, a la mujer que presenta testigos falsos o a estos mismos. Sin embargo, a juzgar por el régimen de penas aplicable, puede aventurarse la hipótesis de que se contempla el primer supuesto de estos tres apuntados[298].

Hasta aquí los supuestos de falsedad examinados parecen tener el cuenta el delito con independencia de las consecuencias que de él pudieran derivarse, que sólo serían relevantes en orden a la determinación de la pena contra el autor responsable de aquél. Sin embargo, en algún caso en que se castiga la declaración de un testigo que él juró ser verdadera, resultando ser falsa, para que esta conducta sea reputada y sancionada como delito parece exigirse que de ella se haya derivado un perjuicio efectivo para la víctima, como se aprecia, por ejemplo, en Viguera[299]. También en Alba de Tormes parece sancionarse toda declaración falsa que origine la pérdida de un derecho ajeno o, concretamente en el caso previsto en la norma, la pérdida de unos bienes entregados en depósito cuando se niega que éste hubiera sido constituido, aunque en este supuesto no está claro si se trata de falso testimonio judicial o de perjurio cometido al margen de toda actuación en juicio[300].

Por último, parece a veces haber sido objeto de sanción la negativa a dar testimonio o el silencio de la verdad por el testigo. Así parece establecerlo el fuero de Alcalá[301], y en el de Salamanca se castiga el

[298] *Fuero de Marañón*, dado por Alfonso I el Batallador (sin fecha), ed. T. MUÑOZ Y ROMERO, *Colección*, pág. 496: (11) "Toto homine qui rapuerit filiam de vicino de Maraione, pectet III.C. solidos si fecerit ei forcia e venerit ad iudicem cum querela; et si negaverit ipse homo, qui non fecit ea forza e habuerit duos testes ipsa mulier foras de villa, pectet ipsos trescentos solidos media parte ad pallacio e media alia ad ipsa mulier, et sit homicida; et si dixerit ipse homo ad ipsa testes quod mentiunt, e falsas testes sunt, respondeat ad arepto, pectet ipsos III.C solidos duplatos, et mitant per manu de concilio iudiz e sayone".

[299] *Fuero de Viguera*, ed. J. M. RAMOS LOSCERTALES, Salamanca 1956, 298: "Testogos falsos.- Et si en testimonjas fuere fayllada falsedat e probada, pierdan las lengoas e de sus bienes emienden todos sus daynnos al querylloso que ouo por su occasion d'ellos, con su jura sin torna".

[300] Ver nota 289.

[301] *Fuero de Alcalá*, ed. Galo SANCHEZ, *Fueros castellanos de Soria y Alcalá de Henares*, Madrid 1919, 54: "Todo omne qui testigo fore fecho.- Todo ome qui testigo fore fecho e non quisiere ir firmar, firmel el otro con III vecinos que testigo lo fizo e vidolo e odido si lo quiso odir e si lo quisi veder, e duplelo lo que perdiere por el; e el qui non fore fecho testigo, no firme si non quisiere".

hecho de rehusar dar testimonio sobre un negocio de contenido económico. Pero el motivo de la sanción puede radicar tanto en el hecho de constituir un supuesto de falsedad testimonial como en el de la no colaboración con la justicia[302]. En todo caso, extraña sin embargo que haya sido sancionada la actitud negativa del testigo y no lo sea, en cambio, al menos expresamente, la actitud positiva de ofrecer una versión falsa de la realidad, que las citadas fuentes silencian.

c. *Fundamentos de la sanción contra el falso testigo*

Antes de entrar en el estudio del régimen de sanciones aplicable a los autores del delito de falsedad testimonial, conviene examinar, aunque brevemente, cuál es en cada caso el fundamento de aquéllas, porque tal vez así se explique la posible diferencia que encontremos en cuanto a la naturaleza o cuantía de las mismas, en función del contenido de las soluciones que aportemos a este problema.

Por regla general, se trata de una cuestión en la que la mayoría de las fuentes no entran. Sin embargo algunos ordenamientos parecen dejar entrever esas posibles razones. Así en el derecho leonés parece acentuarse el aspecto punible que ofrece el delito en cuanto supone fundamentalmente una ofensa a la sociedad. En efecto, la conceptuación del delito viene determinada por la naturaleza de una de las medidas punitivas señaladas contra aquél: la destrucción de la casa del responsable. Se trata de la sanción contra un tipo especial de delitos cuya realización determina que su autor incurra en pública enemistad, ya que constituyen una ofensa colectiva, habiendo de sufrir aquél por ello la pérdida de la paz.

En cambio gran número de fueros extensos, especialmente en Aragón y Navarra, parecen tener en cuenta sobre todo la idea de ofensa a Dios que el delito encierra. En estas zonas existe una evidente prevención contra los perjuros, y la gravedad de las sanciones que contra ellos se establecen responde al deseo de evitar estas situaciones. Por consiguiente, en la medida en que el falso testimonio encierra un perjurio, las soluciones que se adopten contra éstos no pueden ser ajenas

[302] *Fuero de Salamanca*, ed. CASTRO Y ONIS, *Fueros leoneses*, 219: "De testigo que non otorga.- Quien su auer dier e testigos fezier, e el testigo que non quesier otorgar, iure con I uezino que non fue en testigo, e si non duple".

a los falsos testigos. Tales medidas adoptadas por la sociedad contra los perjuros se justifican porque, determinando el juramento falso una ofensa a Dios, existe el temor de que si ésta se dejara impune por la sociedad podría recaer una venganza divina sobre ella y concretamente podría afectar a las cosechas, principal recurso y medio de vida de la comunidad[303].

Esta misma idea se manifiesta especialmente en algunas localidades de la Extremadura castellano-aragonesa, no lejanas, y en algunos fueros breves de esta zona se encuentran normas sobre la determinación de tiempos hábiles para la celebración de juicios, lo que en los extensos será posteriormente más frecuente. En el fuero de Daroca se prohibía que hubiera juicios en una determinada época del año, concretamente en el período estival. Al parecer, según la explicación que el texto del fuero ofrece, el motivo de aquella prohibición radica en que todos los vecinos están en dicha época ocupados o ausentes, trabajando en la recolección, y no conviene que estas labores agrícolas se interrumpan. Pero aunque el texto no lo diga, no puede descartarse como posible motivo de esta medida el deseo de evitar que en tales juicios pudieran producirse perjurios que, como antes se indicaba, tal vez atrajeran la venganza divina sobre las cosechas[304]. Esta intención no resultaría extraña teniendo en cuenta que ya consta expresamente en otros fueros relacionados con el anterior: en Alfambra se prohibía no la celebración de juicios, como en Daroca, sino la prestación de juramento desde fines de mayo hasta mediados de agosto, quizás por la misma razón[305]. Conviene advertir, no obstante, que tal prohibición supondrá en algunos casos la imposibilidad de celebrar un juicio, cuando en él las partes o los testigos debían prestar juramento, con lo que el contenido del fuero se aproxima más al de Daroca.

Que el peligro que encierra el perjurio debía estar en la conciencia de muchos lo revela el que otros fueros extensos recojan también la

[303] Ver nota 290.

[304] *Fuero de Daroca*, de 1142, ed. T. MUÑOZ Y ROMERO, *Colección*, pág. 543: "A festo santae crucis Maii quousque panis colligatur, et ex quo panem colligere ceperint non habeat placitos, nisi pro germanitate, et pro calumniis, vel pallare, vel area, vel aquis".

[305] *Fuero de Alfambra*, ed. ALBAREDA Y HERRERA, en *Revista de Ciencias Jurídicas y Sociales*, 7 (1924), 8 (1925) y 9 (1926): cap. 90: "De exida del mes de mayo daqui a sancta Maria mediant agosto non iure ningun omne sino por desorna de cuerpo o por hermandat".

prohibición de jurar en ciertas épocas, prohibición que al pasar, por ejemplo, al Fuero General de Navarra, revela que posiblemente se observaba en el país a través de la costumbre. El plazo de prohibición aparece aquí ampliado, de Septuagésima hasta el décimo día de Pascua, desde Adviento hasta la fiesta de San Hilario y desde la Santa Cruz de mayo hasta el tercer día de la fiesta de San Miguel, si bien la prohibición no rige respecto de ciertas causas que, por su gravedad, no admiten dilación, tales como las referentes a homicidio, traición o deshonra[306].

La adopción de estas medidas revela la posible frecuencia de perjurios en juicios. La importancia atribuida a aquéllos nos llevaría a pensar que también el falso testimonio –que englobaría esa misma noción de perjurio– merecería la máxima atención de todos. Por otra parte, la difusión por toda la comarca de unas mismas ideas parece indicar la existencia de un fondo consuetudinario que se va a poner de relieve con respecto a la falsedad testimonial.

d. Los medios de prueba del delito

Cuando dentro del juicio tiene lugar una acusación de falsedad o de perjurio dirigida contra una de las partes o, generalmente, contra alguno de los testigos, es necesario lógicamente que tal acusación sea probada o bien que el acusado se defienda. La mayoría de las fuentes al establecer la sanción aplicable contra el autor del falso testimonio indica que éste ha debido ser previamente probado, pero no siempre matiza sobre el sistema de prueba al que habría que recurrir, aunque por lo general la acusación de falsedad debía probarse mediante un número de testigos que varía según las fuentes.

---

[306] *Fuero General de Navarra*, ed. ILARREGUI Y LAPUERTA, Pamplona 1869, 2,7,2: "En quoales tiempos ninguno non debe iurar, salvo por ciertas cosas.- Nuill omne non debe iurar de septuagessima atta X dias de pascoa di coaresma pasados. Otrossi, en adviento non debe iurar ata la fiesta de Sant Illario pasada. Otrossi del dia de Sabcta Cruz de Mayo al tercero dia de San Miguel non debe iurar, si non fuere por homicidio o por traycion o por onta". J. MARTINEZ GIJON, "La prueba judicial en el Derecho territorial de Navarra y Aragón durante la Baja Edad Media", en *A.H.D.E.*, XXXI, 1961, pág. 37, señala que tal prohibición resalta el carácter religioso que reviste el juramento.

El Derecho más generalizado en Navarra y Aragón que refleja un contenido común tradicional se limita a señalar que la prueba de la falsedad se hará mediante testigos, cuyo número no es determinado[307]. Posiblemente alguna redacción del fuero de San Sebastián fijara en diez dicho número, aunque este dato extraño no coincide con las demás versiones que nos han llegado tanto de este fuero como del de Estella[308]. La misma indeterminación aparece en la mayor parte de los fueros de la familia de Cuenca[309].

En Peralta, aunque no se fija el número de testigos, se precisa que éstos han de ser vecinos[310], mientras en Uclés parece que la prueba se hará mediante cierto número de hombres buenos[311].

Frente a esta indeterminación, otros muchos fueros señalan en dos el número de personas con las cuales debía probarse. Así lo hacen el

---

[307] *Recopilación de los Fueros de Aragón* (Recopilación I), ed. J. M. RAMOS LOSCERTALES, en *A.H.D.E.*,II, 1925, pág. 511, 87: "De testibus falsis.- Si probati sunt falsi testes, et iam probati sunt cum aliis testibus, transquirentur in cruces et cum batallo campane calenti crement illos in fronte in cruces, et expellantur a uilla pro falsis et malis" (= *Fuero de Jaca*, A 236; *Jaca*, C 257; *Jaca*, D 256; *Fuero General de Navarra*, 2,6,11; *Fueros de Aragón*, ed. TILANDER, 297; *Fueros, Observancias y Actos de Corte del Reino de Aragón*, ed. P. SAVALL y S. PENEN, libro IX Fororum). *Privilegio del rey de Aragón D. Alfonso II, otorgado en el año de 1187, confirmando y adicionando las costumbres y fuero de Jaca*, ed. T. MUÑOZ Y ROMERO, *Colección*, pág. 244: "Si quis fuerit convictus vel probatus, quod sciens fecerit falsum testimonium, et falsum juraverit ad alium exeredandum de corpore ejus fiat justitia et tota illius hereditas veniat ad manum domini regis". *Fuero de* Jaca, C 259: "Del qui diz fals testimoni.- Si algun diz fals testimonj contra altre et puissa estar trobat per fals ço que testimoji, di ha de que, dongua ad aquel contra qui testimonja tan com per son testimonj deuia perdre et nunqua mas sia recebut per testimonj" (= *Fuero de Jaca*, D 258; *Jaca*, E 273).

[308] Así, en la edición de J. A. LLORENTE, *Noticias históricas de las tres provincias vascongadas*, IV, pág. 249, donde transcribe el fuero de San Sebastián, dado por el rey de Navarra Sancho el Sabio hacia 1180, se lee: "De falso testimonio.- Si aliquis dixierit, aut fecerit falsum testimonium, et alius potuerit illum probare cum decem testimoniis aliis...".

[309] Ver nota 289.

[310] Ver nota 281.

[311] *Fuero de Uclés*, ed. FITA, en *Boletín de la Real Academia de la Historia* XIV, 4, Madrid 1889, 107: "De testes falsos.- Et de testigos falsos que testimoniaren mentira et pesquisa, invenerint nostros alcaldes et domino de bonos omes derecheros, quinten illos quissares nostros alcaldes et tuntant capita eorum; et non testimonient magis, et perdant omnia que habent, et pectent al querelloso sua peticiones".

fuero de la Novenera, el único además que indica expresamente que tanto hombres como mujeres pueden servir a esta finalidad[312]; Alfambra, que exige que ambos testigos sean vecinos[313], y Madrid, que sólo exige como requisito que ambos testigos sean idóneos[314]. El fuero de Alba de Tormes se aparta de esta norma tan ampliamente aceptada, para exigir seis testigos en lugar de los dos habituales en otros ordenamientos[315].

No suelen los fueros fijar un plazo dentro del cual debiera verificarse la prueba. La excepción está representada por los de Estella y San Sebastián, que establecen el plazo de año y día.

He aquí el sistema que comúnmente se sigue en cuanto a la prueba de la acusación de falsedad. Posiblemente sería también observado en muchos de aquellos lugares cuyos ordenamientos jurídicos no se pronuncian sobre este extremo. Si a través de este medio se demuestra la veracidad de la acusación, el falso testigo podría sufrir las sanciones que en cada caso se establezcan; en cambio si no se observa la forma prescrita o no se logra el resultado buscado –por no reunirse el número de testigos– será el acusador quien incurra en delito de falsa acusación, como expresamente señalan los fueros de Estella y San Sebastián, y como parece establecer el fuero de Marañón.

Sin embargo, no faltan algunos casos en los que se observa un procedimiento diferente que tal vez refleje un anterior estadio procesal no superado: se trata del juicio de batalla o duelo, al que el testigo acusado de falsedad debía someterse en algunos lugares de la Extremadura castellano-aragonesa, tales como Calatayud y Daroca, y que en los fueros de Estella y San Sebastián se admite como medio subsidiario de prueba en lugar de la de testigos. Sólo si el testigo acusado de falsedad fuera vencido en dicha prueba quedaría patente su culpabilidad[316].

---

312 Ver texto en nota 286. Sobre esta cuestión, R. GIBERT, "El Derecho medieval de la Novenera", en *A.H.D.E.*, XXI-XXII, 1951-1952, págs. 1169-1221. Para nuestra referencia, pág. 1216.

313 *Fuero de Alfambra*, 37: "Qui fara falsa iura.- Qui aura feyto iura falsa, et con dos vecinos será prouado sea encorrido el cuerpo el auer e la merce del señor et del conceio".

314 Ver nota 286.

315 Ver nota 289.

316 *Fuero de Calatayud* de 1131, ed. T. MUÑOZ Y ROMERO, *Colección*, págs. 450 y ss. (28): " et testes falsos sint tornados per batalla"; (43): "Testimonia falsa qui per

e. *Régimen de sanciones*

Respecto del sistema de penas que los diferentes ordenamientos establecen contra los responsables del delito de falsedad testifical, no es posible señalar un tipo de sanción uniforme, ya que componiéndose generalmente cada una de un conjunto de medidas punitivas, no siempre se repiten todas ellas en cada ordenamiento, o en todo caso la combinación de las mismas y la distinta importancia que en cada lugar se atribuye a unas y otras, no permiten agrupar las soluciones en orden a su estudio. Esto no impide que en algún caso, al extenderse un ordenamiento por una determinada zona, el régimen penal deje de ser exclusivamente local, manteniéndose sin cambios o siendo objeto de ciertas modificaciones sobre una base común, que será señalada más adelante.

En el Derecho local leonés[317], del conjunto de sanciones que constituyen el régimen penal contra la falsedad testimonial, es sin duda la pena de destrucción de la casa la que más resalta y la que en definitiva califica el delito. Ya se ha indicado que esta medida se adoptaba contra un tipo especial de delitos cuya realización llevaba consigo que el responsable de ellos incurriera en pública enemistad, por suponer una ofensa colectiva. Precisamente para evitar que el enemigo público pueda buscar protección en su propia casa, y puesto que la pérdida de la paz con que se sancionan aquellos delitos se entiende referida también a la de la casa, el Derecho establece la destrucción de ésta, impidiendo

batalla cadet duplet illo habere"; *Fuero de Daroca*, 35: "Omnis testis respondeat ad reptum. Et salvet se per litem, et si victus fuerit, pectet rem duplicatam, et non amplius in testimonium recipiatur". Para los fueros de Estella y San Sebastián, ver la nota 293. Parece, sin embargo, que la prueba de batalla no gozaba de general aceptación, como se desprende del hecho de que la mayor parte de los fueros la silencian, al menos respecto de la falsedad de que un testigo es acusado, e incluso alguno, como el de Viguera, la excluye expresamente (ver nota 299). Sobre este medio de prueba, Ver J. MARTINEZ GIJON, "La prueba judicial", cit., págs. 46 y ss.

[317] *Fuero de Castrocalbón*, dado por doña María, mujer del conde Poncio de Minerva, en 1156, ed. Laureano DIAZ CANSECO, "Sobre los fueros del Valle de Fenar, Castrocalbón y Pajares. Notas para el estudio del Fuero de León", en *A.H.D.E.*,I, 1924, págs. 337-381; *Fuero de Villavicencio*, ed. T. MUÑOZ Y ROMERO, *Colección*, págs. 171 y ss; *Fuero de Villafranca*, de 1 de febrero de 1192, ed. Julio GONZALEZ, *Alfonso IX*, II (colección diplomática), Madrid 1944, pág. 80; *Fuero de Puebla de Sanabria*, de 1 de septiembre de 1220, ed. Julio GONZALEZ, *Alfonso IX*, II, pág. 512.

así que el responsable del delito encuentre en ella una protección y una garantía de su propia vida[318]. Pero la conveniencia o utilidad de esta medida se ha puesto alguna vez en tela de juicio, y así, mientras el precepto se ha observado en León y en otras poblaciones que reciben aquel fuero, tales como Castrocalbón, Villavicencio y Villafranca, en otros lugares, como en Puebla de Sanabria, aunque influidos también por el núcleo leonés, se prohíbe expresamente la aplicación de aquella pena. Y la razón se indica en el mismo fuero: tal medida, si bien afecta directamente al autor del delito, repercute de forma no menos grave en la integridad de la ciudad. De ahí que se juzgara conveniente sustituirla por otra sanción que, sin que su rigor disminuyera con respecto a la anterior, tuviese una dimensión sólo personal. De acuerdo con este criterio, la pena elegida es la de cercenación de la lengua, la cual por su gravedad no resta importancia al delito[319].

Al lado de esta pena, los fueros que siguen literalmente en este punto al de León señalan asimismo la incapacitación, como testigo, en que incurre el autor del delito. También aquí Puebla de Sanabria parece

[318] J. ORLANDIS, "La paz de la casa en el Derecho español de la Alta Edad Media", en *A.H.D.E.*, XV, 1944, págs. 107-161. Especialmente en págs. 114 a 121 distingue las situaciones respectivas en que se encuentra el "traydor" y el "inimicus". El "inimicus" generalmente se encuentra en su casa a seguro de la venganza de la sangre, en tanto que al "traydor" se le destruye la casa para privarle de toda posibilidad de salvación. La destrucción de la casa, como en el Derecho germánico la destrucción de la "Wünstung" y demás bienes del "Friedlos", se concibe como una medida que caracteriza el estado de pérdida de la paz. El falso testimonio, respecto del cual la paz especial de la casa no puede suplir la paz general perdida, se equipara en su consideración penal y en la gravedad de sus consecuencias a la situación de "traydor". Sobre el significado y posibles orígenes de la pena de destrucción de la casa, Ver también E. HINOJOSA, *El elemento germánico en el Derecho español*, Madrid 1915 (reed. en *Obras. II. Estudios de investigación*, Madrid 1955, págs. 407-470), págs 70 y ss., y especialmente 77-78, y sobre la importancia de la carencia de paz, J.M. PEREZ-PRENDES, *Breviario de Derecho germánico*, Madrid 1993, págs. 84-85.

[319] *Fuero de Puebla de Sanabria*, 17: "Si probado fuese contra alguno que dijo falso testimonio, peche sesenta sueldos, e tenemos por bien que estos sueldos se departan en tres partes: la primera sea dada al rey, la segunda al conceyo, la tercera a los alcaldes, e torne a aquel contra quien dio el testimonio. E lo que dice en el otro privilegio que la su casa sea derribada por esta razón, esto no tenemos nos por guisado, ca esto tornarie en daño de nos e de la nuestra puebla; mas tenemos por bien e por derecho quel tajen la lengua con que dijo el falso testimonio e queriendo empecer a su vecino o a otro cualquier por falso testimonio".

separarse del núcleo leonés en que se inspira, si bien, aunque no incluya expresamente esta pena en el texto de su fuero, cabe una interpretación del mismo que en este aspecto concreto anule ese alejamiento. Y es que, como ya se señaló por vía de hipótesis ante un supuesto similar que se planteaba en el coetáneo Derecho catalán, la cercenación de la lengua hace ya imposible el testimonio en muchos casos, por ser éste esencialmente oral, y al determinar una incapacitación de hecho para prestar en el futuro un testimonio, parece innecesario hacer constar también la incapacitación jurídica.

No faltan tampoco en el área leonesa sanciones con un contenido económico o patrimonial. Entre ellas, en primer lugar, figura una multa o caloña fijada en general en la cuantía de sesenta sueldos. Se trata de una multa de cuantía fija e independiente del perjuicio ocasionado por la falsedad testimonial. Originariamente, en el fuero de León, la citada cantidad se destina al rey, lo que se explica al tener en cuenta que es el monarca Alfonso V quien promulga los decretos que se conceden a León. En cambio, en los lugares de señorío a los que se extiende aquel fuero por obra no del rey sino del propio señor, es éste el beneficiario de la caloña[320], y lo mismo se observa en una amplia serie de fueros que si no son una adaptación literal del fuero leonés, se inspiran al menos en él o evidencian su influencia[321].

Esta circunstancia de que sea el señor quien reciba la caloña, sin que de ella se beneficien el concejo ni los alcaldes, se explica porque es aquél quien representa y tiene sometida a la comunidad, lo que no es óbice para que el delito siga siendo considerado como ofensa pública. El sistema de distribución de caloñas está en función del tipo de organización local. Por ello, en otras poblaciones donde ésta es diferente, aunque sustancialmente se mantenga el texto primitivo del fuero leonés, lo alteran en cuanto al destino de la caloña, de forma que, como sucede en Villavicencio, Villafranca y Puebla de Sanabria, el destino, común a cualquier otra multa, es triple, entendiéndose que corresponde el producto de aquélla por partes iguales al rey, al concejo

---

320 *Fuero de León*, 19: "...reddat pro falsitate Regi LX solidos..."; *Fuero de Castrocalbón*, "pro falsitate reddat domino ville LX solidos".

321 *Fuero de Villavicencio*: "Se algun for provado por falsa testimonna, peyte sesenta sueldos, y pártanlos en tres partes, assi como dicho es" (= *Fuero de Villafranca*). Para el *Fuero de Puebla de Sanabria*, ver la distribución del importe de la multa en el texto transcrito en nota 319.

y a los alcaldes. Y aún puede señalarse otro grupo de fueros, influidos tal vez por el leonés, en los que la caloña que ha de pagar el autor del falso testimonio en la misma cuantía, se reparte también, aunque sólo en dos mitades, como en Oviedo y Avilés, correspondientes al rey y al concejo[322].

Con ser importante esta sanción económica, entre los posibles beneficiarios de la misma no se ha incluido nunca a la víctima de la falsedad, quien tal vez haya sufrido el más grave perjuicio que del delito pudiera derivarse. Sin embargo en ningún caso queda olvidada o postergada, ya que junto a la pena económica de cuantía fija con que el falso testigo era multado, los textos establecen otra cuantía variable con la que precisamente se busca compensar a quien sufrió o pudo sufrir las consecuencias negativas de la falsedad.

En efecto, en León y en las poblaciones a las que se extiende su fuero, la víctima de la falsedad debe ser compensada en la cuantía íntegra del daño causado[323]. Esta sanción presupone que de la falsa declaración del testigo ha debido derivarse un daño, pero ante tal afirmación conviene precisar ciertos extremos. En primer lugar es necesario saber si la citada compensación tiene lugar siempre; una respuesta afirmativa equivaldría a considerar que toda falsedad testimonial necesariamente ha de producir un daño. Sin embargo, y en consonancia con esta afirmación, parece que no siempre aquella conducta produce un perjuicio material o físico. Piénsese, por ejemplo, en la posibilidad de que entre los testigos que declaran en juicio sólo uno declara con falsedad, o que sólo hay un testigo: ¿bastaría en ambos casos esa declaración falsa o única aislada para determinar una sentencia condenatoria? No parece que se hubiera perdido la tradición del principio procesalista "testis unus, testis nullus", más aún cuando hemos partido de la afirmación de que el testimonio es una prueba trascendente. Gran número de fueros de la época exigen un número plural de testigos para probar la acusación de falsedad dirigida contra otro testigo –aunque los de esta región no se manifiesten sobre este extremo, no hay circunstancias especiales que permitan considerar la existencia de un sistema excepcional–, y ese requisito es igualmente válido para este caso. Algunas

[322] Ver nota 285. Sobre la relación entre el Fuero de Sahagún y los de Oviedo y Avilés, Ver A. M. BARRERO, "Los Fueros de Sahagún", en *A.H.D.E.*, XLII, 1972, págs. 385-598.

[323] Ver nota 284.

fuentes bajomedievales de contenido tradicional recogen también este principio[324].

En consecuencia, habría que afirmar que en la época y territorio que nos ocupan no bastaría la declaración de un solo testigo para dictar condena contra un acusado, y por tanto no siempre al falso testimonio seguiría un daño material para la víctima –piénsese que además el testimonio podría no prosperar por otras razones–. Sí podría producirse siempre, en cambio, un daño moral, aunque no parece seguro que las fuentes medievales lo tuvieran en cuenta; en todo caso desconocemos qué escala de valores se habría aplicado. Además, ateniéndonos a la literalidad de los textos, la alusión a "quidquid suo testimonio perdidit" parece apuntar únicamente a un daño de tipo material.

Así pues, parece que la compensación queda condicionada en principio al hecho de que realmente se produzca un perjuicio material, lo que sucedería únicamente si, como se señalaba, concurrieran más de un testimonio falso coincidentes. Pero para formar definitivamente nuestra opinión, hemos de tener en cuenta distintas circunstancias: cuando se promulga el fuero de León, obra de Alfonso V a comienzos del siglo XI, han transcurrido casi dos siglos desde la restauración del *Liber* por otro monarca, y por otra parte desde un siglo antes es constante la llegada de mozárabes emigrados del sur que se establecen en tierras de León. Quizás ante estas circunstancias, y pese a que el fuero leonés difiere sustancialmente del último código visigodo, no hay razón para negar una posible influencia visigoda en algunos puntos. Quizás por esta vía hipotética pudiéramos pensar que pese a que la redacción parece aludir a un daño realmente producido, cabría entender tanto un daño efectivo como un riesgo para la víctima, y en este último caso la compensación debida consistiría en el valor del perjuicio que se pudo haber ocasionado si la falsedad no hubiera sido descubierta, si el testimonio falso se hubiera tenido en cuenta o si, en suma, hubieran estado presentes los requisitos necesarios para que dicho testimonio determinara que la sentencia se manifestase en el sentido buscado.

En torno a la compensación a la víctima se plantea otra cuestión en el conjunto de fueros del área que reproducen o son influidos por el núcleo leonés. En la reforma del fuero de Sahagún por Alfonso VII en 1152, y en otros concordantes con él, parece faltar la citada compensación a la posible víctima de la falsedad, al igual que en otros textos

[324] Ver J. MARTINEZ GIJON, "La prueba judicial", pág. 29.

cuya relación con el fuero de León es más directa[325]. ¿Significa este aparente silencio que la víctima queda privada del derecho anteriormente reconocido a recibir la compensación correspondiente? Para responder a esta cuestión es necesario tener en cuenta que todos los fueros que ofrecen este problema son tardíos y que, aunque mantengan la influencia del fuero de 1017, ya en la época de aquéllos y en ciertos aspectos no regulados en el propio fuero se recurriría al *Forum Iudicum*. Adelantemos que en la esfera del Derecho canónico, a partir del Concilio de Coyanza, el *Liber* vuelve también a estar vigente en cuanto a la falsedad testimonial. Por ello no podría extrañar que de nuevo volviera a encontrarse presente el Derecho visigodo en el orden temporal y en la materia citada.

Pero, sin descartar esta posibilidad, conviene prestar atención también, a este respecto, a una frase del fuero de Sahagún de 1152 y de otros de la región posiblemente influidos por éste, así como en alguna adaptación del fuero de León[326]. "Et dominus vocis tornet se ad suam vocem" señala el primero de los citados, y en esta frase parece aludirse a la necesidad de que nadie sea removido injustamente de su derecho, de forma que si alguien sufriera un daño injusto, a consecuencia de un falso testimonio, deberá ser recompensado.

La interpretación del texto citado depende de que la reforma del fuero de Sahagún de 1085 por Alfonso VII fuese o no sustancial en materia de falsedad testimonial. Este fuero sancionaba el falso testimonio con una caloña de sesenta sueldos para el abad más la compensación a la víctima en la cuantía del daño sufrido; el de 1152 mantiene la caloña en la misma cuantía, pero no contiene la referencia expresa a la compensación, si bien cabe la posibilidad de que la frase aludida no suponga una nueva sanción, sustitutiva de la compensación, sino que signifique esta misma aunque los términos de la expresión sean diferentes y confusos. A favor de esta última hipótesis puede citarse el fuero de Santander de 1187, que sigue al de Sahagún de 1152, ampliando la literalidad de algunos de sus preceptos: "dominus vocis tornet ad vocem

[325] A. M. BARRERO, "Los Fueros de Sahagún", pág. 479, señala que la penalidad del falso testimonio es uno de los preceptos del fuero de 1085 que se encuentra también en una sola de las dos redacciones que presentan distintos fueros concordantes, redacción que es precisamente la que no aparece recogida en el apéndice III, pág. 540.

[326] *Fuero de Sahagún*, de 1152; *Fuero de Silos*, *Fuero de Allariz* y *Fuero de Bonoburgo de Caldelas*.

suam, et repetam eam ut habeant suum ius" [327]. Más decisivo resulta aún el sentido del texto concordante del fuero de Puebla de Sanabria: "torne (el responsable del falso testimonio) a aquel contra quien dio el testimonio". La referencia expresa del fuero leonés a la compensación no aparece en el de Puebla de Sanabria, el cual en cambio señala la obligación precedente. Pero es evidente que esta obligación del autor de la falsedad respecto de su víctima sólo puede entenderse en el sentido de una compensación, con lo que la sanción se mantiene y sólo cambiaría el aspecto o expresión literal de la misma; el fuero de Sahagún de 1152 no representaría en este caso una modificación esencial del contenido del de 1085.

Sólo queda por señalar cómo debe entenderse esta compensación. La mayoría de los textos parecen apuntar hacia una compensación de carácter económico[328], aunque en algún caso, como en Sanabria, no es descartable una compensación de tipo personal, que sería servidumbre, posibilidad que no habría de extrañar si tenemos presente que era tenida en cuenta en el Derecho visigodo y que en la época a la que pertenece el citado fuero, bien avanzado ya el siglo XIII, la influencia del Liber, que así lo admitía en la ley 2,4,6, podía resultar evidente.

En cada uno de los grupos de fueros que pueden distinguirse en la región navarro-aragonesa, el régimen de sanciones es diferente. En Estella y San Sebastián se establece la obligación de compensar a la víctima en la totalidad de lo que perdió a consecuencia del falso testimonio, pero junto a esta medida aparece otra cuyo sentido no es fácil de captar y que consiste en la obligación del autor del delito de quedar a merced del señor de la tierra. Por otra parte, la acusación de falsedad no probada o falsa acusación se sanciona con una multa de quinientos sueldos que se reducen a la mitad si tal acusación se prueba

---

[327] No parece que se trate de dos obligaciones distintas, lo que resultaría extraño en la comarca, ya que en todos los demás lugares falta esa duplicidad, sino una misma –la del Fuero de Sahagún de 1152– reforzada.

[328] "Quidquid perdere", en León y Castrocalbón; "que quier que outro por lo suo testimonno perder", en Villavicencio y Villafranca, parecen aludir a una pérdida de tipo material por la cual el falso testigo viene obligado a "reddere integrum" o "entregarlo todo", compensación que se entiende en un sentido económico. Puebla de Sanabria, en cambio, no especifica que el sujeto responsable del delito deba compensar con sus bienes por el valor del daño causado, sino que se limita a ordenar que aquél "torne a aquel contra quien dio el testimonio". ¿Se trata de la entrega de unos bienes o de la entrega de su propia persona?

pero después del plazo señalado, más la compensación de los daños causados[329].

En el Derecho navarro-aragonés más generalizado, el falso testimonio probado es sancionado con un conjunto de medidas punitivas que vamos a examinar. Pero antes recordemos la importancia que en este ordenamiento se atribuye al perjurio que el falso testimonio lleva consigo, por lo que las sanciones contra éste incluyen las que corresponden al perjurio aislado. En efecto, los perjuros son expulsados de la comunidad, medida que se explica en función del deseo de alejar a aquéllos, con lo que se evita una posible venganza divina sobre la comunidad que les hubiese acogido. No siempre es fácil advertir, sin embargo, si tal expulsión es definitiva o temporal; sólo el fuero de Alfambra respondía expresamente a esta cuestión, al señalar que la prohibición de residir en la ciudad los perjuros se entendía sólo en las fechas indicadas, es decir, en las mismas en que se prohibía jurar. Quizás este mismo criterio fuese mantenido en otros lugares. El Código de Huesca añade a la pena señalada la de privación de capacidad testimonial –lo que permite pensar que el perjurio es concebido en función directa del testimonio judicial– y la pérdida de todo oficio del rey o del señor[330]. Ciertamente se trata de una fuente tardía, pero su contenido puede ser mencionado aquí porque ha podido recoger normas que procedieran del período altomedieval.

El falso testimonio es castigado con diferentes penas, entre las cuales figura la de destierro, que recuerda aquella expulsión de la comunidad con que se castigaba al perjuro. Pero junto a ella aparecen otras nuevas medidas que hemos de comentar. Se trata de la decalvación parcial y marcas en la frente, como penas de tipo físico y a la vez infamantes. La primera[331] es de carácter infamante por cuanto supone la exposición

329 Ver nota 293.

330 *Fueros de Aragón*, ed. G. TILANDER, cap. 298: "Itado deue ser de la uilla tot omne contra qui fore prouado que aura iurada falsa iura, e depues nunqua deue ser recebido en testimonio, ni deue tener officio del rey ni de otro sennor". El mismo sentido se refleja en la forma latina, en la edición de P. SAVALL y S. PENEN, *Fueros, Observancias y Actos de Corte del Reino de Aragón*, ed. 1866, I, pág. 325: libro IX Fororum. Jaime I: "Ejici debet de villa omnis qui convictus fuerit periurium incurrisse, nunquam ad testificandum postea admittendus: nec officium Regis, vel alterius domini obtenturus".

331 Ver G. TILANDER, *O uso de rapar a cabeça aos delinquentes e aos loucos*, Stockholm 1959.

del autor de la falsedad a la vergüenza pública y es la forma de prevenir a todos contra el reo, al anunciar públicamente la naturaleza de su delito; es, finalmente, una pena de carácter temporal. La señal o marca en la frente tiene un doble significado: real, cual es el de demostrar perpetuamente –a diferencia de la pena anterior, que por su naturaleza era sólo temporal– la condición de falso testigo; y simbólico, que se manifiesta en la forma de ejecutar la pena, a saber: precisamente con el badajo de una campana puesto previamente al fuego. El motivo de la utilización de este medio es explicado en un pasaje del Derecho territorial aragonés, al decir que "sicut vox campane auditur per diversa loca, ita iniuria et infamia eorum nota sit ubique gentibus"[332].

Mientras esta sanción se difunde, en el propio núcleo de Jaca parece introducirse una modificación, pues en el privilegio de confirmación del fuero de la localidad, en 1187, Alfonso II de Aragón establece un régimen de penas nuevo, consistente en la aplicación de sanciones corporales –cuya naturaleza no se especifica, aunque tal vez pudiera referirse a las de tipo físico ya en vigor y antes comentadas– más la pérdida de todo el patrimonio del responsable, que habría de pasar al rey[333]. Para comprender estas confiscaciones, téngase en cuenta que nos encontramos en un momento de intervención del poder en el Derecho penal. No parece que el nuevo régimen supusiera una derogación del general, ya que la disposición citada sólo tiene en cuenta un supuesto concreto de falsedad testimonial, aquél en que lo que se pretende es precisamente lograr la desheredación injusta de alguien. Quizás esa finalidad, de naturaleza económica, es la que da lugar a que al testigo falso que actúa con esta intención concreta, le sean aplicadas sanciones igualmente de carácter patrimonial, de acuerdo con un cierto carácter talional.

Se dijo anteriormente que no todas las redacciones del fuero de Jaca recogen un mismo derecho; algunas de ellas, cuyo contenido es esencialmente Derecho navarro, presentan un régimen que difiere del común ya expuesto. En ellas la pena, que es posiblemente idéntica en el falso testigo y en el inductor de la falsedad –ambos tienen la misma condición de falsarios–, consiste en la incapacitación como testigo y la obligación de compensar a la víctima por el valor del daño que pudo

---

[332] La frase entrecomillada se encontraba ya en la *Recopilación de los Fueros de Aragón* (Recopilación I), 87. La primera parte del texto puede verse en la nota 307.

[333] Ver igualmente la nota 307.

sufrir o sufrió[334]. Tal como el texto aparece redactado plantea una incógnita, a saber: la compensación a la víctima tiene lugar si el responsable del delito "ha de qué", y esta condición obliga a pensar si, en caso de carecer de bienes o no alcanzar éstos el valor de la compensación, habría de aplicarse supletoriamente otra pena o si, por el contrario, la víctima quedaría sin recibir dicha compensación. Para ofrecer una respuesta debemos interrogarnos antes sobre la razón de que el mismo fuero de Jaca presente en sus distintas redacciones dos fórmulas penales diferentes, aunque quizás fuesen coetáneas. Esta circunstancia se debe, sin duda, a que en cada caso el Derecho recogido en ellas acusa una distinta procedencia: conocemos la del Derecho navarro-aragonés que refleja un fondo común, que consistiría en una vieja costumbre de carácter territorial; no así la de las redacciones C, D y E, pero conviene recordar alguno de los aspectos de la falsedad testimonial que aparecen regulados en ellas, por ejemplo, el falso testimonio por interés, la inducción al falso testimonio y la equiparación penal del inductor y del autor material de la falsedad testimonial, la compensación por el valor del perjuicio, la no exigencia de que el perjuicio sea efectivo para que el falso testigo sea sancionado, la incapacitación como testigo, circunstancias todas, en suma, que coinciden con otras que tiene en cuenta el Derecho visigodo[335].

Esta coincidencia permite pensar en un posible origen visigodo del contenido de aquellas redacciones, lo que se explicaría bien a través de la persistencia de aquel derecho en forma consuetudinaria o bien –y esto sería más probable– a causa de una revitalización del mismo tras las inmigraciones de mozárabes que de alguna forma pudieron influir o incluso participar en dichas redacciones[336].

Tras estas consideraciones es preciso aventurar una respuesta a la cuestión planteada y que motivó el anterior razonamiento. La sanción que establecen las citadas redacciones recuerda la que fijaba el *Liber* 2,4,6, respecto del falso testigo "maior persona" o con medios económicos suficientes para compensar a la víctima, posibilidad que es la única que el fuero de Jaca contempla. La solución a la interrogante que se planteaba, por el mismo procedimiento, puede hallarse supliendo el

[334] Ver nota 307.

[335] *Lex Visigothorum*, 2,4,6, ya comentado en su lugar.

[336] Se trataría de un proceso paralelo al observado con respecto a la falsedad documental, como tratamos en su momento.

silencio de Jaca con la misma ley 2,4,6 del Liber, la cual en su segunda parte establece respecto del responsable de la falsedad que es "minor persona" o carece de bienes una pena supletoria consistente en la servidumbre a favor de la víctima, que tal vez pudiera ser el sistema observado allí donde tales redacciones estuvieron en vigor.

Se ha de decir también que, junto al falso testimonio en sí, la acusación de falsedad que no puede ser probada, es decir, que a su vez es reputada falsa, ha debido ser objeto de sanción especial en la comarca. El Fuero General de Navarra castiga aquella actuación con una pena talional, similar a la que de acuerdo con la acusación hubiera podido sufrir el acusado, y es posible que esta medida no fuese una innovación, sino que respondiera a un criterio tradicional.

Examinemos, por último, un conjunto de fueros independientes del núcleo de Jaca, en los cuales, salvo en el caso del fuero extenso de Viguera, la determinación de si realmente contemplaban un supuesto de falsedad testimonial quedaba pendiente del estudio del régimen de sanciones que en cada caso establecían, que podía arrojar cierta luz sobre el contenido respectivo.

El fuero de Viguera no ofrecía dudas en cuanto a su contenido acerca del delito de falsedad testifical, como tampoco en cuanto al conocimiento del régimen penal aplicable, que consiste en la obligación de compensar todos los daños –materiales o tal vez también morales– causados a la víctima que se querella contra el falso testigo, además de la pérdida de la lengua, sanción esta última que pudiera entenderse en el doble sentido ya apuntado en otro lugar: físico o amputación real de la lengua, y figurado o incapacitación como testigo.

El fuero extenso de la Novenera protegía la administración de justicia con diversas medidas que, aunque dirigidas sin duda contra una actuación falsa ante el juez, no permiten conocer fácilmente si sancionan el falso testimonio probado, la acusación falsa o el perjurio. Contra tal conducta se establece una pena de sesenta sueldos y una obligación, la de jurar en San Esteban, sin precisar si una misma persona ha de soportarlas –falso testigo o perjuro– o si recaerían sobre diferentes sujetos. La obligación de pagar una multa de sesenta sueldos presupone que el falso testimonio, la falsa acusación o el perjurio se han cometido y en tal caso no se entiende cuál es el sentido del juramento; éste, por otra parte, sería de calumnia (del acusador) o purgatorio (del acusado), y si su prestación recae igual que la multa sobre el acusado, debía ser previo y no simultáneo a la sanción, aunque en cualquier caso carecería de objeto. De ahí que parezca más lógico pensar que así como la multa corresponde al falso testigo o al perjuro, quien debe jurar en San Esteban es en cambio el acusador, o acaso los buenos hombres que testimonian contra el acusado, hipótesis que concuerda con la que emite Gibert acerca del sentido que encierra esta práctica del juramento. Pero si la actuación no se ha podido probar, el acusado puede librarse de ella, también mediante juramento, que en este caso tiene lugar en las Ribas, como el texto señala[337].

En el fuero de Marañón se sanciona con una pena de trescientos sueldos al acusado de haber violentado a una mujer, cuando ésta prueba con dos testigos la veracidad de su querella, pero si el acusado manifiesta que los testigos mienten, la pena anterior sería doblada. Surge entonces la necesidad de determinar quién ha de soportar dicha sanción, extremo sobre el cual el texto se muestra sumamente confuso. La posibilidad es triple: o corresponde a los testigos, si se prueba su falsedad, o a la mujer que ha presentado falsos testigos, o al acusado que, habiendo a su vez acusado de falsedad a la querellante y a los testigos, no prueba o es vencido. A juzgar por la pena señalada, nos inclinamos hacia esta última hipótesis, considerando que si la sanción consiste en el doble de los trescientos sueldos es porque el delito supone una doble ofensa del mismo delincuente, es decir, una ofensa a la mujer a quien forzó motivando su querella, y una ofensa a los testigos a quienes acusa de falsedad sin conseguir probar ésta, en tanto que la mujer –o los mismos testigos– habrían podido "respondere ad repto". Aunque ésta, como cualquier otra solución, descansa en una hipótesis, no cabe duda de que el fuero contempla una posibilidad de falso testimonio judicial, si bien no parece que la sanción apuntada se refiera al responsable del falso testimonio.

El examen de la prueba que establece el fuero de Peralta parece, en cambio, alejarnos de un posible supuesto de falsedad testimonial. La pena, consistente en diez sueldos, parece excesivamente leve si con ella se pretende castigar el falso testimonio, sobre todo si tenemos en cuenta que otros fueros de la región señalan para este delito penas siempre más elevadas, y que, aun reconociendo las variantes que sobre este punto podrían ofrecer los distintos lugares –y más aún las diferentes épocas– cabe aceptar una cierta difusión de costumbres que

337 R. GIBERT, "El Derecho medieval de la Novenera", págs. 1216-1217.

significaría una identidad o parecido en el régimen penal. El fuero de Peralta procede del breve de Viguera y la redacción extensa de este último, tan sólo unos años más tarde, ya incluía una pena muy superior contra el falso testimonio, la cual, aunque no figuraba en el fuero breve, no debía ser extraña en la zona. Quizás esta reflexión conduzca a pensar que Peralta no contempla el falso testimonio, sino la calumnia o falsedad no judicial.

Durante este período las sanciones que la Iglesia ha establecido contra el falso testigo han sufrido una notable evolución, como ya se señaló.

Antes del concilio de Coyanza debió mantenerse muy generalizado el régimen de sanciones que databa del concilio de Elvira, que la Hispana reprodujo y el Decretum de Burchardo recogió igualmente. El falso testigo sería, pues, sancionado espiritualmente con pena de excomunión que mediante la penitencia podría ser levantada o aminorada, pero no así en el caso del inductor, a quien se atribuye una mayor responsabilidad, en función de la cual se establece que la excomunión perdure hasta el final de su vida. Sufrirían además, tanto el reo de falso testimonio como el inductor, siendo clérigos, las penas de degradación y pérdida del oficio, así como de la facultad de acusar o testimoniar en el futuro[338].

Donde rigieron los "libri poenitentiales", el reo de falsedad era obligado en líneas generales a hacer penitencia durante un cierto número de años, penitencia que si en general consistía en la exclusión de la comunión, a veces se entendía como abstinencia de vino y carne, o consistía en alimentarse exclusivamente de pan y agua[339]. Cuando el falso testimonio ha sido producido con ánimo de perjudicar a alguien,

[338] El *Decretum* reproduce en el cap. 18 del libro 16 el ya estudiado capítulo 74 del concilio de Elvira. *Id.*, cap. 17: "Ut falsi testes a comuniones nisi poenituerint sint submovendi (Ex concilio Aurelia., capite 5).- Falsos testes a communione ecclesiastica submovendos. Nisi poenitentiae satisfactione crimina admissa diluerint". Respecto de la pena del inductor, Ver supra, el cap. 8 en nota 287. *Id.*, en el cap. 24 señala la pena correspondiente al clérigo reo de falso testimonio: "De clericis in falso testimonio convictis (Ex concilio Epaonensi, capite 76).- Statutum esta, ut si quis Clericus in falso testimonio convistus fuerit, reus capital crimine censeatur, et officii ordine degradetur". En el cap. 4 del mismo libro –Ver nota 288- se recoge la pena complementaria de inhabilitación.

[339] A. DE LA HERA, "«Falsus testis» y «delator»", págs. 374 y ss.

la penitencia oscila entre siete años de duración, cuando el sujeto responsable es un obispo, y dos años, cuando se trata de un clérigo que no ha recibido órdenes mayores, sanción que por último se reduce a un solo año si aquel responsable es laico, aunque en todo caso si el falso testimonio es acompañado de perjurio –lo que sucedería en la mayoría de los casos–, las referidas sanciones se incrementarían en tres años. El valor del perjurio ocasionado parece determinar, por otra parte, en virtud del sistema talional, una pena posiblemente de contenido económico contra el eclesiástico que hubiera incurrido en esta forma de delito[340].

Como ya se indicó, el concilio de Coyanza, lejos de establecer una pena exclusivamente espiritual o en todo caso diferente a la que pudiera fijar el Derecho secular, se limita a remitir al Derecho secular visigodo. Pero la tendencia que la Iglesia mostró a adaptarse a las normas del Derecho secular, no alterada en Coyanza, conocería la reacción en sentido opuesto a partir de Gregorio VII. Desde entonces una nueva regulación del falso testimonio se abriría paso y un nuevo régimen de sanciones sería aplicado. Pero, produciéndose este hecho en el límite entre las épocas altomedieval y bajomedieval y dejándose sentir sus efectos en la esfera secular en esta última época, reservamos su estudio para el capítulo siguiente.

IV. EL DELITO DE FALSEDAD TESTIMONIAL DESDE LA RECEPCION HASTA EL SIGLO XIX

1. Supuestos constitutivos del delito y circunstancias que lo configuran

Conviene destacar desde un principio que la prueba testifical alcanza gran importancia en el nuevo período de la "Recepción", y ello se debe en parte a las peculiares características de la sociedad a partir del siglo XIII, cuando aún no se ha generalizado la institución del notariado, y la consiguiente facilidad de falsificar escrituras hace preferible el testimonio, pero también en parte a la circunstancia de que la Iglesia

[340] *Penitencial de Córdoba*, VI, 83 y 85, en nota 283.

siempre y en todo lugar ha valorado fuertemente el testimonio[341]. Estas circunstancias, unidas a la difusión de las nuevas corrientes romano-canónicas, explican la relevancia del testimonio, así como la adopción de un rígido sistema de sanciones contra la falsedad del mismo.

Las diferentes conductas que constituyen el delito de falsedad testimonial, recogidas y sancionadas en las fuentes normativas, han ocupado la atención de buen número de juristas, sobre todo desde el siglo XVI. Dichas conductas pueden reducirse esencialmente a dos, a saber, toda manifestación contraria a la verdad y el encubrimiento de la misma, lo que hemos dado en llamar falso testimonio positivo y negativo, respectivamente. La primera forma consiste en "decir el testigo su dicho falso", lo cual puede tener lugar, según advierte Antonio de la Peña, tanto si la declaración es hecha en un procedimiento criminal o sumario o en la probanza plenaria, haya habido o no citación previa de las partes[342], siendo igualmente indiferente que se produzca en procedimiento acusatorio o de oficio[343].

El encubrimiento de la verdad, que se entiende hecho con dolo y no por olvido[344], reviste una de estas dos formas, el silencio consciente del hecho que se conoce –que sería la forma más común– y la exposición de manera oscura o con disimulo de la verdad[345]. En este tipo de falsedad se presume que incurre quien, ante circunstancias normales

---

[341] Estas circunstancias han sido puestas de relieve, aunque en relación con un territorio concreto, por J. MARTINEZ GIJON, "La prueba judicial", págs. 17-54, y en especial pág. 28. Ver asimismo SALVIOLI, "Storia della procedura civile e criminale", vol. III de la *Storia del Diritto*, de P. DEL GIUDICE, Milano 1927, pág. 423; J. MALDONADO, "Líneas de influencia canónica", cit., pág. 467.

[342] A. DE LA PEÑA, *Tractado muy provechoso de los juicios, jueces y orden de las penas criminales*, cit., cap. 31: "En qué pena debe ser condenado el testigo falso", págs. 191 y ss.; F. DE LA PRADILLA, *Suma de todas las leyes penales*, cit., cap. 22: "De los testigos falsos", fol. 22 v.

[343] J. VELA Y ACUÑA, *Tractatus de pœnis delictorum*, cit., cap. 37, "De teste falsum deponente", pág. 228; V. VIZCAINO PEREZ, *Compendio del Derecho público y común de España o de las leyes de las Siete Partidas, colocado en orden natural*, Madrid 1784, tomo III, pág. 520.

[344] A. DE LA PEÑA, *Tractado*, pág. 192. Haciéndose eco de la opinión de Azzo, insiste en este punto J. VELA Y ACUÑA, *Tractatus de pœnis*, cap. 37, pág. 227.

[345] A. DE LA PEÑA, *Tractado*, págs. 191-192, donde señala que callar donde se debe hablar y hablar donde se debe callar es pecado, salvo que el silencio de la verdad en persona de reconocida rectitud de conducta se hiciere sin dolo.

y respecto de un hecho acaecido poco tiempo antes de ser requerido su testimonio, alega no recordarlo[346].

Pero en torno a estos dos supuestos básicos se dan diferentes circunstancias que determinan una extensión del concepto de falsedad testimonial. Partiendo, pues, de esta elemental noción del delito, común para casi todas las épocas, se analizarán las circunstancias más destacadas que perfilan la figura punible y los supuestos que quedan englobados bajo su concepto.

Allí donde el procedimiento ha mantenido o ha recibido ahora una influencia romana o canónica, la declaración del testigo reviste la forma, modalidades y características que presentaba en aquellos ordenamientos. Así, el testimonio aparece precedido ahora necesariamente del juramento, y en consecuencia el falso testimonio encierra en sí siempre la noción de perjurio. Tal sucede en los lugares donde aún rige el *Liber* o en aquellos a los que ahora se concede el *Fuero Juzgo* y sobre todo donde se adopta el Derecho común. Así ha debido suceder en Cataluña, pero es en Valencia donde se advierte con más claridad esta situación. Desde Jaime I todo el que ha de declarar en juicio debe prestar juramento. Si son las partes, el juramento sería de "calumnia", ya que el sujeto se compromete a decir y responder verdad y a no mediar en falsas pruebas. Este juramento cabe en causas civiles y criminales y la falsedad en el mismo puede demandarse en cualquier momento antes de la sentencia[347]. Si son los testigos los llamados a declarar, tal declaración ha de versar sobre hechos vistos u oídos personalmente, debiéndose jurar que el testimonio prestado es libre y en él no interviene dinero o promesa, y tampoco miedo, animadversión u otro sentimiento que vicie la voluntad y por tanto la declaración, todo lo cual se manifestará en presencia de las partes y sobre los Evangelios[348].

---

346 I. CAMPEGIUS, *Tractatus de testibus probandis vel reprobandis*, Köln 1575, regla 115, fol. 155 v.

347 *Fori Regni Valentiæ*; 2,17,1: Jaime I.- " lo actor ço es lo demanador jur que deman veritat e que nenguna cosa no facen ne deffenen en tot lo pleyt maliciosament. E que no donen falses proves e que la una part no sostraga ni tolga proues a la altra part E totes les damunt dites coses pusquen esser demandades entro a sentencia diffinitiva".

348 *Fori Regni Valentiæ*, 4,9,17: Jaime I.- "Aquells qui serán treyts en testimoni juren sobre los sancts Euangelis de Deu en presencia del demanador, e daquell qui será demanat, o si la hun daquells sera absent per contumacia juren dir veritat en presencia del altre de ço que hauran vist, e oit. E que noy diran res per diners, ne per

Prueba de la importancia del juramento es que la negativa a prestarlo por parte del actor lleva consigo la pérdida de la acción, y si es por parte del reo equivale a una confesión, con lo que se abre la puerta a la consiguiente condena, pero si la negativa es por parte de ambos, el pleito no prosigue. La falta de juramento prejuzga, por consiguiente, un propósito de no declarar estrictamente la verdad conocida.

Sin embargo, aunque el testimonio es inseparable del juramento previo de decir verdad, a tenor del Derecho romano, no siempre en caso de falso testimonio es el perjurio la razón fundamental del castigo de aquel delito. Donde predomina la influencia romana, el perjurio en sí no es objeto de sanción civil o criminal –tanto si es cometido por una de las partes como por un testigo–, por cuanto siendo un pecado contra Dios se considera que a El corresponde únicamente su sanción[349]. Propiamente es la ofensa a Dios que el perjurio significa, más que el quebranto de esta garantía procesal y la ofensa y daño a la víctima, el conjunto de circunstancias que determinan que el falso testimonio sea sancionado a veces con indudable dureza.

En otras ocasiones, por influencia quizás esencialmente canónica, el perjurio se destaca especialmente como factor determinante o condicionante de la sanción contra el falso testigo, cuyo delito se conceptúa a veces como "pecado público"[350].

---

paor, ne per oy, ne per mala voluntat, ne per promesa quels sia feyta, ne per do, ne per amor, ne per desamor".

349 *Fori Antiqui Valentiæ*, ed. M. DUALDE, Madrid 1967; 62,20: "Probatus vel convictus de perjurio non causa testimoni facto penam aliquam civilem vel criminalem non patitur..." (=*Fori Regni Valentiæ*, 4,9,54. Jaime I).

350 Ver infra el sentido de la ley de 1569 inserta en la Novísima Recopilación de Navarra. Más claramente, en la pragmática de 1500 de los Reyes Católicos, en que se ordena el castigo y ejecución de las leyes contra "amancebados y testigos falsos y los otros pecados públicos" Aunque el paralelismo entre delito y pecado, observado ya en las *Partidas*, se generaliza desde el siglo XVI, hay delitos a los que especialmente se aplica esta consideración por ofender directamente a Dios o, como señalaba el proemio del libro VII de las *Partidas*, son "malos fechos contra los mandamientos de Dios". Entre ellos figuran el perjurio, la blasfemia y el falso testimonio. Ver sobre esta cuestión F. TOMAS Y VALIENTE, *El Derecho penal de la Monarquía absoluta*, especialmente págs. 215 a 223. La distinción entre leyes puramente penales, que sancionan determinadas conductas sin mandar ni prohibir nada, y leyes penales mixtas, que mandan o prohíben ciertos actos, obligando en conciencia a sus transgresores, aun sin que exista sentencia judicial, es doctrina formulada por Alfonso DE CASTRO, *De potestate legis pœnalis libri duo*, Salamanca 1550 (reproducción facsímil, Madrid

En cambio, donde el procedimiento no sigue el modelo romano o romano-canónico, el testimonio puede no ir precedido de juramento, y por ello la valoración de la falsedad testimonial que no encierra perjurio es inferior, como también son menos graves las penas correspondientes, lo que se advierte –aunque nuevas circunstancias podían anular esa disminución del rigor de las sanciones– en algunos de los fueros no romanizados que aún subsisten, aunque en la medida en que éstos desaparecen o se romanizan en posteriores redacciones la obligatoriedad del juramento se generaliza y la solución se aproxima a la que antes veíamos.

Ambas modalidades, la romano-canónica ahora renovada y la tradicional, es decir, el falso testimonio-perjurio y la falsedad simple, se conjugan en Castilla y León a comienzos del reinado de Alfonso X en una obra de transición como el *Fuero Real*, aunque poco después las *Partidas* romperían aquella dualidad para tener en cuenta solamente el procedimiento romano-canónico y, dentro de él, la posibilidad única del falso testimonio judicial que encierra la noción de perjurio[351].

1961), l. I, c. 9, y puede servir de base a la distinción entre delito y delito-pecado propiamente dicho. Ver E. DE HINOJOSA, *Influencia que tuvieron en el Derecho público de su Patria y singularmente en el Derecho penal los filósofos y teólogos españoles anteriores a nuestro siglo*, en *Obras, I. Estudios de investigación*, Madrid 1948, págs. 25-151, y en especial 124. F. TOMAS Y VALIENTE se ocupa detenidamente de esta cuestión en su obra citada, págs. 216 y ss.

[351] El Derecho visigodo regulaba la falsedad testimonial-perjurio, y aunque la ley 2,4,6 de Chindasvinto al sancionar el falso testimonio no indicaba que éste hubiera de ir precedido de juramento, dicha ley era complementada por la 2,4,1 del Liber, también debida al mismo monarca, en la cual se exigía el juramento previo, como ya se expuso en su lugar. La ley 2,4,6 citada pasaría al *Fuero Real* 2,8,13, pero no así la 2,4,1, por lo cual la obra Alfonsina no recoge fielmente la institución visigoda ya que sólo contempla el falso testimonio judicial, al margen de la idea de perjurio. Pero por otra parte el *Fuero Real* recoge también una influencia romano-canónica que, en cuanto al procedimiento, exige que el testimonio en juicio vaya necesariamente precedido de juramento. Esta idea se refleja en la ley 4,12,3 que contempla la posibilidad contraria a la anterior: que el falso testigo haya incurrido además en perjurio. He aquí los nuevos textos citados: *Fuero Real* 2,8,13: "Que pena meresce el que dice falso testimonio o el que corrompiere a otro para ello.- Si algun ome dixere falso testimonio contra otro y despues fuere fallado en la falsedad o el mismo manifestare que la dixo; peche a aquel contra quien dixo la falsedad quanto le fizo perder por ella; e si no hubiere de que lo pechar, sea metido en poder de aquel contra quien dixo la falsedad, e sírvase del fasta que gelo peche y el pleyto en que el testimonió no vala,

La norma del Derecho romano según la cual el que hubiera prestado falso testimonio perjura en primer lugar y en segundo debe ser demandado como falsario, influye en la ley 4,12,3 del *Fuero Real*[352], aunque no por ello este precepto se aparta totalmente de la tradición. En efecto, manteniéndose como objeto punible la doble posibilidad del falso testimonio positivo y del negativo y como reos de la sanción el autor material y el inductor, es con respecto a la pena aplicable donde encontramos que el *Fuero Real* no sigue fielmente el precedente romano. La falsedad simple, no acompañada de juramento, es castigada en el *Fuero Real* con la misma pena que el *Liber* utilizaba contra al falso testimonio jurado, sanción que, de origen romano, había sido modificada en la época visigoda. Es evidente, por ello, que siendo necesario sancionar más gravemente el falso testimonio-perjurio, de acuerdo con la valoración más amplia que éste merece, la sanción correspondiente no podía ser la misma que en el caso anterior. El nuevo régimen punitivo, idéntico para el autor material del falso testimonio y para el inductor, refleja un origen parcialmente romano, siendo también aplicable contra la falsedad simple; sin embargo, la presencia de una sanción adicional, de origen no romano, marcará la diferencia entre el régimen contra el falso testimonio acompañado de perjurio y la simple falsedad no jurada.

Puesto que el procedimiento romano-canónico sólo concebía el testimonio judicial precedido de juramento, se explica que esta modalidad sea la única que recoge el código alfonsino, aunque en la primera redacción de la obra, es decir, en el *Espéculo*[353], aún persisten penas

por decir que es falso testimonio, no debe ser desfecho, fuera si pudiere ser probado por buenas testimonias o por buen escripto; e todo home que corrompiere a otro por ruego, o por alguno que dé, o que prometa por algun engaño, le ficiere decir falso testimonio, el que lo corrompió y el que dixo la falsedad, haya la pena de los falsos": *Id.*, 4,12,3: "Todo home que dixere falso testimonio después que jurare o callare la verdad que supiere, e que fuere demandado, y él dixere después que negó la verdad, o que dixo falsedad e fuere probado, peche la demanda a aquel que la perdió por él, e nunca más vala su testimonio, e quítenle los dientes, y esta misma pena haya aquel que aduxiere las testimonias para decir falsedad, y ellos si la dixeren". La concordancia de esta ley con el precepto 279 del *Fuero de Soria* ha sido advertida por G. MARTINEZ DIEZ, "El Fuero Real y el Fuero de Soria", en *A.H.D.E.*, XXXIX, 1969, págs. 545-562, y en especial pág. 555.

352 *Cod. Justiniano*, 4,20,3.

353 Sobre la relación del *Espéculo* con las *Partidas*. Ver A. GARCIA-GALLO, "El «Libro de las Leyes» de Alfonso el Sabio. Del Espéculo a las Partidas", en *A.H.D.E.*,

del Derecho tradicional, así como otras de carácter talional, contenido que no ha debido sufrir alteraciones esenciales en la segunda redacción[354].

La idea de perjurio, unida indefectiblemente a todo falso testimonio, ha pasado también al Derecho vasco y al navarro de la Edad Moderna[355].

Para facilitar el concepto de falsedad testimonial, hemos de plantearnos diferentes cuestiones. En primer lugar podemos preguntarnos si participa de las características del delito de declaración falsa de un testigo cuando su testimonio es después anulado o no llega a producir perjuicio ajeno. Siguiendo posiblemente la doctrina de que el falso testimonio se consuma en la propia declaración, con independencia del efecto que ésta hubiera de producir, la doctrina parece inclinarse hacia una respuesta afirmativa. A pesar de que las *Partidas*, de acuerdo con el precedente romano-canónico, declaran que un solo testigo no prueba[356], lo que llevaría a pensar que la falsedad de un solo testigo no sería sancionable mientras no se reforzara con otro testimonio concordante que determinara el efecto contra la víctima, la solución adoptada ha

XXI, 1951, págs. 345-528. El texto aludido del *Espéculo* es el 5,11,30, cuyo tenor es el siguiente: "Mentira jurando alguno en pleito, dandol su conmtendor la jura, o el judgador, nol podemos poner otra pena sinon aquella que Dios le quisiere poner. Ca pues que su contendor le dio la jura, o el judgador, diziendol que serien pagados por lo que él jurase, nol pueden despues poner otra pena. Mas si alguno fuere aducho por testigo e despues que oviere jurado le podieren probar que firmó mentira, debe pechar a aquel contra quien firmó todo quanto perdió por su testimonio, e demás devenle fazer senal en la cara, en logar que lo non pueda encobrir, con un fierro caliente, que sea fecho en la manera que dize en el titulo de las penas. E si por su testimonio fuere alguno muerto o lisiado, que recibe él mismo otra tal pena. E aun dezimos otra razón, que si alguno jurara a otro, ol feziere pleito e omenaje, en que non ponga pena sobre sí de traycion o de aleve o de aver que sea mueble o rayz, mas para conferirle alguna cosa, que aya puesto con él, que tal como este si lo fallesciere, es por ende perjuro, e a por pena que debe ser dado por malo e non ser creydo en ningun testimonio, nin ser par de otro. Mas si pussiere pena sobre si de aver, develo pechar, e si de traycion o de aleve, debe aver aquella pena misma, e esto demás de la pena del perjuro".

354 A. GARCIA-GALLO, "El «Libro de las Leyes» de Alfonso el Sabio", cit.

355 Ver más adelante, en notas 378, 379 y 438.

356 *Partidas*, 3,16,32: "Quantos testigos ha menester para probar en cada pleyto.- Mas por un testigo dezimos que ningun pleyto non se puede probar, quanto quier que sea ome bueno e honrrado, como quiere que faria gran presumpcion al fecho sobre que testiguase". El Código sigue aquí fielmente el precedente romano.

debido ser, sin embargo, diferente. La doctrina del XIV posiblemente haya enfocado el problema de la misma forma que lo hiciera en el XVI, aunque en esta época se prescinde del problema de la concurrencia, necesaria o no, de varios testigos. La ley 83 de Toro señalaba claramente que al testigo falso le sería aplicable la pena correspondiente aunque la víctima no hubiera llegado a sufrir daño[357]. Gregorio López, siguiendo a Baldo, señala que para que haya delito punible basta la declaración falsa, que ya, independientemente de sus efectos sobre la víctima, es ofensa al juez y a las buenas costumbres[358].

En el mismo sentido, Antonio de la Peña y Cortiada adoptan una solución afirmativa, aunque advierten que, si bien la conducta sería castigada siempre como falsedad testimonial, la pena aplicable debía ser diferente, criterio que había establecido la Audiencia de Cataluña al decidir que en tales casos, aunque el testigo delinque, las penas aplicables debían ser más moderadas[359].

---

[357] *Leyes de Toro*, 83: "Quando se provare que algun testigo depuso falsamente contra alguna persona o personas en alguna causa criminal, en la qual si no se averiguase su dicho ser falso, aquel o aquellos contra quien depuso merescia pena de muerte, o otra pena corporal, que al testigo averiguándose como fue falso, le sea dada la misma pena en su persona y bienes como se le deviera dal aquel o aquellos contra quien depuso seyendo su dicho verdadero, caso que en aquellos contra quien depuso no se execute la tal pena pues por él no quedó de dársela. Lo cual mandamos que se guarde y execute en todos los delictos de qualquier calidad que sean: en las otras causas criminales y civiles mandamos que contra los testigos que depusieren falsamente se guarden y executen las leyes de nuestros Reynos, que sobre ello disponen".

[358] Gregorio LOPEZ, en su glosa "pena de falso" a *Partidas* 3,11,26, se pregunta: "Et quid si testis falsus non sit utilis producenti, nec adversario nocens?", para responder sin vacilación: "Baldus dicit quod adhuc punitur, quia delinquit contra bonos mores, et aures iudicis offendit", criterio que corrobora a continuación: "Et quid si dictum testis sit in se nullum? Baldus tenet quod similiter punitur, quia fecit quantum in se fuit". Sin embargo, este razonamiento pierde su fuerza para el glosador de las *Partidas* cuando se encuentra ante un supuesto en que se hubiera de aplicar la pena capital, y así en la glosa "Esse misma pena meresce" a *Partidas* 3,6,15, advierte que sólo se castigará al falso testigo con pena de muerte cuando el ofendido la hubiera sufrido o hubiera estado al borde de sufrirla por causa de aquel testimonio.

[359] A. DE LA PEÑA, *Tractado*, pág. 193; CORTIADA, *Decisiones*, I, decis. 88, núm. 55. El mismo sentido refleja la práctica de la Audiencia: CALDERÓ, *Sacri regii criminalis consilii Cathaloniae*, Venetiis 1724, decis. 19, núms.. 14,15 y 18 (ver referencia en DOU Y BASSOLS, *Instituciones del Derecho público general*, cit. vol. VII, págs. 413 y ss.

Es distinta la interpretación de Francisco de la Pradilla, quien, siguiendo a Speculator, Juan Andrés y otros jurisconsultos, afirma que si la falsedad se ha producido sin perjuicio de terceros y sin daño de nadie, cuando se comete sin dolo y en cosas no sustanciales, aquélla no merece sanción de ningún tipo[360], pero ante tales circunstancias habría que dudar si realmente estaríamos en presencia de un delito: la ausencia de sanción no se justificaría por el hecho de no existir daño ajeno, sino porque al faltar toda presencia de dolo, no habría en realidad delito de falsedad.

No obstante estas disposiciones, el problema de si bastaría la sola declaración de un testigo para que su falsedad fuera castigada vuelve a ser replanteado tardíamente por Pacheco, quien concluye afirmando que sólo ante la concurrencia de testimonios falsos sería justo sancionar a cada uno de los sujetos que hubieran cometido delito[361]. Sin embargo, su opinión tal vez no tenga un sentido genérico, ya que contempla un supuesto concreto extremo, el de la posibilidad de que el falso testigo hubiera de ser castigado con pena de muerte.

Otra cuestión es la que se plantea cuando la declaración de un testigo es en parte falsa y en parte verdadera. Interesa saber si en tal caso el testimonio parcial verdadero es tenido por válido y si el testigo es sólo sancionado en función de aquella parte en que mintió. Entre los autores, Antonio de la Peña y Campegius se han planteado también esta cuestión, a la que responden señalando que en tal caso el conjunto de la declaración del testigo es tenido como falso, con sus necesarias consecuencias. Desde el momento en que el testigo ha mentido conscientemente en algo no es digno de crédito y por consiguiente todo su testimonio resulta afectado por igual. Sin embargo, esta solución drástica encuentra un paliativo al estimarse que este criterio sólo es aplicable cuando la falsedad del testigo recae sobre una parte esencial, no accesoria del hecho o acontecimiento objeto de la declaración[362].

Veamos ahora qué sucede cuando existe discordancia entre las declaraciones de los diferentes testigos que presenta una de las partes. Ante la imposibilidad de averiguar quiénes falsean la verdad y quiénes

---

[360] F. DE LA PRADILLA, *Suma de todas las leyes penales*, I, cap. 22. Fol. 17.

[361] J. F. PACHECO, *Comentario básico, crítico y jurídico a las leyes de Toro*, Madrid 1876, II, pág. 474, núms. 9 y 10.

[362] A. DE LA PEÑA, *Tractado*, pág. 194; CAMPEGIUS, *Tractatus de testibus*, fols. 87-88.

declaran rectamente, ¿serían consideradas como falsas todas las declaraciones? De acuerdo con la opinión de Campegius y Vizcaíno, el juez debe seguir a quienes parecen decir las cosas más verosímiles y son de mejor fama, lo que presupone recurrir a una discriminación según la calidad de las personas y de sus respectivas declaraciones, en vez de mantener un criterio cuantitativo. Pero si las respectivas declaraciones no son ya simplemente discordantes o someramente diferentes, sino de todo punto contrarias, piensa Vizcaíno que ninguno de los testigos debe ser creído, extendiéndose a sus testimonios en general el concepto de falsedad[363].

Donde la influencia romana ha permanecido viva a través del Derecho visigodo o donde ha penetrado el Derecho justinianeo, las motivaciones del delito lo condicionan. Al lado de la problemática que plantea el supuesto del falso testigo, autor material del delito, conviene tener en cuenta que aquél suele actuar generalmente en interés de una de las partes o de un tercero; en otras palabras, junto a él puede haber un autor motor o inductor de la falsedad, que puede coincidir con una de las partes o ser un tercero. En efecto, respondiendo a una preocupación por sancionar todo tipo de actividad delictiva conexa con la falsedad testimonial, se ha contemplado en Castilla y se ha extendido a los territorios vascos el castigo de la conducta de quien por amistad, enemistad o interés económico participa en el delito, o de quien es inductor de la falsedad, respecto del cual es aplicable el mismo régimen penal que al testigo falso[364]. En Cataluña, aunque expresamente sólo se destaque esta posibilidad en Tortosa, ha debido igualmente tenerse en cuenta el falso testimonio prestado por dinero o por otra razón, a tenor del criterio doblemente marcado por los *Usatges* y por el resto

363 CAMPEGIUS, *Tractatus de testibus*, fol. 330; V. VIZCAINO PEREZ, *Compendio del Derecho público y común de España*, tomo III, pág. 250.

364 *Partidas*, 3,16,8: "Quales son aquellos que non pueden ser testigos contra otri.- ... Otrosi non puede ser testigo ome contra quien fuesse prouado que dixera falso testimonio ... nin otrosi aquel que dexasse de decir verdad en su testimonio por precio que ouiesse recebido"; *Id.*, 7,7,1: " Esso mismo (la falsedad) faze el que da precio a otro, por que non diga su testimonio en algun pleyto, de lo que sabe. Otrosi lo faze el que recibe e non quiere decir su testimonio por ende; ca también el que lo da como el que lo recibe, ambos fazen falsedad Otrosi dezimos que qualquier ome que muestra maliciosamente a los testigos en qué manera digan el testimonio con intención de lo corromper, porque encubran la verdad, o que la nieguen, que faze falsedad".

de disposiciones vigentes de Derecho romano[365]. También en Valencia Jaime I había previsto una forma de falso testimonio con intervención de otra persona, el falso testimonio por dinero, al que equipara la venalidad en el testimonio. Se castiga la compra del silencio del testigo para evitar que su declaración pudiera volverse contra el sobornador, aunque dicho silencio podría perjudicar indirectamente a la otra parte. En cambio, no se había previsto la compra de una declaración positiva para perjudicar a la parte inocente –salvo que se interprete en este sentido lo que parece venalidad-[366].

Algún autor, como Azevedo, ha entendido, a propósito de la actuación delictiva del inductor o sobornador, que la conducta del testigo puede revestir dos formas diversas. En primer lugar se plantea la posibilidad del soborno de un testigo mediante la entrega de bienes o dinero o mediante la promesa de precio para que en contraprestación aquél ofrezca una versión distinta de la que realmente conoce, y de acuerdo con el interés del sobornador. No cabe duda de que, si el falso testimonio puede tener un aspecto positivo o negativo, el soborno

---

365 *Código de las Costums de Tortosa*, 4,11 De testibus, cost. 23: "Si algu per diners o per qualque altra rao fa fals testimoni, et aço leyalment li será prouat, lo seu testimoni nuyla valor no ha"; 4,11,24: Si algu será prouat que aja feyt fals testimoni a demanda de la part contra qu'il aura feyt, deu esser punit e comdempnat a la part com leyalment li sia prouat en aytant com la part ha perdut per aquel fals testimoni, et roman infamis, et james no deu ne pot esser reebut en testimoni que faça no val, et deu esser punit segons Dret; et si jura a señor, si a negu será prouat de perjuri, non cau en pena"; *Digesto*, 48,10,1,2. Marciano.

366 *Fori Regni Valentiæ*, 4,9,54: Jaime I.- "Aquell qui haura preses diners o hauer daltres, perço qui faça testimoni en lo seu pleyt, perda aytant quant haura reebut e altre tant. E aquell qui aquell hauer li haura donat perda aytant de mes del seu com a aquell haura donat. E aquell qui haura pres hauer daltre, perço que no face testimoni contra ell que pach aquell hauer en doble, e james no tinga offici de vila ne pusque esser reebut per testimoni, e que fafface lo dan a aquell qui pres lo haura. E aquell qui aquell hauer li haura dat perda atrestant com donat li haura daltra part e tot sia del señor Rey. Aquest fur mellora e romença lo señor Rey". Al recoger este precepto TARAZONA, *Institucions dels Furs y Privilegis del Regne de Valencia*, Valencia 1580, 3,22, pág. 329, añadirá que, de acuerdo con el Derecho romano, hay un caso en que no sólo no es sancionable, sino que es obligatorio, dar dinero a los testigos, lo que tiene lugar cuando éstos para prestar juramento han de desplazarse de una población a otra, lo cual originaría unos gastos que deben ser compensados por aquel que reclama dichos testimonios: "Qui portara testimonis de una vila a altra, donels para la despesa fins que tornen a sa casa".

puede entenderse también como la entrega y aceptación de precio para silenciar el hecho conocido.

Pero de otra parte, el autor citado matiza el supuesto precedente al sancionar la presentación en juicio de un testigo no verdadero. A diferencia del primer caso, en que el testigo en juicio fue verdaderamente testigo del hecho sobre el que debe declarar, en el segundo el deponente no conoció el hecho, al menos en la forma y circunstancias exigidas, y aunque su declaración objetivamente pudiera coincidir con la realidad que no conoce, subjetivamente hay falsedad[367].

En conexión con estos supuestos, el mismo autor se ocupa también de las consecuencias que derivan, desde el punto de vista penal, de la utilización de la declaración del testigo falso en provecho propio por otra persona. Siendo ésta la finalidad lógica del soborno o de la presentación del testigo falso, carecería de interés insistir en esta posibilidad. Parece, pues, que el supuesto al que se refiere el autor es el de que, habiéndose producido un falso testimonio del que se hubiera derivado un beneficio para una tercera persona ajena a esta conducta dolosa, persona que por consiguiente sería distinta de la del posible inductor, al conocer a, posteriori el delito, en vez de rehusar el beneficio que sobre él pudiera recaer, se aprovecha conscientemente de la situación[368].

Como resumen de esta breve exposición, debemos señalar que lo que las nuevas corrientes jurídicas han conseguido fundamentalmente ha sido despertar el interés del legislador por cualquier tipo de conducta contraria a la pureza del procedimiento judicial. Por ello se llega a establecer que el delito, cometido en cualquiera de sus modalidades, puede perseguirse a instancia de parte pero también de oficio, lo que pone de manifiesto el interés público que rodea a esta conducta dolosa y permite pensar que el delito comienza tal vez a considerarse como dirigido contra la administración de justicia[369]. Ese mismo interés se

---

[367] AZEVEDO, *Commentaria iuris civilis*, coment. a Recop. 8,17,4, pág. 340, núm. 14; F. DE LA PRADILLA, *Suma de las leyes penales*, I, cap. 22, fol.16 v.

[368] AZEVEDO, *Commentaria iuris civilis, ibidem.*

[369] *Partidas*, 3,16,42: "Qué pena merecen los testigos que a sabiendas dan falso testimonio contra otro.- Pena muy grande merecen los testigos que a sabiendas dan falso testimonio contra otro, o que encubren la verdad, por malquerencia que han contra algunos; e porque los fechos que los omes testiguan non son todos yguales, por ende non podemos establecer ygual pena contra ellos. Mas otorgamos por esta ley lleno poderío a todos los judgadores que han poder de fazer justicia Otrosi dezimos,

pone de manifiesto al adoptarse un procedimiento para averiguar la verdad en juicio, lo que sucede cuando a causa de las contradicciones observadas en la declaración de un mismo testigo, se sospecha que ésta pudiera ser falsa, y en este caso el juez es autorizado a someterle a tormento, si bien esta medida no es aplicable en todo caso, sino sólo cuando el supuesto testigo falso es hombre vil[370].

En consonancia con este interés en perseguir toda forma de falsedad testimonial, las fuentes suelen sancionar el falso testimonio positivo y el silencio o encubrimiento de la verdad conocida, como antes se apuntó[371], o tienen en cuenta, junto a la declaración falsa en juicio, en términos generales, la divergencia entre el contenido de distintas declaraciones de un mismo testigo y la discrepancia entre los testimonios de diversos testigos que determina la responsabilidad de todos ellos mientras no se aclare si todos o sólo uno miente[372].

Las diferentes formas que reviste el delito de falsedad testimonial en cada momento y lugar, o las circunstancias que en él concurren, no se traducen en una diversidad de consecuencias penales. Su exposición no ha pretendido hasta ahora más que aportar datos que permitan configurar el concepto o ámbito del delito. En cambio, en la Baja Edad Media, en algún caso, o tardíamente en la Moderna, como es más frecuente, el ordenamiento jurídico general de cada reino introduce una circunstancia discriminatoria en orden al régimen de penas aplicable contra el responsable del delito: se trata de la naturaleza civil o criminal del juicio en cuyo transcurso se ha producido la falsedad.

La razón de que este fenómeno se conozca sucesivamente en todas las regiones –aunque no se traduzca en unas consecuencias siempre

---

que si ellos pudieren saber que los testigos que fueren aduchos ante ellos dixeren o dizen falso testimonio, o que encubren a sabiendas la verdad, que maguer otro non los acusasse sobre esto, que los juezes de su officio los pueden escarmentar, e darles pena, segund entendieren que merecen; catando todavía qual es el yerro que fizieron en testiguando, e el fecho sobre que testiguaron".

370 *Partidas*, 3,16,42: " Otorgamos por esta ley lleno poderío a todos los judgadores que han poder de fazer justicia, que quando entendieren que los testigos que aducen ante ellos van desvariando sus palabras o cambiándolas, si fueren viles omes aquellos que esto fizieren, que los puedan tormentar, de guisa que puedan sacar la verdad dellos".

371 *Partidas*, 7,7,1: " E aun la faze (la falsedad) el que es llamado por testigo en algun pleyto, su dixere falso testimonio, o negare la verdad, sabiéndola".

372 *Digesto*, 48,10,27, proem. y 48,10,27,1. Modestino.

uniformes– es fácil de comprender. Pudiera pensarse en principio que a este punto de evolución se llega merced a la influencia del Derecho romano. En este ordenamiento se distinguía claramente entre causas criminales y juicios civiles, aunque no se preveía en concreto la diversificación de consecuencias penales respecto del falso testimonio producido en cada caso, lo que hubiera servido de modelo o se hubiera aplicado directamente en los respectivos ordenamientos jurídicos. Pero no es precisamente en las regiones donde la influencia o recepción romana es más temprana o intensa donde primero se observa este fenómeno, lo que permite dudar que sea esta vía la utilizada para producir la citada difusión.

En cambio, el derecho canónico había recogido en el Decretum de Graciano este sistema discriminador en cuanto a las sanciones aplicables a eclesiásticos, pero también a laicos, que cometían perjurio –que en este caso suponía falso testimonio– en un proceso civil o criminal[373]. Sin duda, la difusión y aceptación de este principio del Derecho canónico encontraría un terreno más propicio que el Derecho romano en algunos reinos. En todo caso la adopción de este criterio se vería favorecida por un proceso natural e inevitable de desarrollo y madurez del procedimiento judicial y del Derecho penal en cada territorio.

El distinto tratamiento penal que el falso testimonio cometido en uno y otro tipo de causas recibe, se explica en función de las también diversas consecuencias que en cada caso pueden derivase del delito, consecuencias que revestirían un mayor grado de peligrosidad para la víctima en un proceso criminal que en un juicio civil, por lo que siendo mayor la gravedad del falso testimonio cometido en aquél, se hace aconsejable reprimirlo con un régimen de sanciones diferente.

Por otra parte, como supuestos diferentes, y determinantes de consecuencias también diversas –especialmente en orden a las sanciones que pudieran recaer sobre la víctima de la falsedad– debe ser considerado el hecho de que el testigo sea presentado en juicio por una u otra de las partes litigantes, ya que según a quien el testigo apoye con su actuación fraudulenta, tal conducta podría contribuir o determinar

[373] La suspensión por tres años, si se trataba de un proceso civil, y la degradación, si de un proceso criminal, es pena que recoge Graciano en *Decretum*, part. II, c.V, q.VI, c.3, donde reproduce la Novela 123,20 de Justiniano. Se completa la sanción, en la forma señalada, en las siguientes disposiciones canónicas: c.VI, q.I, c.18; c.XXII, q.I, c.17,1; c.XXII, q.I, c.7; *Decretales*, II,1,10; II,24,c.9; II,24,c.10; II,20, c.54.

la condena de un inocente o la absolución o aminoración de la pena correspondiente a un culpable. Esta diversidad de supuestos es tenida en cuenta en el derecho aragonés en la ley de 1564 aprobada en las Cortes de Monzón[374].

Si el testigo depone en causa criminal de parte del actor, se presume que su declaración tiende a favorecer a éste, ya que en caso contrario su testimonio no hubiese sido reclamado por el mismo, y si la declaración es falsa hay que suponer que es así porque, diciendo la verdad, el actor no hubiera podido ser favorecido. Y como en todo juicio o controversia entre dos partes el beneficio de una de ellas supone perjuicio para la otra, la conducta delictiva del testigo significa aquí la condena del reo inocente –hay que pensar que si sólo es condenado en virtud de una falsedad es porque en realidad el testimonio auténtico habría sido favorable a él, si era inocente– o la agravación de la pena que en otro caso hubiera debido soportar. Según el mismo planteamiento, en relación con el supuesto de que el testigo deponga de parte del reo, hay que concluir que si para favorecer a éste, quien le ha llamado, el testigo ha de mentir, es porque, de decir verdad, el reo habría sido condenado, es decir, que el reo es realmente culpable y por ello el testigo con su falsedad pretende salvarle o conseguir para él una pena inferior, aunque indirectamente con su actuación pudiera perjudicar a otra persona –la otra parte o un extraño– tal vez inocente, al trasladar sobre ella la responsabilidad que no ha soportado el verdadero culpable[375].

Aunque en ambos casos la conducta del falso testigo sea esencialmente la misma, la valoración respectiva es diferente. Si por un falso testimonio el culpable es absuelto, siempre cabe que, tras el descubrimiento de la falsedad, el culpable vuelva a ser juzgado y castigado. Quizás pudiera producirse una dilación en la aplicación de la pena justa y unos gastos procesales o perjuicios económicos a la parte contraria. Quizás también en algún caso la absolución del culpable pudiera determinar un desplazamiento de la responsabilidad y de la consiguiente sanción sobre el inocente, aunque este supuesto no siempre sería viable, ya que normalmente si el actor no prueba o su prueba es rebatida –en este

[374] Ver el texto infra, en nota 441.

[375] En cualquier caso, el testigo comete el delito de falsedad tanto si oculta la verdad como si miente. Aunque la ley no lo indique expresamente, así lo interpreta, siguiendo a COVARRUBIAS y otros autores, D. FRANCO, *Fueros y Observancias de Aragón*, I, pág. 540.

caso mediante un testimonio falso no descubierto a tiempo– decaería en su derecho pero no se volvería contra él la sanción buscada contra el reo. En cambio, si por el falso testimonio el inocente es condenado y la pena pudiera llegar a ejecutarse –aunque a posteriori se descubra la falsedad y también el falso testigo sufra la sanción correspondiente–, el daño producido al inocente podría ser irreparable, e incluso si tal sanción no llega a ejecutarse, el riesgo que haya corrido el inocente siempre sería más grave que el que lleva consigo la primera citación.

2. El régimen de sanciones en los sistemas de fuentes de los diferentes territorios

En el estudio del régimen de penas aplicable contra los responsables del delito de falsedad testimonial encontramos una diversidad de soluciones que aconsejan una exposición individualizada por territorios. En cada uno de ellos se aprecia la coexistencia de las nuevas medidas y de otras ancladas en una tradición más o menos generalizada. Pero incluso cuando unas mismas influencias han hecho surgir un criterio común en orden al establecimiento de la pena, cada territorio lo ha entendido o desarrollado de una manera particular. Veamos, por consiguiente, cuáles son esas soluciones y la evolución que en cada caso ha seguido el régimen penal de la falsedad testimonial.

a. El régimen de sanciones en el derecho de Castilla

Antes de señalar el sistema de penas que se aplica en Castilla y se extiende a otros territorios a los que llega en general su Derecho, recordemos que los Derechos locales que se ocupaban de la institución han debido permanecer en vigor, al menos teóricamente, hasta épocas avanzadas, si bien las *Partidas* se encontraban en una línea expansiva tendente a desplazar a aquéllos aplicando en su lugar el derecho real, marcadamente influido por las corrientes romano-canónicas[376]. Hasta

[376] No parece que el falso testimonio hubiera gozado de la consideración de "caso de Corte" o "pleito del Rey" en las Cortes celebradas en Zamora en 1274, por lo que como "pleito forero" seguiría siendo regulado por los fueros locales. Cfr. *Cortes de los antiguos reinos de León y Castilla*, ed. R.A.H., I, Madrid 1861, pág. 94. Puesto que

1348 se ha mantenido vigente en algunos lugares el sistema visigótico, ya que el *Liber* ha debido regir, a veces como fuero local, hasta épocas tardías; su versión romance del *Fuero Juzgo* no ha supuesto una alteración sustancial del régimen de la falsedad testimonial, y el *Fuero Real*, aunque acuse otras influencias, mantiene una continuidad con aquellas fuentes y con parte del Derecho tradicional.

Ya se dijo que en el *Fuero Real* la falsedad simple, no acompañada de juramento, era sancionada con la misma pena que el *Liber* establecía contra el falso testimonio jurado, en tanto que el falso testimonio-perjurio recibía una pena mayor, ya que junto a las penas de compensación talional de contenido económico y de incapacitación testifical, comunes al primer supuesto, añade una nueva que es la que marca la diferencia con éste: se trata de una pena de carácter físico o corporal y de procedencia no fácil de determinar, consistente en la amputación o extracción de dientes. Ciertamente no es ésta una medida punitiva de origen romano, y quizás se remonte a un Derecho tradicional popular, a una práctica que algunos fueros locales, no siempre conexos o de una misma región, recogen[377].

Esta misma pena corporal establecida en el *Fuero Real* volveremos a encontrarla en épocas posteriores en tierras vascongadas. Aunque no exclusiva de la Extremadura castellana, es muy posible que dicha pena

en las Ordenanzas de Valladolid de 1258 y en *Partidas* 3,35 se reserva al monarca el conocimiento de los casos de falsedad de moneda, sello o documento regios, sería interesante ver si algún otro tipo de falsedad podría incluirse como "caso de Corte", por ejemplo la falsedad de testigos ante el tribunal del Rey. Acaso este u otro supuesto podría englobarse bajo los términos "traición y aleve" en las Cortes de Zamora. A. IGLESIA FERREIROS, en "Las Cortes de Zamora de 1274 y los Casos de Corte", en *A.H.D.E.*, XLI, 1971, págs. 945-971, aunque parece intentarlo, no llega a fijar el alcance que allí tienen esos términos. El calificativo de "alevoso" que recibe en algún fuero, como en el de Coria, quien testimonia o jura en falso, tal vez no sea suficiente para considerar el delito como de "aleve". Ver J. GARCIA GONZALEZ, "Traición y alevosía en la Alta Edad Media", en *A.H.D.E.*, XXXII, 1962, págs. 323-345, y en especial 335.

377 La pena de amputación de dientes la hemos encontrado en uno de los fueros portugueses de la región del Coa, el de Alfaiates, en relación con un supuesto de falso testimonio. También en los fueros de Castrojeriz y Uclés, con respecto al mismo delito. Se trataba siempre de una sanción extraña sin correspondencia con otros fueros de las respectivas regiones. Aunque es posible que de alguno de estos textos recibieran influencia los redactores del Fuero Real, parece más lógico pensar que debía tratarse de una medida punitiva de indudables reminiscencias primitivas y difusa en el pueblo, de donde la recogieron unas y otras fuentes.

se reciba en el territorio vasco por influencia castellana. Aparece así en los fueros de Vizcaya, Guipúzcoa, Avellaneda y Fuero Viejo de las Encartaciones[378]. También se encuentra en la modificación del Fuero de

[378] En Vizcaya, en Guipúzcoa y en la comarca de las Encartaciones se ha sancionado el falso testimonio cometido bajo diversas formas. Existe un indudable fondo común en los diferentes ordenamientos y la pena aludida se repite en ellos. Pero para apreciar el enfoque que en cada texto se da a la institución, se transcriben a continuación los preceptos que la contemplan: *Cuaderno de la Hermandad de Vizcaya de 1393*, ed. J. GALINDEZ SUAREZ, *La legislación penal de Vizcaya*, Bilbao 1934, disponía: Título 32: "De el falso testigo cómo debe ser quitado.- Item qualquier testigo que fuera traido para decir verdad en pesquisa o en otra verdad qualquiera que sea, e fuere fallado, non embargante que juró decir verdad, que la encobrió e non dixo lo que sabía, que por este encobrimiento que así fizo e non decía lo que sabía o decía mentira en decir más de aquello que sabía verdad, que le quiten los dientes sacándole de la boca en pública plaza de cinco dientes uno"; Tít. 33: "Qué pena ha el que presenta e aduce testimonio falso.- Item porque en Vizcaya los homes corrompen los testigos asi amenazándoles que no digan verdad de lo que saben como otros dándoles precio para que no digan la verdad, por ende qualquier que fuere fallado que este atal face, que haya esa misma pena que ha el otro que dice falsedad e encubre la verdad, pues que este atal que induce al testigo que diga lo que non debe decir o encubrir la verdad de lo que sabe". El título 32 se reproduce en *Fuero de Avellaneda*, 33, ed. F. DE LA QUADRA SALCEDO, *Fuero de las M. N. y L. Encartaciones*, Bilbao 1916. El tít. 33 pasa al *Fuero de Vizcaya*, 8,2, ed. *Fueros, Privilegios, Franquezas y Libertades del M. N. y M. L. Señorío de Vizcaya*, Bilbao 1865; *Fuero de Guipúzcoa*, ed. SORALUCE, Madrid 1866; I, tit. 33 De los testigos falsos, cap. 1. De la pena del testigo falso (Enrique III en Avila a 23 de marzo de 1397; Juan II en Arévalo a 23 de abril de 1453); Cuaderno de Ordenanzas, ley 53: "Siendo detestable el perjurio, no solo ante los hombres, sino también ante Dios nuestro Señor, en cuya grave ofensa viene a ser el jurar en vano o con mentira y falsedad y en perjuyzio notable de la Justicia, con daño de los que la solicitan con verdad, es muy justo se procure por la provincia, no sólo la corrección, mas también el castigo de los que se abandonan a testificar falsamente en las causas de Justicia; y para que esto pueda conseguirse y executarse, conforma a fuero, uso y costumbre de la Provincia, ordenamos y mandamos que qualquier testigo que fuere traido para decir la verdat en pesquisa o en otra manera qualquier que sea, delante del Alcalde de la Hermandad, e en los maleficios que son de judgar, segund curso de Hermandat, e fuere fallado (non embargante que juró decir verdat) que la encubrió, e non dijo lo que sabía, e dijo mentira, en decir más de lo que sabía que por este encubrimiento que assí fizo e non decir lo que sabía, o decir mentira, o decir más de aquello que sabía por verdat, que el tal Alcalde de la Hermandat, que le mande quintar los dientes, sacándole de la boca, en pública plaza, de cinco dientes uno". El capítulo siguiente del mismo título extiende esta misma sanción al inductor o sobornador del testigo. El *Fuero Viejo de las Encartaciones*, ed. F. DE LA QUADRA, cit., reproduce así el precepto I, XL:

Ayala, de mediados del siglo XV. En esta fuente tardía el concepto del delito, la terminología, los términos del proceso parecen aproximarse a las soluciones de la Recepción; el origen de la pena podría ser aquí cántabro o responder a un período en el que se vuelven a imponer penas físicas, pero a pesar de todo no se puede descartar la posibilidad de que también aquí la presencia de esta pena esté en conexión con la influencia y expansión del *Fuero Real* en Alava en la Baja Edad Media. En los fueros citados se aplica la pena de quitar uno de cada cinco dientes, buscándose en la publicidad que había de rodear la ejecución un efecto intimidatorio[379]. En el aumento al fuero de Ayala se señala que la pena, aplicable contra el testigo cuya declaración falsa se ha probado y contra el inductor o sobornador, y tanto si la causa es de oficio como a instancia de parte, es irredimible y no conmutable[380].

Hasta la cuarta redacción de las *Partidas*, el ámbito en el cual el falso testimonio se ha regulado por ellas no habría sido extenso: el tribunal

"De los testigos.- Cualquier testigo que fuere traido e presentado para decir verdad en pesquisa o en otro cualquier fho que sea y después de jurado se hallare que no juró ni depuso verdad o que la encubrió o dijo mentira en decir más de lo que sabía o en callar lo que sabía por esta mentira y encubrimiento que fizo que si la causa en que depuso era civil ansí como de la hacienda o de dares y tomares que por ello le quiten los dientes sacándole e quitándole de su boca de cinco dientes uno públicamente en la plaza pública e demás que pague a la parte el daño que por su falso testiguage binc e si la causa en que testiguó e ser perjuró diciendo mal e falsedad y encubriendo la verdad si la causa era criminal e de muerte o de cortamiento de miembro que en tal caso el tal testigo falso haya las penas que las leyes y ordenamientos de estos Reynos y la ley de la Partida y ley del derecho común ponen en los tales casos e se egecutan en el".

[379] El efecto intimidatorio que pretendía lograrse con la publicidad de las ejecuciones de penas, que en realidad las convertían más en un espectáculo que en un ejemplo, ha sido señalado por F. TOMAS Y VALIENTE, *El Derecho penal de la Monarquía absoluta*, págs. 368-369.

[380] L. M. URIARTE LEBARIO, *El Fuero de Ayala*, Madrid 1912, Apéndice II: Aumento de Fuero de Ayala por el mariscal García López de Ayala, a. 1469: "Otrosi ordenaron e ficieron ley que qualquier que sobre juramento que ficiere seyendo presentado en qualquier pleito civil o criminal dijere o depusiere falsamente el contrario de la verdad, e le fuere provado, que le sean sacados de cinco dientes uno, e que el dicho Señor nin sus jueces non le puedan perdonar esta pena, nin convertirla en pena pecuniaria nin en otra pena alguna, e que esta misma pena aya el que los tales testigos presentare e usare de ellos, siéndole provado que los sobornó e presentó para que depusieran falsamente, e que sobre ello el dicho Señor e sus Jueces puedan proceder a los castigar e punir de su oficio o a querella de parte si querelloso alguno oviere".

del rey, en primera instancia o en apelación, y aquellos otros donde juzgan jueces puestos por el rey. En cualquiera de ellos se ha juzgado de forma distinta el perjurio de alguna de las partes y la falsedad de los testigos, pero mientras en el primer caso, de acuerdo con el Derecho romano-justinianeo[381], la sanción es de tipo espiritual y queda a merced de la justicia divina, en el segundo caso el *Espéculo* determina una pena talional que puede ser de contenido económico o físico –si la víctima sufrió daño físico o incluso la muerte–, la incapacitación testifical y una marca infamante en la cara, hecha a fuego[382]. Modificado el contenido de las *Partidas* tras la cuarta redacción, su vigencia desde 1348 es más amplia, y ahora aquella sanción del *Espéculo* aparece alterada, desglosándose en las siguientes penas: en primer lugar, una de carácter talional, espiritual o físico, respecto de cuya aplicación ya se indicó que era factible aunque el daño no hubiera llegado a producirse realmente, por tratarse de un solo testimonio que no era suficiente para determinar aquel resultado, o por cualquier otro motivo.

Como accesoria figura en las *Partidas* la "pena de falso", cuyo valor se ha de precisar. En la ley del *Espéculo*, precedente de ésta en las *Partidas*, se señala una pena infamante consistente en una marca a fuego, la cual no debió pasar a la redacción más romanizada del código, dada su procedencia ajena a la tradición romano-canónica, y por esta misma razón no se referiría a dicha pena la remisión de la ley de las *Partidas*. ¿Podría entenderse como una remisión al derecho romano? En este caso volvería a contemplarse la vieja ley Cornelia, como más tarde interpreta Antonio Gómez[383]. Pero aunque dicha pena estuviera en la mente del autor de la ley y así lo entendieran los jueces, siendo aplicada regularmente[384], en esta aplicación juega un papel muy importante

---

381 *Codex Iustin.*, 4,20,13: Suplem.- "Qui iuravit, inquit, in iudicio, se vermú dixisse testimonium, et deinde falsus testis deprehensus esta, puniatur, uti lege praecipitur. Qui tamen pro se iuravit, si postea periurus deprehendatur, non punitur, quum Deus, in quem deliquit pro ultione sufficiat".

382 Cfr. El texto en la nota 353. La señal debía consistir en una letra B. Ver J. LALINDE, *Iniciación histórica al Derecho español*, Zaragoza 1970, pág. 557.

383 A. GOMEZ, *Ad leges Tauri commentarium*, pág. 729, núms. 13 y ss.

384 A. GOMEZ, *Ad leges Tauri commentarium*, pág. 729, señala que la pena de la ley Cornelia era la que debía aplicarse. El único obstáculo que opone a su aplicación no consiste, como pudiera pensarse, en que aquella sanción hubiera caído en desuso o hubiera sido sustituida por otra, sino tan sólo en la falta de islas donde poder cumplir la pena de deportación que la ley silana prescribía.

el arbitrio judicial. En efecto, la ley 3,11,26 de las *Partidas* establece una pena en parte de carácter fijo y en parte variable en función del perjuicio que se hubiera podido causar a la víctima; en la medida en que se deja al arbitrio del juez la apreciación del valor del perjuicio, la sanción aplicable contra el falso testigo es también arbitraria[385]. Pero aún la citada ley señala que en aquellos casos en que no es posible aplicar la pena según el sistema del Derecho romano, en su lugar el juez puede decidir a su arbitrio, idea ésta que se abre paso entre los comentaristas de la ley 83 de Toro ya en época tardía[386]. Finalmente, a las sanciones hasta aquí señaladas se une la incapacitación testimonial, como ya fijara también el *Espéculo*[387].Por su parte, el perjurio cometido por cualquiera de las partes en sus declaraciones en juicio recibiría una sanción minuciosamente establecida por Pedro I en el Ordenamiento sobre administración de justicia dado a Sevilla en 1360[388].

385 *Partidas*, 3,11,26. Equivale a la ley 5,11,30 del *Espéculo* (cfr. nota 353), si bien en la redacción de las *Partidas* la frase "e demás devenle fazer senal en la cara , en logar que lo non pueda encobrir, con un fierro caliente, que sea fecha en la manera que dize en el título de las penas" es sustituida por "e demás puedenle dar pena de falso", cuyo sentido se estudió en su lugar. Desaparecen igualmente del texto de las *Partidas* las referencias a las penas de "traycion y aleve".

386 Ver A. GOMEZ, *Ad leges Tauri commentarium*, pág. 729. Cuando ALVAREZ POSADILLA, *Comentarios a las leyes de Toro*, pág. 441, señala que la pena contra el falso testigo en determinados casos es arbitraria, aunque parece contemplar el criterio seguido sólo en su época, es posible que refiera lo que ya en realidad era una tradición que arrancaba de época muy lejana, coincidiendo así con el juicio de Antonio Gómez.

387 *Partidas*, 3,16,8. Cfr. el texto en nota 364. Cfr. también *Espéculo*, 5,11,30, en nota 353.

388 *Ordenamiento sobre administración de justicia dado por Pedro I a Sevilla en 1360*, ed. E. SAEZ, en *A.H.D.E.*, XVII, 1946, págs. 712-750: Ley XII: "De commo desque el pleito fuere contestado debe el juez reçebir jura de calumpnia de las partes, e que pena debe aver la parte que jurare mentira: Otrosi tengo por bien, por acortar las maliçias de los pleitos, que desque el pleito fuere contestado, quel juez reciba del jura de calunpnia de ambas las partes, e porque es tal jura uno de los cinco artículos que se contienen en ella es que diga: «diran las partes verdat al juez cada que la preguntaren», por ende despues que fuere fecha esta jura, mando que el juez de ofiçio pregunte por este articulo la verdat a amas las partes, e si fuere despues provado o mostrado por el proceso del pleito que juro mentira alguno dellos, mando que si este que asi juro mentira es de las personas quel derecho pone por onradas que pague el pleito en que asi juro mal seiscientos maravedis desde moneda para el muro de la villa y para las calçadas della, e por el segundo pleito en que asi juro mentira que sea desterrado

La existencia en Castilla de una normativa sobre la falsedad testimonial que descansa en dos fuentes en las que ya, aunque con diversa intensidad, la influencia romano-canónica es notable, ha determinado que hasta comienzos del siglo XVI no se advirtiera la necesidad de introducir nuevas disposiciones sobre la materia. Bastaba con las hasta entonces en vigor. Sin embargo, en la fecha citada se evidencia una preocupación por evitar y sancionar la falsedad testimonial, preocupación que antes no se había exteriorizado al menos. Los Reyes Católicos en 1500 recomiendan a los corregidores y a las justicias que sancionen con especial atención los delitos de falsedad testimonial, al tiempo que ordenan la observancia de las leyes y sanciones establecidas al respecto, disposición que posteriormente se repetiría en diversas ocasiones[389], y sólo dos años después vuelven a insistir en el cuidado que han de mostrar los tribunales y jueces en la averiguación y castigo del falso testimonio, apuntando incluso el procedimiento del careo entre los testigos, como recurso a utilizar si fuese necesario, con objeto de que el delito no quede impune, y esta disposición también se reproduce en fechas posteriores[390].

---

fuera de Sevilla e de su termino e del arçobispado de Sevilla por quatro annos; e si fuere de las personas menores, que por el primero pleito en que juro mentira quel den veinte açotes, e que por el segundo pleto en que jurare mentira quel doblen esta pena, e por el terçero pleito que asi jurare mentira quel den çiento açotes e lo destierren de Sevilla e de su arçobispado por cuatro annos. E estas penas que sea tenudos de las judgar e cumplir aquellos juezes ante quien fuere el pleito principal fenescido e acabado sin otros abtos nin otra acusación ninguna, si non por el proceso que paso en el pleito principal entre las partes".

[389] *Nueva Recopilación de Castilla*, ed. *Códigos españoles concordados y anotados*, Madrid 1872, 3,6,16: "Obligación de los Corregidores y Justicias en el castigo de los pecados públicos y en la execución de las leyes que tratan de ellos (D. Fernando y Dª Isabel en Sevilla por pragmática de 9 de junio de 1500, caps. 47 y 53; D. Carlos I en Madrid, año 1528, pet. 59).- Mandamos que los Corregidores y Justicias tengan especial cuidado de castigar los pecados públicos y blasfemias y amancebados y usuras y adevinos y agoreros y otras cosas semejantes, y executar las leyes de nuestros Reynos que en ello hablan, y cerca del marco de los amancebados y testigos falsos y los otros pecados públicos hagan guardar y executar las leyes deste libro que cerca dellos hablan y las penas dellas contra los que cometieren los dichos delitos, por manera que en cada uno de los corregimientos cesen todos los dichos delitos y pecados" (= *Novísima Recopilación*, 12,32,9).

[390] *Nueva Recopilación de Castilla*, 2,5,57: "Cuidado de los Tribunales y Jueces en la averiguación y castigo de los testigos falsos (D. Fernando y Dª Isabel en ordenanzas de Madrid, 4 de diciembre de 1502, cap. 39, y en las de Alcalá, año 1503, cap. 10; y

Sin duda, esta nueva y constante preocupación por erradicar el delito debe responder a una causa. Acaso pudiera pensarse en un incremento en la frecuencia de la falsedad testimonial, lo que supondría una disminución de la importancia y valor del testimonio y, consiguientemente, una minusvaloración del falso testimonio como delito. O tal vez sucede simplemente que tal vez las penas contra los responsables del delito no se cumplen, acaso como consecuencia del influjo de las no siempre concordantes opiniones de los juristas sobre la interpretación y valor de las penas vigentes.

Dentro de esa preocupación por el falso testimonio en general destaca la que se siente por una determinada cuestión: hasta comienzos del XVI, la especial gravedad de la sanción ha estado en proporción con los efectos del delito y por ello si la falsedad testimonial es causa de que la víctima de ella sufra un daño físico, en virtud de la pena talional vigente el falso testigo habría de sufrir penas similares. Pero a pesar del carácter talional de la sanción no siempre la víctima puede ser recompensada plenamente, como sucede cuando las consecuencias del delito son irremediables, lo que es más frecuente en las causas criminales en que lógicamente el falso testimonio comporta un mayor riesgo. De ahí que, partiendo de la distinción entre causas civiles y criminales, pareciera conveniente prevenir especialmente el delito cuando supone mayor riesgo para el inocente, es decir, el delito producido en el transcurso de un proceso criminal notoriamente grave. De acuerdo con este razonamiento se hacía necesario distinguir en orden a su trascendencia y consiguiente régimen penal, el falso testimonio cometido en causa

D. Carlos en Toledo, 1525, visita cap. 3 de la 2ª provisión; y el mismo en otra hecha en Granada, año de 1526).- Porque de no se haber castigado y punido los testigos que han depuesto falsedad, donde son presentados por testigos; mandamos que donde los de nuestro Consejo, Presidentes y Oidores de las Audiencias, y otros qualesquier jueces vieren o presumieren que algunos testigos deponen falsamente en algun pleyto o hay gran diversidad en las deposiciones dellos, que trabajen para averiguar la verdad o falsedad; y si vieren que cumple, los careen unos con otros, por manera que la falsedad averiguada, así en las causas civiles como en las criminales, los testigos falsos sean bien punidos y castigados. Y por ser la causa tan necesaria para el bien público, mandamos que los jueces procedan con toda brevedad y de oficio y que esto se haga sin esperar la determinación de la causa principal; y lo mismo hagan los alcaldes del crimen y de los hijosdalgo en las causas que ante ellos se trataren; y mandamos al nuestro Procurador Fiscal que asista a ello y haga las diligencias necesarias" (= *Novísima Recopilación*, 12,6,3).

criminal de la que pudiera derivarse pena de muerte o pena "corporis afflictiva" frente a las demás causas criminales o civiles.

Esta distinción se recoge en la ley 83 de Toro, cuya interpretación ha motivado diversidad de opiniones. La citada ley, respecto de las causas criminales graves en que existe falsedad testimonial, ratifica el sistema talional, pero introduciendo una particularidad: las *Partidas* no aclaraban si la pena talional era en función del resultado efectivo o presunto del falso testimonio, aunque los glosadores y comentaristas interpretaban que la pena sería establecida en función del resultado que pudiera haberse producido, pese a que no llegara a materializarse; la ley 83, recogiendo la opinión común de los juristas, fija el criterio y determina que basta el riesgo sobre el inocente, de forma que aunque éste no llegue a sufrir el daño, el responsable de la falsedad será condenado en la cuantía del que aquél pudo sufrir, criterio éste que pasaría después a las Recopilaciones y estaría en vigor hasta la Codificación[391].

En cuanto a las causas criminales menos graves y a las civiles la ley de Toro remite para su sanción a las leyes sobre falsedad testimonial "de nuestros Reynos", remisión que al mismo tiempo que exige ser oportunamente interpretada para fijar la pena correspondiente, hace pensar de antemano que, manteniéndose en vigor el criterio hasta el siglo XIX, las penas aludidas no siempre habrán sido las mismas.

De acuerdo con la ley 1 de Toro, la remisión de la 83 debe entenderse en contra de las diferentes interpretaciones de la doctrina y en consonancia con el orden de prelación de fuentes de 1348, que ahora se reproduce en aquella ley, a favor de los fueros locales si se prueba su uso y de las Partidas. En consecuencia, desde 1505 la falsedad testimonial cometida en causa criminal que no entre dentro de la categoría de las antes señaladas, y en causa civil, será sancionada con la misma pena que antes estableciera en líneas generales y en cada lugar el respectivo fuero, que ahora serían fundamentalmente el *Fuero Juzgo* y el *Fuero Real*. Donde éstos no rigen o donde el fuero ha caído en desuso o no regula la institución, sería aplicable en el supuesto señalado la pena que establecieran las *Partidas* –vigentes también en cuanto no repre-

[391] El texto de la ley 83 de Toro figura en la nota 357. La citada ley pasa a la *Nueva Recopilación* 8,17,4, y a la *Novísima* 12,6,4, bajo la rúbrica: "A los testigos falsos se dé la misma pena que por sus dichos debería darse a aquél contra quien depusieron".

sentaran una contradicción con las leyes de Toro–, que era arbitraria, al igual que señalaba la ley 115 de las del Estilo[392].

El sistema de la ley 83 de Toro se mantendría invariable esencialmente hasta la Codificación, al ser recogido en las Recopilaciones, pero hay que tener en cuenta que la citada ley es desarrollada posteriormente por la doctrina y que tal desarrollo en muchos aspectos supone una modificación, y que asimismo leyes posteriores introducen innovaciones en cuanto al sistema penal de la falsedad testimonial, que deben ser tenidas en cuenta.

El sistema penal que establece la ley 83 de Toro sería objeto de modificación medio siglo más tarde, cuando desde Carlos I se abre paso el criterio, respecto de todo tipo de delitos, de conmutar las penas corporales por otras de diferente carácter[393], criterio en el que insiste Felipe II por la pragmática de 3 de mayo de 1566, fijando que la conmutación se haga por la pena de galeras, tratándose de un delito cualquiera o, en concreto, del de falsedad testimonial[394].

---

[392] *Leyes del Estilo*, ed. *Códigos españoles*, cit., ley 115: "Qué pena habrán los testigos que reciben algo por su dicho o se prueba que dixeron falso testimonio.- Si contra los testigos es probado que recibieron algo, o les fue prometido porque dixeren su testimonio sobre aquello que fueron traídos, no valdrá su testimonio ni serán creídos sus dichos, e darle ha pena el alcalde por ello según su alvedrio; y si les fuere probado que dixeren jurados mientra en su testimonio no sean ciertos. Y entonce de su oficio el Alcalde, maguer la Parte no lo pidiese, les puede dar pena de falsos".

[393] *Nueva Recopilación*, 8,24,4: "Conmutación de las penas corporales en las de galeras" (Carlos I en Madrid por pragmática de 31 de enero de 1530; 16 de mayo de 1534 y 23 de febrero de 1535) (= *Novísima Recopilación*, 12,40,1).

[394] *Nueva Recopilación*, 8,24,6: "Conmutación de las penas corporales arbitrarias en la de vergüenza y servicio de galeras" (Felipe II por pragmática de 3 de mayo de 1566) (=*Novísima Recopilación*, 12,40,3). En pragmática de la misma fecha insiste Felipe II sobre la conmutación en concreto de la pena de los testigos falsos con estas palabras: "Conmutación de la pena de los testigos falsos en la de vergüenza pública y servicio de galeras.- Mandamos que los testigos falsos en el caso que, según las leyes de nuestros reynos, en las causas civiles habían de ser condenados a quitar los dientes, le sea esta pena conmutada en vergüenza pública y servicio de galeras por diez años; y que los dichos testigos falsos en las causas criminales, no siendo caso de muerte, a que se hubiese de executar en él la misma pena, sean condenados en vergüenza pública y perpetuamente a galeras; lo qual se entienda y extienda a las personas que induxeren los dichos a testigos falsos, siendo de qualidad que puedan ser condenados al dicho servicio de galeras" (*N. Recop*. 8,17,7 = *Novis. Recop*. 12,6,5).

Ante este nuevo tipo de medidas hemos de preguntarnos en qué sentido afectan al régimen penal establecido por la ley 83 de Toro. En principio la pragmática citada deja subsistente el régimen de la ley 83, manteniéndose la distinción entre causas criminales y civiles en las que tuviera lugar el falso testimonio, pero en cambio el tratamiento allí unificado respecto a causas criminales no graves y causas civiles, ahora es objeto de diferenciación.

Así, pues, es posible distinguir en primer lugar el supuesto de que la falsedad testimonial tuviera lugar dentro de una causa criminal en la que, dada la gravedad del objeto de la misma, pudiera aplicarse en la sentencia pena de muerte contra el acusado. En este caso se mantiene la pena talional de las *Partidas* y de la ley 83 de Toro, que después se reproduce en las Recopilaciones[395]. La pragmática no introduce aquí ninguna modificación, aunque la práctica contraria al rigor de esta pena talional hiciera sentir a la larga sus consecuencias. Ya advertía la ley 83 de las de Toro que tal sanción sería aplicable aunque la víctima no hubiera llegado a sufrir daño, tanto cuando esto tiene lugar porque el testigo hubiera confesado a tiempo su falsedad como cuando el testimonio falso hubiera sido descubierto por cualquier otro procedimiento.

Cuando el falso testimonio se produce en una causa criminal que no pudiera concluir con la aplicación de la pena de muerte, la pena aplicable contra el responsable de aquél varía ahora, pues pierde su antiguo carácter talional para, en virtud de la conmutación antes indicada, ser sustituida por la pena de galeras a perpetuidad y vergüenza pública.

Por último, cuando el delito se comete en el transcurso de una causa civil, se mantienen en principio las penas antes reconocidas en relación con este supuesto, es decir, las penas establecidas en las leyes del reino, alusión cuyo significado ya se trató de aclarar en su lugar. De acuerdo con esta remisión, a veces sería aplicable el régimen penal contenido en el *Fuero Real*, fuente que subsistía en vigor según el orden de prelación de 1348, ratificado en 1505. Y, precisamente, cuando según lo establecido hubiera de aplicarse la pena de pérdida de dientes, allí señalada, entra en juego la pragmática de 1566 que expresamente contempla aquella sanción y ordena su conmutación.

[395] Ver nota 391.

No es presumible, sin embargo, que la amputación de dientes fuese sanción practicable con frecuencia. Si se aplicó en los siglos XVI y XVII no lo sabemos, pero es indudable que en muchos lugares en los que aún se mantuviera en vigor el *Fuero Real*, debía estar en desuso. Es elocuente que autores incluso de esta época o posteriores discrepen entre sí acerca del contenido exacto de tal pena, ya que mientras para unos consistía en la amputación de un solo diente, para otros consistía en la de la quinta parte del total de las piezas o en la misma totalidad[396], dudas que revelan que la ejecución de la pena era poco conocida o poco frecuente. La imposibilidad en muchos casos de probar su uso, según el mismo ordenamiento de 1348, equivaldría a la no vigencia del precepto, pero ello no impide que, si en algún lugar se mantenía en vigor –circunstancia que, al ser contemplada en la pragmática, indica que pese a todo lo dicho podría tener lugar en ocasiones–, desde 1566 debiera conmutarse en las penas de vergüenza pública más diez años de galeras[397].

Ante el contenido de la pragmática de 1566 es necesario preguntarse sobre la razón de que las anteriores penas sean ahora conmutadas y sobre si las nuevas sanciones se cumplían en la práctica. A propósito de la primera cuestión, no cabe duda de que con la pena se persigue –aunque no sea éste su único objeto– una finalidad utilitarista[398]. En este caso, las penas de galeras constituyen un recurso valioso en un momento en que se advierte la necesidad de brazos para determinado tipo de trabajo. En cuanto al segundo punto, cabe sospechar que ya la circunstancia de que, establecida la conmutación por Carlos I, Felipe II insistiera poco después en la medida, da pie para pensar que acaso esta solución no se aplicaba o existía animadversión contra ella. No

---

[396] J. VELA Y ACUÑA, *Tractatus de pœnis*, cap. 33, pág. 228: "Regio vero iure approbata esta poena iuris civilis testis falsum dicens mulctatur poena amissionis unius dentis"; AZEVEDO, *Commentaria iuris civilis*, coment. a Recop. 8,17,4, pág. 346: " in nostro Regno imponenda esta in hoc casu tali testi falso poena quintationis dentium, secundum litteram unam, et secundum aliam extractionis ómnium dentium, sed illa «dequintar los dientes» verior littera videtur, et sic legem hanc fori praxi admissam esse"; A. ELIZONDO, *Práctica universal forense*, pág. 294, núm. 40: "La pena del testigo falso en causa civil es sacarle los dientes".

[397] Cfr. el texto en nota 394.

[398] Sobre el sentido utilitarista que se persigue a través de la pena, y que se refleja en esta comunicación, Ver F. TOMAS Y VALIENTE, *El Derecho penal de la Monarquía absoluta*, pág. 358; y en este mismo trabajo, pág. 38.

puede dudarse de que quizás a raíz de la pragmática las penas de galeras fuesen aplicadas, aunque no hayamos encontrado documentos que confirmen esta hipótesis, pero pronto la práctica ha debido hacer que tal aplicación fuese olvidada o alterada. Es cierto que Antonio de la Peña, en el siglo XVI, al citar las penas en uso contra la falsedad testimonial, reproduce el esquema punitivo que Felipe II introduce en 1566, y que en el mismo sentido se manifiestan Vela y Acuña a principios del XVII y Azevedo en la primera mitad del XVIII, pero quizás estos autores, y especialmente los dos últimos –Antonio de la Peña es esencialmente un práctico del Derecho–, reflejen en sus obras más la teoría que la práctica[399]. En 1705 Felipe V prescribe observar las leyes contra testigos falsos y falsos delatores en causas civiles o criminales "sin ninguna dispensación ni moderación"[400], lo que hace pensar que acaso las leyes aludidas no se cumplían, eran dispensadas o atemperadas.

Para nosotros tiene el máximo valor práctico la constatación de Berní hacia mediados del siglo XVIII, cuando indica que en efecto la práctica ha atemperado el régimen de penas, y que en lugar de las galeras, se aplican contra los falsos testigo las de multa, apercibimiento, destierro o presidio, dato que tal vez no sólo tenga valor para su tiempo, sino también para épocas anteriores. Para determinar la pena aplicable, el juez ha de atender a la gravedad de las causas en que se pronuncia un falso testimonio –con lo que se diluye así la clasificación de supuestos en la ley 83 de Toro y en la pragmática– y a la calidad

[399] A. DE LA PEÑA, *Tractado*, pág. 197: "Lo que últimamente se guarda por las leyes y pragmáticas y nuevas recopilaciones, es que si el acusado probándose el delito mereciere pena de muerte o de mutilación de miembro, esa misma se ha de dar al testigo falso y si no mereciere las dichas penas tiene el tal testigo falso pena de azotes y galeras perpetuas y en esta misma pena incurren los que indujeren a los tales testigos y en las causas civiles en que se les quitaban los dientes se conmuta en vergüenza pública y diez años de galeras. En similares términos se expresan J. VELA Y ACUÑA, *Tractatus de pœnis*, cap. 33, pág. 228, y AZEVEDO, *Commentaria iuris civilis*, coment. a *Recop*. 8,17,4, pág. 346.

[400] *Auto Acordado* 8,17, único: "Rigorosa observancia de las leyes y sus penas contra los delatores y testigos falsos (Felipe V en Madrid y en Consejo a 26 y 28 de julio de 1705).- he resuelto se executen las leyes que hay contra testigos falsos y falsos delatores en todo género de causas así civiles como criminales sin ninguna dispensación ni moderación" (= *Novís. Recopilación* 12,6,6).

de las personas responsables, es decir, se tiende a dejar al arbitrio del juez la sanción[401].

Pero esta difuminación del rígido y teórico esquema de sanciones afecta no sólo al delito de falsedad testimonial en causa civil, sino a todos los demás supuestos también. Así, en la práctica se advierte la tendencia a no aplicar la pena talional, que parece llamada a caer en desuso, ya que hay cada vez más excepciones a su aplicación y la costumbre introduce una mitigación en su observancia, de forma que en su lugar se aplicaría una pena arbitraria para cuya determinación se habría de atender a la malicia del delincuente, a la gravedad del delito y a la calidad del calumniador y del calumniado[402]. Y si todavía hay autores que en el XVIII siguen señalando la pena talional vigente con respecto a los casos en los que antes debía regir[403], la mayoría de los juristas coinciden en atribuir al arbitrio judicial la determinación de las sanciones a aplicar[404].

---

[401] J. BERNI, *Práctica criminal*, libro I, cap. 5 "Perjuros", págs. 17-18, núm. 4.

[402] Senén VILANOVA Y MAÑES, *Materia criminal forense o tratado universal teórico y práctico de los delitos y delinquientes en género y especie para la asegura y conforme expedición de las causas de esta naturaleza*, Madrid 1807, I, págs. 488 y ss.; E. TAPIA, *Práctica criminal con un prontuario alfabético de delitos y penas*, Valencia 1837, I, págs. 83 y ss.

[403] ELIZONDO, *Práctica universal forense*, pág. 294, núm. 40, señala la vigencia de la pena talional contra el reo de falso testimonio en causa criminal, pero cabe dudar de la exactitud de su referencia o de la adecuación de la misma a la ley, porque ya al relatar la relación de penas contra el falso testigo en causa civil discrepa del contenido de Recop. 8,17,4 y 7, que sirven de base a su referencia. En efecto, la pena en este caso sería, según el autor, la extracción de dientes, galeras durante diez años y doscientos azotes, conjuntamente, siendo así que en la ley la pena de galeras sustituye a la de extracción de dientes, mientras la de azotes allí no es mencionada.

[404] La frecuencia de esta práctica se advierte ya en el prólogo de la obra de T. CERDAN DE TALLADA, *Visita de la cárcel y de los presos*, Valencia 1574, donde el autor se pronuncia a favor de la conveniencia de disminuir el arbitrio judicial en la aplicación de las penas. S. VILANOVA Y MAÑES, *Materia criminal forense*, IV, pág. 255, ofrece en un "casus" un ejemplo de pena aplicable a un testigo falso en causa criminal, que no corresponde a la que la ley establecía: " a D. D., testigo vario en las deposiciones que ha rendido en esta causa, en cien ducados de multa, aplicados a penas de Cámara y gastos de justicia por mitad, y se le apercibe que en lo sucesivo se produzca veraz y constante en las que haya, pues de lo contrario será castigado con otro rigor" (Observ. 10,7, punt. 1, núms.. 44 y 45). Se trata, sin duda, de una pena arbitraria. Ver sobre este extremo las referencias de J. ALVAREZ POSADILLA, *Comentarios a las leyes de Toro*, págs. 440 y ss. Conviene sin embargo tener presente que el término "pena arbitraria"

Para terminar el estudio del sistema jurídico-penal de la falsedad testimonial en Castilla durante este período conviene hacer una última matización, señalando que si bien el conjunto de penas apuntado es común para el testigo falso, el inductor de la falsedad y el falso acusador, la aplicación de las mismas puede venir condicionada, como ya antes se ha dicho circunstancialmente, en base de una discriminación personal. Así, la pragmática de 1566 advierte que las penas de galeras y vergüenza pública sólo se entenderán aplicables si el sujeto sobre quien debieran racaer es de condición inferior, discriminación que es subrayada también por Antonio Gómez interpretando el sentir de la ley de Toro[405]. Igualmente, cuando las penas fueran arbitrarias, el juez también debía tener presente la calidad de las personas. De ahí que, tratándose de un clérigo, el régimen de penas a aplicar se aparte totalmente del hasta aquí señalado[406].

b. Régimen de sanciones en el Derecho catalán

En Cataluña, contra el responsable del delito de falsedad testimonial se mantienen en vigor en líneas generales las penas establecidas en los *Usatges*, aunque se advierten excepciones, como en Tortosa, o en el Vall d'Aneu[407], donde desde 1398 la falsedad testimonial se castiga con una multa de sesenta sueldos, cuyo importe se destina al señor, más la

parece tener dos acepciones, ya que por tal se entiende tanto la modificación legal que puede resultar respecto de la pena ordinaria, al apreciar ciertas circunstancias de hecho, como la determinación de la pena del delito por el juez como consecuencia de una delegación legal, posibilidad esta última que atribuye un poder extraordinario al órgano judicial, que se convierte así en co-creador del Derecho penal (Cfr. F. TOMAS Y VALIENTE, *El Derecho penal de la Monarquía absoluta*, pág. 377).

[405] A. GOMEZ, *Ad leges Tauri commentarium*, pág. 729, núm. 13. Sobre la relevancia de la calidad del delito, Ver *Id*, pág. 728, núms.. 8 y 9.

[406] Aunque el clérigo declare falsamente ante el juez seglar no puede ser castigado por él ni principal ni accesoriamente, como señala F. DE LA PRADILLA, *Suma de las leyes penales*, I, cap. 22, fol. 17. Dentro de su jurisdicción y de acuerdo con el Derecho canónico, su castigo consistiría en ser depuesto y perder su oficio y dignidad eclesiástica y recluido en un monasterio donde haya de hacer penitencia.

[407] Sólo en Tortosa y en algunos valles pirenaicos el derecho local se ocupa de la falsedad testimonial, pero tratándose siempre de una regulación parcial es evidente la necesidad de una fuente supletoria. Así, en el Vall d'Aneu el Derecho supletorio será el romano-canónico, y en Tortosa los *Usatges* y el Derecho común, aunque desde

pérdida de la cantidad que el reo hubiera recibido en función del falso testimonio, que sería entregada a la víctima; además, el testimonio afectado de falsedad era declarado nulo, mientras el falso testigo sufría incapacitación para prestar testimonio en el futuro, siendo publicado su delito en el lugar de más concurrencia[408].

En Tortosa, el sujeto responsable sufriría una pena talional de contenido económico que iría encaminada a resarcir a la víctima, y además merecería la consideración de infame y la incapacitación testimonial, de forma que si, pese a ésta, testimoniara en el futuro, su declaración sería nula y sancionable según Derecho[409]. Donde los Derechos locales no recogen el Derecho general catalán ni remiten a él, como supletorio se aplica el Derecho común[410] y, en definitiva, las penas de la ley Cornelia de deportación y confiscación de bienes o el último suplicio si el falso testigo es esclavo[411], aunque la dificultad de poner en práctica la deportación a una isla determinaría que en su lugar se aplicara posiblemente y de manera preferente una pena de carácter arbitrario que el juez habría de fijar en cada caso[412]

1380 en primer lugar se acudiría a las Constituciones catalanas y a los *Usatges* y en último término al Derecho común.

408 F. VALLS TABERNER, *Privilegis y ordinacions de les Valls Pirenenques, II, Vall d'Aneu, Vallferrera i Vall de Querol*, Barcelona 1917, doc. VI. Compilación de diversas ordenanzas del Vall d'Aneu, aprobada por Hugo, conde de Pallars, 18 de diciembre 1398, en Valencia d'Aneu /En ella se comprende la Ordenación d'Arnau, de Roger III en 1337, a la que pertenece este capítulo). Cap. 45: "Item ordonarem lo dit señor comte e prohomens desus dits que si neguna persona habitant ni stant en la vall d'Aneu per pleyts ni per controversies que menas o per altres proves que agues a ffer allegave plaça o testimonis, que la dita plaça o testimonis hagen a ffer sagrament en poder del señor o del castella e de la cort, e la depusiçio o testimoniatge que auran a ffer que ho agen a ferr ab sagrament lur depusiçio; e el cas que'l dit sagrament lo sera reprovat que sien cayguts e encorreguts en aquella pena o penes que ya es ordonat ne se conten en los capitols ffeyts per lo señor n'Arnau Rotger, condam, de bona memoria comte de Payllars, e per los prohomes de la terra, segons que largament en los dits capitols se conte, e sie fet lo dit reprovament per la forma e manera que en lo dit capitol se conte.- Placet proceribus".

409 Cfr. nota 365.

410 Incluso en el citado Vall d'Aneu hasta 1398.

411 *Digesto* 48,10,1,13. Marciano.

412 Ver la referencia a la aplicación de estas penas a propósito de la falsedad de documentos, que, aunque relativa en concreto a una época posterior, puede resultar

Estas sanciones han debido de estar en vigor en Cataluña hasta 1542. Es entonces cuando Carlos I, reconociendo la gravedad que encierra todo tipo de falsedad testimonial presta atención a la circunstancia de que el falso testimonio judicial tenga lugar en causa civil o criminal, con lo que también en esta región dicha gravedad se cifra más en las consecuencias de la falsedad o en el peligro para la víctima que en las circunstancias personales que puedan concurrir en el falso testimonio. Se adopta, pues, también en Cataluña la pauta marcada por el Derecho canónico y romano en orden a la falsedad testimonial[413].

En consonancia con estos criterios, para la ley de las Cortes celebradas en Monzón es indiferente, en orden a la pena aplicable, que el testigo que falsea la verdad persiga con ello la sanción de un inocente o el beneficio o absolución del culpable o reo, tanto en causas criminales como civiles. Tampoco se tiene en cuenta en dicha ley la relevancia penal del testimonio falso negativo o positivo, y en cambio se inicia una equiparación de penas entre testigo falso material e inductor[414]. A este respecto, presumiendo que la persona más interesada en el falso testimonio es una de las partes litigantes, la ley supone que el inductor es necesariamente una de las partes. Que la ley no preveía la posibilidad de inducción por terceros lo demuestra el hecho de que otra ley posterior, la de las Cortes de Monzón de 1585, hubiera de extender el régimen de sanciones expresamente al inductor no litigante, lo que revela que esta figura no era contemplada hasta entonces[415].

---

válida en el momento que estudiamos y en todo tipo de falsedad (págs. 34 y ss. de este trabajo).

[413] T. MIERES, *Apparatus*, I, pág. 238, núm. 153.

[414] *Constitutions y altres Drets de Cathalunya*, vol. I: IX,7,3. Carlos en la Cuarta Corte de Monzón, año 1542, cap. 13: "Per esser lo crim de fals molt detestable statuim e ordenam que los testimonis que deposaran falsament en las Causas criminals, axi en offensas, com en deffensas, y en las causas civils, axi per lo Actor com per lo reo, e qui tals testimonis falsos scientment darán, o produiran Actes falsos, si sera en Causas Criminals, incorregan en la pena que incorreria aquell contra qui, o a favor de qui serán donats dits testimonis falsos, si lo crim fos ver y provat, si enpero las Causas serán Civils incorregan en pena de perdre la Causa, e lo testimoni fals de esser li levat lo puny. E lo qui falsificara Actes, sie punit de pena de mort natural".

[415] *Constitutions y altres Drets de Cathalunya*, vol. I: IX,7,5. Felipe en las Cortes de Monzón, año 1585, cap. 27: "Per quant per la Constitutio feta en lo Any M. D. XXXXII, capitol XIII, començant «Per esser lo crim de fals molt detestable etc», es imposada pena contra los testimonis falsos qui testificaran axi en Causas Civils com Criminals y contra los qui tals testimonis falsos scientment darán statuim y ordenam ab appro-

La ley de 1542, como la ley general para el Principado, constituye a partir de ahora la base del régimen jurídico de la falsedad testimonial, y esta ley sería en algunos casos recogida en otros ordenamientos expresamente, como por ejemplo en el Valle de Arán[416].

La base de la diferenciación penal radica ahora, al igual que en los demás territorios cuyo Derecho hemos estudiado anteriormente, en la naturaleza de la causa. De nuevo vuelve a distinguirse entre causas criminales y civiles, siendo objeto de sanciones diversas el falso testimonio cometido en unas y otras. El falso testimonio judicial en las primeras es sancionado con pena talional, que se establecerá en función de la que hubiera podido recaer sobre la víctima, aunque no se hubiera llegado a aplicar. En las segundas, la pena consistiría en la pérdida de la causa y en la amputación de una mano, pero este último régimen penal debe ser rectamente entendido.

¿La pérdida de la causa es sanción aplicable contra todo sujeto responsable de la falsedad? Es obvio que esta sanción sólo puede perjudicar a quien es parte en la causa, no a quien es ajeno a la misma, como sería el caso del testigo. Y para que una de las partes sea responsable del delito de falsedad es necesario que haya actuado de la única manera que podría hacerlo en ese supuesto punible, es decir, como inductor.

En cuanto a la segunda sanción señalada, la amputación de la mano, hemos de preguntarnos igualmente si es común para falso testigo e inductor. La respuesta sería también aquí negativa. Este tipo de penas tiene en cuenta fundamentalmente el perjurio que el falso testimonio encierra, ya que el juramento violado se acompaña del rito consistente en poner la diestra sobre los libros sagrados, y quien así jura es el testigo, o en todo caso el testigo y las partes, pero no el inductor, que es ajeno al juicio y que no comparece en él. En consecuencia, si la pérdida

batio y consentiment de la present Cort, que las penas posadas en dita Constitutio se extengan tambe als subornadors y mediadors dels tals testimonis falsos encara que no sien alguna de las parts litigants ni produint los dits falsos testimonis".

[416] J. F. DE GRACIA, *Ordinaciones, pragmáticas y edictos reales del Valle de Arán, hechos en el año de 1610*, Barcelona 1752, pág. 188: "Pragmática, edictos y pregones del orden y forma como deben ser perseguidos los delinquentes y de las penas con que deben ser castigados, según las Constituciones y Pragmáticas Reales del Principado de Cathaluña.- Cap. XIX: De la pena de los testigos falsos y de los que scientemente los producirán (se transcribe el cap. 13 de las Cortes de Monzón de 1542).

de la causa sólo puede afectar al litigante inductor y no al testigo, la amputación de la mano parece establecida pensando principalmente en el testigo que aún no tenía señalada pena si actuaba en proceso civil, si bien esta pena también podría recaer en el litigante que hubiera prestado juramento y posteriormente hubiera cometido falsedad, pero no en el inductor extraño al juicio.

Cuando Felipe II en las Cortes de Monzón de 1585 extiende a los sobornadores en general –concepto que engloba el de inductores– y a los cómplices, "encara no sien alguna de las parts litigants", las penas establecidas en 1542, ¿a qué penas se refiere en concreto? Si se trata de inductores o cómplices del falso testigo en causa criminal, les sería aplicable una pena talional en las mismas circunstancias antes señaladas[417]. Si se trata de inductores o cómplices en causa civil, la pérdida de la causa, que sólo puede perjudicar a los litigantes, sería aplicable si uno de éstos fuera inductor –circunstancia ya prevista en 1542– o cómplice, en tanto que la pena de amputación sólo por vía de extensión recaería sobre el inductor o el cómplice extraños a las partes, ya que ninguna de las otras penas previstas en 1542 podría serle aplicable[418].

He aquí el régimen que establecían las constituciones del Principado, régimen que en la práctica sufrirá, sin embargo, ciertas modificaciones introducidas por la Audiencia de Cataluña. Esta se hace eco, en efecto, de la doctrina general, según la cual si bien un solo testimonio –auténtico o falso– no basta para condenar al reo, la falsedad de aquél es suficiente para que sobre el sujeto que lo otorgó recaiga la sanción correspondiente[419], como igualmente la absolución del reo, pese a existir contra él un testimonio acusador, no priva tampoco al testigo falso de la pena[420].

La Audiencia observa un distinto tratamiento según se produzca el falso testimonio en causa criminal de ofensa o de defensa, y según verse sobre cuestiones esenciales o accidentales en una causa criminal.

---

[417] CORTIADA, *Decisiones*, I, decis. 88, núm. 58.

[418] PEGUERA, *Praxis civilis*, Barcelona 1673, rúbr. 18, pág. 218, núm. 61.

[419] CORTIADA, *Decisiones*, I, decis. 88, núm. 38.

[420] CORTIADA, *Decisiones*, I, decis. 88, núm, 40, donde aduce como razón fundamental que aunque el efecto no se perfeccione existe "potentia" y esto es suficiente para que la sanción tenga lugar, y que de parte del testigo el delito se consumó ya en su declaración.

En consecuencia y según el criterio del citado organismo, cuando el falso testimonio se produce en una causa criminal de defensa, cuando recae sobre una cuestión accidental aún dentro de una causa criminal y cuando el reo contra quien se presentó un testimonio falso es absuelto, el testigo que delinquió siempre será objeto de sanción, pero la pena que le fuera aplicable sería más moderada que la establecida en 1542, consistiendo generalmente en la de galeras o azotes, exilio o relegación temporal, y a veces simplemente una pena pecuniaria de acuerdo con los hechos y la calidad de las personas[421].

El criterio de la Audiencia parece ser siempre el de aminorar el rigor de las penas. Por eso si en el supuesto del falso testimonio en causa criminal de ofensa, en asunto sustancial o cuando el reo sufre las consecuencias de aquél, se mantiene respecto del sujeto responsable de la falsedad la misma pena que pudiera sufrir o hubiera sufrido el reo, no faltan ocasiones en que el Regio Senado catalán ha atemperado dicha pena talional o en su lugar ha aplicado la de galeras o azotes[422].

Tampoco se cumplían fielmente las penas establecidas respecto del falso testimonio en causa civil –o en causa criminal intentada civilmente-[423]. La amputación de la mano que señalara la constitución de 1542 y que no sólo en Cataluña estuviera en vigor, sino también en Nápoles[424], era considerada una pena inhumana y poco eficaz, criterio que había de determinar, especialmente en el siglo XVIII, que su aplicación quedara exclusivamente reservada a aquellos casos en que la falsedad fuese cualificada por la especial gravedad que en ella concurriera, en tanto que en los demás sería conmutable por las penas de destierro,

[421] Ver nota 359, en la referencia de la misma a Cataluña.

[422] CORTIADA, *Decisiones*, I, decis. 88, núms.. 37 y 49-51; AMIGANT, *Compilatio practicalis*, tit. 14, núm. 32, cit. por DOU Y BASSOLS, *Instituciones del Derecho público general*, vol. VII, págs. 419 y ss. El 6 de junio de 1609 aplicó la Audiencia catalana en sentencias las penas de galeras a perpetuidad en lugar de la pena talional, según la referencia de CORTIADA, decis. 88, núm. 48.

[423] Con frecuencia se producía una equiparación de penas en estos dos casos, según CORTIADA, *Decisiones*, decis. 88, núm. 54.

[424] En Nápoles era aplicable en tales circunstancias "Pœna truncationis manus dexteræ et perpetui exilii a Regno". Ver CORTIADA, *Decisiones*, decis. 88, núm. 53.

azotes o galeras[425]. También en Cataluña parece que se ha observado un sistema de penas arbitrarias[426].

c. *El régimen de sanciones en el Derecho de Valencia*

La actuación simple del testigo que declara falsamente en juicio es sancionada por Jaime I con las siguientes penas: una de carácter talional, que parece establecerse en función de un daño efectivo, no del riesgo, más el pago a la curia de la mitad "illius super quod falsum testimonium fecit". La interpretación de esta frase ofrece ciertas dificultades, aunque en ella parece apuntarse, a primera vista, a la mitad de lo que pagara a la víctima para resarcirla del daño causado. Sin embargo, esta interpretación no es correcta, ya que si el citado perjuicio no llegó a causarse, no sería aplicable esta pena para la Cort o en el caso anterior la pena talional tiene lugar aunque el daño no fuera efectivo. Este planteamiento obliga a considerar que la multa ha de ser independiente de la satisfacción a la víctima, pues en otro caso se llegaría a la conclusión poco razonable de que si la multa no fuera aplicable (porque el falso testimonio hubiera sido descubierto en último extremo) y tampoco hubiera pena talional al faltar el daño a la víctima, el falso testigo sólo sufriría pena de incapacitación testimonial; en consecuencia, parece que la multa debe ser motivada por el hecho de la falsedad y no en función del posible daño causado, aunque la cuantía de aquélla se establezca de acuerdo con la gravedad del delito. A estas

[425] CANCER, *Variarum resolutionum*, I, págs. 405-406, cap. XX de testibus, núms. 52-56; PEGUERA, *Decisiones aureæ in actu practico frequentes, ex varii sacri regii Concilii Cathaloniæ*, Barcelona 1605-1611, vol. I, cap. 19; CALDERO, decis. 19, núms.. 19-22, según cita DOU Y BASSOLS, *Instituciones del Derecho público general*, pág. 420. De acuerdo con la citada sentencia se pronunció el edicto de la Audiencia de 21 de octubre de 1766, también según referencia de DOU, *Ibidem*. En la misma línea de atemperación se encuentra la circunstancia que refiere CANCER, *Variarum resolutionum*, I, pág. 406, XX, núm. 56, según la cual si bien quien usa a sabiendas de falsos testigos sufre la pena correspondiente, aunque en un momento determinado deje de usarlos, en cambio, la renuncia a seguir utilizando testigos falsos de quien ignorándolo hasta entonces se había valido de ellos, determina la no sanción de quien al enterarse desiste.

[426] MIERES, *Apparatus*, I, pág. 239, núm. 158.

penas económicas se une, finalmente, la ya aludida de incapacitación testimonial[427].

Esta primitiva regulación dejaba ciertas lagunas que requerían ser completadas. En efecto, es fácil advertir que el contenido de las sanciones hasta aquí señaladas y que constituían la novedad de la época bajomedieval que se iniciaba, es fundamentalmente económico. Parece presuponerse que el responsable de la falsedad testimonial tendría siempre medios económicos, pero pronto la práctica debió demostrar que esto no sería así en todos los casos y que a veces el reo puede sustraer la totalidad o parte de sus bienes para incumplir la pena establecida contra él. Sin embargo, la primitiva ley no incluye ninguna sanción subsidiaria, es decir, no se prevé el procedimiento a aplicar contra el reo cuando carece de bienes ni el medio de coaccionarle a pagar si tiene recursos económicos para hacerlo.

La solución no se hizo esperar y a las penas anteriores se añadieron otras de carácter subsidiario y de tipo físico y a la vez infamante, consistentes en la perforación de la lengua con un hierro candente y en recibir azotes públicos al tiempo de recorrer la ciudad[428]. Sin embargo, con sólo señalar esta medida subsidiaria no se resuelve definitivamente el problema planteado, ya que aún quedan pendientes ciertas cuestiones: así, no se especifica si las citadas sanciones son aplicables sólo cuando el sujeto responsable por el delito de falsedad testimonial carece absolutamente de bienes o medios económicos para pagar la pena pecuniaria, o si también serían aplicables cuando aquél posee bienes pero no suficientes para cumplir por entero sus obligaciones

[427] *Fori Antiquæ Valentiæ*, 62,19: "Probatus de falso testimonio perdat de bonis suis tantum quantum esta illud, de quo fecerit falsum testimonium, si alius pro suo testimonio aliquid amisit; et, ultra hoc, pro pena solvat curie tantum quantum esta medietas illius super quo falsum testimonium fecit, et nunquam testimonium recipiatur" (= *Fori Regni Valentiæ*, 4,9,55. Jaime I). Sobre la sanción del falso juramento en los *Furs*, Ver F. ROCA TRAVER, *El Justicia de Valencia*, 1238-1321, Valencia 1970, págs. 333-335.

[428] La disposición de la nota anterior fue, en efecto, añadida en la forma que sigue: "Addentes huic foro quod si ille, qui tulit falsum testimonium, non habebit unde possit satisfacere, secundum quod supra dicitur, eius lingua cum ferro calido perforetur, et per villa fustigetur". Quizás el añadido se debiera al mismo Jaime I, según parece dar a entender la versión romance del texto: "En aquest fur enadi lo señor rey" (*Fori Regni Valentiæ*, 4,9,55).

antes referidas, es decir, cuando puede pagar parcialmente, pero no la totalidad.

¿Qué solución se adoptaría? Rebajar la pena subsidiaria en la proporción en que la multa o la compensación no se han cumplido no parece factible, porque en la pena de perforación de la lengua no cabe graduación, y escasamente en los efectos de la exposición pública; esa aminoración sólo podría referirse al número de azotes y precisamente falta a este respecto toda indicación. Igualmente hay que descartar la posibilidad de que, aun siendo factible la realización del pago parcial, éste no fuera aceptado para dar paso en su lugar a la pena subsidiaria física, ya que no hay que olvidar que esta pena corporal (sobre todo la de perforación de la lengua), aunque tuviera un aspecto o sentido punitivo, también actuaría como medio de coacción para que la víctima procurara encontrar la forma de evitarla mediante la compensación y pago de la multa, lo que demuestra el absurdo de que pudiera ser rechazado el pago, aunque parcial, de ésta.

De hecho hay que pensar que difícilmente sería aplicable la pena subsidiaria, pues rara sería la vez que, a la vista de aquellas rigurosas medidas, el testigo falso no encontrara a un pariente o amigo que le proporcionara los medios económicos necesarios, si él no los tuviera realmente. La sanción quedaría de hecho limitada a un contenido económico y esto supone que quien tuviera bienes podría fácilmente testimoniar en falso –aunque sólo una vez, ya que quedaba incapacitado para el futuro–, puesto que sólo arriesgaba esa incapacitación y unas cantidades económicas que podría pagar sin gran menoscabo de su patrimonio, si fuese descubierto su delito. Pensando precisamente en esta posibilidad, se hacía notar la falta de un sistema punitivo más eficaz y rígido, sistema que es adoptado por Jaime II en 1301, cuando se advierte una agravación general de penas, como después veremos.

Hasta aquí hemos tratado del régimen de penas aplicable al testigo que declara falsamente en juicio, sin que en su actuación haya mediado soborno. Pero esta circunstancia es evidente que puede darse y de hecho así sucedería con frecuencia. Sin embargo, la ley no la contempla en toda su amplitud, aunque es fácil completar las aparentes lagunas. Como se indicó en otro lugar, Jaime I había previsto y sancionado la compra del silencio del testigo, en tanto que la compra de un falso testimonio positivo sólo sería contemplada indirectamente, ya que, confundiéndose con esta actuación el falso testimonio, ya penado, y la venalidad, que ahora es a su vez sancionada, el régimen penal contra el autor de esta conducta resulta de la conjunción de los sistemas punitivos establecidos respectivamente para cada una de aquellas actuaciones, ya que falta un enfoque global y tipificado del falso testimonio positivo por dinero. En consecuencia, a las penas antes señaladas, aplicables contra el falso testimonio simple, se añadirán las que se establecen contra la venalidad, que consisten en la pérdida de la cantidad recibida por el testigo, más otra cantidad igual, en tanto que el sobornador pierde a su vez la cuantía entregada y también otra igual, destinándose en ambos casos el importe de la multa a la cámara del Rey.

En cuanto al falso testimonio negativo, cuya finalidad no es tanto perjudicar a alguien como beneficiar al sobornador con el silencio, se fija una sanción concreta que consiste, para el testigo, en la pérdida de lo que recibió como precio de su silencio, más una cantidad doble de aquélla –se ve así la influencia del modelo de penas que rige respecto de la venalidad, aunque el tipo resulta ahora incrementado–, y además la incapacitación testimonial y para ejercer oficio público alguno, en tanto que la pena contra el sobornador es la pérdida de la cantidad o precio entregado más otro tanto, como en el caso de la venalidad simple, destinándose también todas las multas a la cámara real[429]. Si el sobornador es una de las partes, además de las penas señaladas contra aquél, se considera nula la sentencia que se supone habría de ser favorable para él como consecuencia de la falsedad[430].

Como ya se advirtió, la pena talional establecida en los primitivos Fueros tenía un contenido exclusivamente patrimonial. Si para la víctima deriva no un perjuicio económico, única consecuencia que entonces parecía preverse, fácilmente compensable con bienes o con dinero, sino un daño físico, esta posibilidad no es tenida en cuenta en los Fueros o dicho perjuicio habría de evaluarse en términos económicos para que la ley vigente tuviese aplicación, pero este sistema de compensación no es recogido por la ley –en caso de observarse, la pena dejaría de ser puramente talional– y difícilmente se practicaría, dado que los Fueros

[429] Cfr. el texto en la nota 366.

[430] *Fori Regni Valentiæ*, 7,2,2. Jaime I.- "Si alcu en pleyt contra lo seu adversari donara falsos testimonis, o usara de falses cartes, o scientalment alguna cosa falsa allegara, en axi que per aquestes coses o per una daquestes haura sentencia per si, volem quant aço sera prouat que aytal sentencia no haja valor" (= TARAZONA, *Institucions dels Furs*, 4,9, pág. 399).

han de aplicarse a la letra. Sería necesario, en definitiva, recurrir a la razón natural o a la equidad. En otro caso, la pena sería la misma tanto si como consecuencia de la falsedad se produce un perjuicio económico para la víctima como si ésta sufre la ejecución de una pena física, circunstancias que, respectivamente, serían frecuentes cuando de un juicio civil o de una causa criminal se tratara.

Parecía necesario, pues, admitir la distinción procedimental en orden a establecer la diversa penalidad con que se debía castigar en cada caso el falso testimonio, de acuerdo con su diferente gravedad, con lo cual se resuelven los problemas antes planteados[431]. Y es Jaime II quien, en 1301, sale al paso de estas necesidades y, modificando el contenido de los fueros sobre la falsedad testimonial, atiende a la diversificación del testimonio falso en causa criminal o civil, determinando asimismo la conveniente agravación de penas. Puesto que en Valencia no existía un Derecho tradicional arraigado que hubiera podido llegar a esa diferenciación como consecuencia de su propio desarrollo, y el nuevo sistema vigente es en gran medida romano, tal vez en este reino se deba a este ordenamiento la adopción de esta circunstancia discriminatoria, de acuerdo con la cual se configurará el sistema punitivo.

Respecto del falso testimonio en causa civil, se mantiene en líneas generales la penalidad antes prevista en cuanto al falso testimonio en general, aunque ligeramente agravada. El sujeto responsable sufrirá ahora una pena talional de carácter económico, cuya cuantía, según se indica expresamente –antes se sobreentendía en la ley–, debe ser entregada a quien resultó perjudicado por el falso testimonio; más una multa por valor de la mitad del daño producido a la víctima, cuyo destino corresponde a la curia; y además una sanción, que antes tenía un valor subsidiario, consistente en recorrer la ciudad mientras es azotado y portando en la lengua un hierro caliente[432].

---

[431] La diferenciación entre proceso criminal y civil aparece de la mano de la Recepción, aunque no se niega la posibilidad de que en los comienzos de la Reconquista se advirtiese ya una incipiente y confusa distinción. Cfr. J. GARCIA GONZALEZ, "El juramento de manquadra", págs. 221-222.

[432] *Fori Regni Valentiæ*, 4,9,56: Jaime I. Valencia 1301.- "Item ordenam e stablim per squiuar falsedat de testimonis ajustan e enaden al fur qui es en Rubrica de testimonis, lo capitol qui comença «Aquell qui sera prouat de falç testimoni etc», que aquell que fara falç testimoni per absolre o per condempnar a alcu en demanda civil pusque prouat li sera que haja feyt falç testimoni en lo dit feyt civil perda de sos bens aytant com sera ço que fara perdre al altre per son falç testimoni, e sia

La nueva regulación de Jaime II no incluye la incapacitación testifical, que antes se había establecido, pero esta pena sigue en vigor ya que la citada ley, como en ella se indica, sólo trata de completar o añadir nuevas medidas a las previstas por Jaime I, de forma que si éstas no sufren modificación siguen en vigor. Aunque así no fuera, la perforación de la lengua –aunque la nueva ley obligue sólo a "llevar" un hierro candente en la lengua, hay que entender que la forma de ejecutar esta pena no ha variado con respecto a la medida de Jaime I y consistía en la perforación– implica una incapacitación física para testimoniar.

La posibilidad de que el sujeto sancionado carezca de bienes o se niegue a pagar sigue existiendo, aunque la ley de 1301 no insista en ella. Ante estas circunstancias primeramente se estableció una pena física subsidiaria, pero esta sanción ha pasado ahora a ser principal y en su lugar no aparece ninguna otra. Por ello en el supuesto citado habría que acudir a la razón natural y a la equidad, es decir, al Derecho romano en la práctica, para aplicar según él las medidas oportunas contra los insolventes[433].

Es distinta la sanción cuando se trata de la falsedad testimonial en causa criminal de la que pueda y deba derivar una pena corporal para la víctima, ya fuera la finalidad del falso testimonio conseguir la absolución del culpable o la condena del inocente. Jaime II establece al respecto las penas de perder la mano y la lengua: la primera porque la falsedad encierra un perjurio, por cuanto el juramento incumplido de decir verdad se debió hacer poniendo la mano sobre los Evangelios o Libros Sagrados[434]; la segunda, porque el testimonio es esencial-

donat a aquell a qui perdre ho fara. E encara do, e pach a la cort aytant com sera la meytat de ço que haura feyt perdre a aquell contral qual fara lo falç testimoni. E per la dita falsedat correga açotant per la ciutat ab hun ferre calent en la lengua" (= *Aureum Opus*, privil. De Jaime II, fol. XLII v., c. XIV; TARAZONA, *Institucions dels Furs*, 3,22, pág. 330).

[433] Sobre esta cuestión puede consultarse J. A. ALEJANDRE, *La quiebra en el Derecho histórico*, passim.

[434] Este procedimiento se refleja expresamente en *Fori Regni Valentiæ*, 4,9,17. Jaime I: "Aquells qui serán treyts en testimoni juren sobre los sancts Euangelis de Deu en presencia del demanador e daquell qui sera demanat, o si la hun daquells sera absent per contumacia juren dir veritat en presencia del altre de ço que hauran vist, e oit".

mente oral[435]. También aquí hay que entender que tales penas no son sustitutivas de las anteriores –si así fuera, desaparecería toda sanción económica, tanto con el valor de multa como con el de resarcimiento a la víctima–, sino complementarias.

La nueva normativa no altera el régimen de responsabilidades en que incurría el sobornador del falso testigo. Pero no siempre la intervención de un tercero se produce mediante dinero, es decir, por soborno. El instigador o autor motor de la falsedad no habría de regirse por las mismas normas contra sobornadores, puesto que la actuación de ambos es diversa, pero falta una norma que contemple este supuesto, que asimismo silencia Jaime II. Sin embargo, es posible que en la práctica el autor motor fuera sancionado con las mismas penas que hubieran de recaer sobre el autor material, criterio que recoge en 1303 Martín I, estableciéndolo para Valencia, aun sin distinguir las circunstancias de que el instigador fuera o no parte en juicio[436].

d. El régimen de sanciones en Navarra

Por último, Navarra y Aragón conocerán también una nueva regulación de la falsedad testimonial que afectará al régimen de penas, si bien tales modificaciones se producirán en fechas muy diferentes y tal vez por motivos distintos.

En Navarra, con respecto a la falsedad testimonial, es en el año 1330 cuando se advierte la más sustancial modificación en el régimen jurídico penal de la institución. Y aunque en los fueros locales y en el General se contemplaba y penaba el falso testimonio, no sería aventurado pensar que las sanciones contra los responsables del delito no se cumplían o eran consideradas insuficientes. Al menos, es cierto que

---

435 *Fori Regni Valentiæ*, 4,9,56: "E si en feyt criminal del qual se pogues es degúes pena corporal enseguir fara falç testimoni per absolre o condempnar alcun altre pus que prouat li sera que haja feyt falç sagrament o testimoni perda la ma ab que haura feyt lo falç sagrament, e la lengua ab la qual haura dit lo falç testimoni".

436 *Fori Regni Valentiæ*, 4,9,57. Martín I, año 1303: "Adicionan e melloran lo fur antich e priuilegi parlants de pena de punicio, e de fals testimoni. Statuim que aquelles matexes penes axi pecuniaries com corporals, e en la forma e manera en lo dit fur, e privilegi posades en lo faent fals testimoni, o corrompent aquell en nom seu propri, o per altri encara que no faça part en lo juhi on sera fet aquell falç testimoni".

las sanciones en vigor no han servido para evitar la frecuencia de los delitos de falsedad testimonial y las graves consecuencias que de ellos se han derivado, todo lo cual debió conducir a que se hiciera necesario establecer nuevas fórmulas punitivas más eficaces.

La reforma del sistema sería introducida en el Amejoramiento de Felipe III de Navarra y Evreux, donde ya se distingue el falso testimonio en causa criminal, que se sanciona con pena de muerte de horca, y el falso testimonio en causa civil, sancionable con pena de cercenación de la lengua[437]. Este es, escuetamente el nuevo régimen punitivo, que se mantiene durante la época Moderna, como lo revela su inserción en las Recopilaciones de Chavier y Elizondo[438]. Pero conviene, no obstan-

[437] IRRALEGUI Y LAPUERTA, *Fuero General de Navarra*, Apéndices: Amejoramiento de 1331, cap. 4: "Tróbase por el fuero antigo que si alguno fiziere falso testimonio contra otro en juyzio, que deue ser trasquilado en cruces et quemado en la fruent con el badayllo de la campayna et ytado del Regno. Onde ha contecido que como en el nuestro regno de Navarra ayan muytas enemistades capitales, que los unos enemigos contra los otros, procurando falsos testigos, han seydo feytas muytas muertes non devidas, et encartamientos feytos en los pleytos civiles entre otras personas por acabar et conplir sus voluntades por los falsos testigos muytas sentencias contra verdat dados; por esto Nos queriendo esquivar los males sobredictos en quoanto humanalmente podemos, ordenamus que todo testigo que fuere falso testimonio en iuyzio, en pleyto criminal, que sea enforcado, et en pleyto zivil que li sea tayllada la lengoa, seyendo provada la falsa testigoanza por verdat".

[438] *Recopilación de Navarra*, ed. A. CHAVIER, Pamplona 1616; 4,7 De falsedad y testigos falsos, 1.- "Testigo falso en causa criminal sea ahorcado y en civil se le corte la lengua.- Atendiendo a la ofensa tan grande, que se haze a Dios nuestro Señor, y a la República, y partes, quando los testigos examinados juran falso, porque se ponga temor a que no se perjuren, y a pedimento del Reyno, se manda por Ley que de aquí adelante los de nuestro Consejo y Corte castiguen a los testigos falsos y perjuros conforme al Fuero del amejoramiento del señor Rey D. Phelipe, executando la pena allí puesta, cortándoles las lenguas en causa civil y ahorcándolos en causa criminal, y tengan los del dicho Consejo y Corte vigilancia, y quenta de que los Comisarios (que han de examinar los dichos testigos) sean de las partes, suficiencia y calidades que está ordenado, y les encarguen que hagan bien sus oficios". La *Novísima Recopilación de Navarra*, ed. Diputación Foral de Navarra, Pamplona 1964, inserta una ley de 1569 (2,21 e las probanzas y testigos, 3) cuyo tenor es el siguiente: "Atendida la ofensa tan grande que se hace a Dios nuestro Señor, y el grandísimo daño que en general y particular recibe V. Magestad, y su justicia y todo este Reyno: y visto que en los pleytos que en las audiencias Reales y en todo este Reyno se tratan, se averigua todo lo que quieren y alegan en juizio las unas partes y las otras y en un mismo pueblo y ante un mismo Comissario. Y que la causa desto es notoriamente el perjurarse los testigos y

te, llamar la atención sobre la reveladora insistencia con que ambas recopilaciones exigen tomar precauciones y cuidar del cumplimiento de la ley del Amejoramiento de 1330, lo que permite intuir que no siempre sería observada. De ser cierta esta sospecha, puede pensarse que existiría una cierta resistencia, cuyo alcance real se desconoce, a aplicar las nuevas penas señaladas contra los responsables del delito de falsedad testimonial, tal vez porque al juez parecieran excesivas o desproporcionadas o acaso porque, teniendo en cuenta que la nueva normativa ofrece únicamente un aspecto punitivo, no se desprende de las medidas a adoptar contra el autor del delito ni una compensación a la parte ofendida ni un beneficio público. Pero tampoco conviene olvidar la posibilidad de que la reacción contra las nuevas sanciones –y asimismo la insistencia en mantener éstas– acaso se debiera a que chocaban con la regulación del Derecho común, que resultaba más práctica.

e. *El régimen de sanciones en el Derecho de Aragón*

En Aragón durante casi toda la Baja Edad Media han continuado en vigor, respecto de la falsedad testimonial, las mismas fuentes que antes regulaban la institución. Algunos derechos locales que antes se ocupaban de ella siguen vigentes[439]; el Derecho general, representado por el Código de Huesca o Fueros de Aragón, refleja un contenido tradicional, aunque ahora experimente una cierta evolución. Pero ni las Observancias ni los fueros posteriores, hasta 1564, introducen modifi-

---

el entender en los negocios y probanças comissarios moços y de poca ciencia y experiencia *y el castigarse poco o nada los tales testigos perjuros* que claramente se conoce en los procesos serlo. Hauiendo Fuero en el Amejoramiento del Rey don Felipe, que con muy grande rigor pone notable y exemplar pena contra los tales testigos falsos y perjuros. Se ha mouido este Reyno a pidir con todo encarecimiento mande remediar tan grande abuso y mal que hay en él. Acerca desto suplican a vuestra Magestad ordene y mande que de aquí adelante se tenga por los de vuestra Corte y Consejo muy grande vigilancia y cuenta de proceder y castigar contra los testigos falsos y perjuros, y que los hayan de castigar conforme al Fuero y amejoramiento del dicho Rey don Felipe, executando la pena allí puesta, cortando las lenguas en causa civil y ahorcando en causa criminal a los tales testigos falsos y perjuros".

[439] De ellos, algunos como los de Teruel y Albarracín prolongarían su vigencia hasta 1598.

caciones trascendentales respecto de la falsedad testimonial[440]. Será en la fecha citada cuando Felipe II en las Cortes de Monzón introducirá un régimen más racional de penas, que, discriminando igualmente entre causas civiles y criminales y también según el testigo falso intervenga a favor del actor o del reo en causa criminal, habría de permanecer en vigor prácticamente hasta 1707, en que el Decreto de Nueva Planta abolió todo su Derecho, que sería desplazado íntegramente por el castellano[441], sin que el posterior Decreto de 1711 llegara a modificar esta situación en lo referente al derecho penal.

La ley de Felipe II aprobada en las Cortes de Monzón de 1564 pretende un sistema más coherente de penas: a tenor de las distintas situaciones planteadas dentro de una causa criminal, y teniendo en cuenta la diferente valoración de las mismas, las medidas que en cada caso el Derecho adopta son también distintas. En el supuesto del testigo que declara falsamente en causa criminal y de parte del actor, las penas que según esta ley de 1564 debería sufrir son una de carácter

---

440 P. SAVALL y S. PENEN, *Fueros, Observancias y Actos de Corte del Reino de Aragón*, Observancias IV De probationibus faciendis cum carta, 3-13, señala en qué circunstancias y en qué término cabe presentar excepción contra testigos falsos. Ver también M. DEL MOLINO, *Summa de todos los Fueros y Observancias del Reino de Aragón*, Zaragoza 1589, verb. "Exceptio contra testes".

441 *Fueros, Observancias y Actos de Corte del Reino de Aragón*. Fueros Nuevos del Reino de Aragón. Fueros aprobados en las Cortes de Monzón de 1564: "De la pena de los testigos que deposaran falso en causas civiles o criminales.- Por evitar falsedades que se cometen en causas criminales, y en las de las competencias por los testigos que en aquellas son produzidos por las partes litigantes: su Magestad de voluntad de la Corte estatuesce y ordena que qualquiere testigo que deposará falso producido por parte del actor en causa criminal o delante el canceller de las competencias, sea incurrido e incurra en pena de talión: a saber es, en aquella pena que el acusado hoviere de sustener y padescer según Fuero o derecho, si fuera verdad lo que el testigo falsamente deposó; y el testigo que deposará falso producido, o traydo por parte del reo en las dichas causas ultra la pena del Fuero, incurra en pena de açotes y destierro perpetuo de todo el Reyno, con cominación de muerte, condemnando siempre a los dichos testigos falsos en costas, daños e intereses que la parte contra quien haura deposado falsamente haura sostenido; y el testigo que deposará falso en causa civil o en causa criminal civilmente intentada, siquiere sea producido por parte del actor, siquiere por parte del reo, ultra la pena del Fuero incurra en pena de açotes, e destierro perpetuo o temporal, con la cominación que al juez parescerá a su arbitrio; condemnándolo en costas e intereses tassaderos a arbitrio del juez que conosciere de la dicha causa y la determinare".

talional[442] –tanto de contenido físico como patrimonial y aplicable con independencia de que la víctima haya sufrido realmente la pena o no, y aunque el juicio en el que se produjo la falsedad hubiera llegado a ser declarado nulo–, y otra consistente en el pago de las costas y en el resarcimiento de daños e intereses que la parte inocente hubiera podido sufrir.

En el caso del testigo que declara falsamente en causa criminal y de parte del reo, las penas que deben serle aplicables serían las de azotes, destierro perpetuo con conminación de muerte si, incumpliéndolo, regresara al reino, y el pago de costas, daños e intereses a la parte perjudicada[443]. Tanto en este supuesto como en el anterior, si la causa, aunque de contenido criminal, fuese intentada civilmente, la penalidad aplicable no sería la que hasta aquí se ha expuesto sino la que correspondiera al falso testimonio en causa civil, lo que prueba que la sanción se establece en función del resultado o daño producido o presunto que derivara del falso testimonio, que siempre debería ser mayor si la causa criminal se entabla por esta vía procesal.

En causa civil –y también en la criminal intentada civilmente, como se acaba de señalar– el perjuicio que puede derivarse será siempre económico, en cualquier sentido, siendo variable su cuantía en función del valor de la demanda. El régimen de sanciones contra el responsable

---

[442] D. FRANCO, *Fueros y Observancias del Reino de Aragón*, I, pág. 540.

[443] Estas sanciones se aplican, según la ley, "ultra la pena del Fuero". ¿Ha de entenderse esta frase como indicativa de que tales sanciones son accesorias a otra? ¿Sería ésta la pena talional señalada antes? ¿O acaso la pena en vigor hasta entonces, que ahora se incrementa? La frase se repite al tratar de la pena del testigo falso en causa civil, supuesto frente al cual no parece admisible la posibilidad de que aquí se aplicara una pena talional, lo que equivaldría a igualar en cuanto al régimen punitivo al testigo en causa criminal, y siendo la pena igual carecería de interés la distinción de supuestos. Esa posible remisión a la pena talional determina que si en virtud de la misma el reo hubiera de sufrir pena de muerte, esta pena ya sería incompatible con las de destierro y azotes y, no pudiéndose complementar con éstas, una y otra resultarían inaplicables. Tampoco puede admitirse una remisión a la pena del Código de Huesca, porque de ser así se llegaría a la incongruencia de que en muchas ocasiones el falso testimonio en causa civil sería sancionado más gravemente que en causa criminal a favor del actor, lo que está en contra de la discriminación penal que, en función de la respectiva gravedad del delito, pretende introducir la ley de 1564. Sólo queda, por tanto, interpretar –aunque tal interpretación no parezca estar en consonancia con el sentido literal y gramatical de la palabra– la frase "ultra la pena del Fuero" en el sentido de "en lugar de la pena anterior".

de la falsedad consistirá en pena de azotes y destierro, cuyo número y duración respectivamente establecerá el juez, quien además conminará en la forma que estime conveniente si el falso testigo regresara al reino o si lo hiciera antes de cumplir el plazo de duración del destierro, si éste es temporal. Además sufrirá el pago de costas e intereses en la cuantía que también el juez arbitrariamente establezca.

V. EL DELITO DE FALSEDAD TESTIMONIAL EN LA CODIFICACION: SUPUESTOS PUNIBLES, CRITERIOS DE VALORACION Y REGIMEN DE SANCIONES

Con respecto al Derecho penal en general, el siglo XIX conocerá una ruptura con la tradición, como consecuencia de las nuevas corrientes que entonces se difunden en España. A ese cambio contribuyen además la influencia de las concepciones políticas dominantes, que conducen a la represión y castigo de determinadas actuaciones en función de los fines del Estado, y de otra parte la influencia también de un cierto espíritu humanitario que propugna la atenuación del rigor de las penas y la consideración de la personalidad del delincuente, circunstancias todas ellas que determinan una transformación del Derecho penal, aunque todavía persistan, especialmente en el primer código, huellas de la tradición.

Este planteamiento general se observa con respecto al delito de falsedad testimonial, como hemos de ver. El Código liberal todavía mantiene algunas de las líneas características de la institución en sistemas precedentes y aunque no faltan innovaciones, éstas deberán a veces entenderse en función de un desarrollo normal del procedimiento judicial. Los códigos sucesivos representan en cambio un enfoque nuevo de los problemas que la institución entraña.

Las figuras constitutivas del delito de falsedad testimonial, tipificadas como conductas delictivas y punibles, es decir, la declaración falsa de testigos y la acusación o denuncia falsas, son contempladas en el Código de 1822 bajo el título "De los delitos contra la fe pública", conjuntamente con todas las actividades mediante las cuales en juicio u oficialmente se falte a la verdad. En los Códigos posteriores aquellos actos se engloban en el título "De las falsedades", salvo en los de 1932 y 1944, donde aparecen bajo el denominado "Delitos contra la Administración de Justicia", ubicación que respeta la revisión del Código hecha en 1963. Este distinto encuadramiento de las conductas cuyo estudio se viene abordando, no es indiferente, ya que bajo cada una de las rúbricas citadas se halla un concepto distinto del delito y, en definitiva, la razón por la cual es sancionado, lo que condiciona de antemano el régimen penal aplicable en cada caso. De ahí que en el primer código penal se sancione conjuntamente con las actividades mencionadas, aunque no con las mismas penas, cualquier otra declaración, tanto si va precedida o no de juramento, realizada en un juicio o en otro acto al que, como a aquél, se le reconoce la fe pública. Al Código de 1932, y lo mismo a los que le siguen en el tiempo, interesa defender no tanto la fe pública como el normal desenvolvimiento de la administración de Justicia[444], y en los restantes el falso testimonio y la acusación falsa son objeto de sanción en cuanto constituyen una alteración de la verdad, al margen o por encima de cualquier otra razón. Esto explica que algún código, como el de 1870, se ocupe de la ocultación fraudulenta de bienes en el mismo lugar en que trata de aquellas conductas, y que a partir de 1848 el perjurio en sí sea contemplado bajo títulos diferentes[445].

En cuanto al falso testimonio, cabe señalar que el primer código penal lo considera constituido por la divergencia consciente de la verdad, por la presencia del "animus fraudandi" o malicia de quien declara, y por la existencia de un juramento previo que, al resultar incumplido,

---

[444] El Código de 1944 une a la acusación y denuncia falsa y al falso testimonio, bajo una misma rúbrica relativa a los delitos contra la Administración de Justicia, el quebrantamiento de condena y la evasión de presos, así como la llamada "realización arbitraria del propio derecho" (el hecho de apoderarse de algo perteneciente a su deudor para cobrarse la deuda) y la simulación de delito; y aún añadirá el texto revisado de 1963 a las anteriores conductas la omisión del deber de impedir determinados delitos.

[445] A. GROIZARD, *El Código penal de 1870, concordado y comentado*, vol. III, Burgos 1874, pág. 668, señala que lo que caracteriza a cuantas conductas se engloban en el mismo título bajo la rúbrica de "falsedad" es simplemente la alteración de la verdad. En cuanto a la falsedad cometida mediante la palabra, distingue (págs. 668 y ss.) un posible delito contra el honor, consistente en la propalación genérica de un vicio, falta de moralidad o delito, propalación que origina un delito a la fama; un delito mayor de falsedad, consistente en faltar a la verdad prometida a la sociedad y a Dios, con lo que se pueden determinar perjuicios procesales; y un delito diverso, también calificado de falsedad pero sancionado aparte, que se produce cuando la dolosa imputación lo fuere de delito que da lugar a procedimiento de oficio, ante autoridad administrativa o judicial.

genera una situación de perjurio, en lo que es fácil advertir una cierta continuidad con respecto al concepto precedente. Los restantes Códigos lo conciben, más escuetamente, como toda declaración de un testigo contraria a la verdad en el transcurso de un juicio criminal o civil. El silencio de las otras circunstancias sólo indica que se sobreentienden, si bien el perjurio que el falso testimonio entraña sería objeto de sanción aparte[446].

El falso testimonio es objeto de una valoración muy diferente según las circunstancias que le acompañen y definan y, por consiguiente, según la gravedad que en orden a sus posibles efectos encierre[447]. En principio se hace necesario distinguir el falso testimonio en causas criminales o civiles, teniendo en cuenta en todo caso si aquél recae sobre cuestiones esenciales o accidentales y la circunstancia de que haya mediado o no soborno[448]. Dentro de la falsedad testimonial en causas criminales es diversa también la importancia del delito según ciertos factores. Así, en unos Códigos se reconoce gran relevancia al objeto de la causa criminal, como hace el de 1848 al distinguir causas por delito grave, por delito menos grave o por faltas[449], o en forma más simple los de 1928, 1932 y 1944, causa por delito o juicio de faltas[450]. Otras veces la importancia del delito está en función de las consecuencias que para

[446] Esta es la noción que se desprende de la regulación que ofrecen los distintos códigos, ninguno de los cuales presenta una definición. En todo caso se prevé que aunque no se falte sustancialmente a la verdad, existe falso testimonio si aquélla es alterada con reticencias o inexactitudes. Así, en el *Código de 1848*, art. 240; *Código de 1870*, art. 338; *Código de 1932*, art. 339. A. GROIZARD, *El Código penal de 1870*, pág. 703, aplaude el hecho de que el Código no haya sancionado el silencio del testigo que se niega a declarar lo que sabe. Alega el comentarista que obstinarse en callar la verdad conocida puede significar faltar a un deber exigible, pero en ningún caso podría afirmarse que el silencio alteraría la verdad y que por ello debiera ser tratado como reo de falso testimonio quien actuara de esta forma.

[447] Recordemos que en el siglo XIX la ley tipifica en lo penal los delitos y que, por tanto, lo que no es regulado en la ley no se sanciona. De ahí que para esta época hayamos de atenernos de modo especial a los códigos penales.

[448] *Código penal de 1822*, art. 422, en *Colección de los Decretos y Ordenes Generales expedidos por las Cortes*, tomo IX, Madrid 1822, Decreto LVI de 8 de junio de 1822, págs. 211 y ss.

[449] *Código penal de 1848*, arts. 243 y 235, en *Colección de Decretos*, tomo XLIII, Madrid 1849.

[450] *Código de 1928*, arts. 391 a 394, *Código de 1932*, arts. 333 a 335; *Código de 1944*, arts. 326 y 327.

las víctimas se deriven del juicio en que se hubiere producido el falso testimonio; se tiene en cuenta si la víctima fue o no condenada y si, en caso afirmativo, la condena fuera a muerte, privación de libertad o pena más leve, habiéndose llegado o no a ejecutar alguna de estas sanciones[451]. E incluso la circunstancia de que el falso testimonio se hubiera dado en contra del reo o a favor del mismo, en causa criminal, tiene su interés en orden a la valoración del falso testimonio y a la determinación de la pena aplicable[452]. Las circunstancias señaladas sólo son tenidas en cuenta con respecto a la falsedad en causa criminal, no así en causa civil, donde la sanción es uniforme. Sólo en los Códigos de 1848 y 1870 se concede relevancia al hecho de que el valor de la demanda fuera inferior a una determinada cuantía, en cuyo caso la sanción sería también menor[453].

Al margen de estas razones, pero combinándose con ellas para determinar la sanción en cada caso, otras que se refieren al sujeto

[451] *Código de 1848*, art. 234; *Código de 1870*, art. 332; *Código de 1928*, art. 391; *Código de 1932*, art. 333; *Código de 1944*, art. 326, el cual establece que si el reo no llegara a ser condenado, se impondrían al falso testigos las penas comunes pero en su grado mínimo. A. GROIZARD, *El Código penal de 1870*, pág. 684, advierte que el Código deja sin penar un hecho: para que el falso testimonio sea objeto de sanción es indispensable que el reo contra quien el testigo depuso hubiera sido condenado, de tal forma que, en ausencia de tal condena el autor de la infamia queda impune. Disconforme con el criterio del Código puntualiza el comentarista que el delito se completa y consuma con la mera declaración; la perversidad intrínseca del hecho ya se ha puesto de manifiesto, sin que varíe por la circunstancia de que el reo contra quien testimonió no sufriera la ejecución de la pena que el testigo procuró, ya que la no aplicación de la misma no se produce por voluntad del falso testigo.

[452] *Código de 1848*, arts. 234 y 235; *Código de 1870*, arts. 332 a 334; *Código de 1928*, arts. 391 y 392; *Código de 1932*, arts. 333 a 335; *Código de 1944*, arts. 326 y 327. La distinción que el Código de 1848 introduce entre falso testimonio perjudicial al acusado o falsedad cometida en su favor es bien acogida por la doctrina: T. DE VIZMANOS y C. ALVAREZ, *Comentarios al Código penal*, Madrid 1848, II, pág. 195, indican que no podía sancionarse de igual forma una y otra conducta, ya que la segunda podía nacer de nobles sentimientos de benevolencia, compasión, instintos generosos o incluso de "secretos sagrados", circunstancias que no se darían en el primer caso. A. GROIZARD, *El Código penal de 1870*, señala que si bien los móviles del testigo falso podían favorecer o perjudicar al reo, es posible también que su conducta no persiguiera ni lo uno ni lo otro. En este último caso, el delito vendría calificado por la violencia que supone de la fe prometida y debida a Dios y a la sociedad en cuya representación el testigo es legítimamente preguntado.

[453] *Código de 1848*, art. 237; *Código de 1870*, art. 335.

condicionan el régimen penal tanto en causas criminales como civiles. Si bien el grado de intervención del sujeto en el delito –ya se trate del testigo autor material de la falsedad, como del inductor– no se traduce en un diferente régimen penal, si el testigo es perito su actuación testimonial –que ni en 1822 ni en 1848 se distingue de otra– suele ser sancionada a partir de 1870 con una pena mayor[454]. Sin excepción alguna, todos los Códigos determinan igualmente una elevación de penas cuando el testigo ha actuado mediante soborno[455] y una disminución cuando la declaración versa sobre una cuestión no sustancial, mientras el arrepentimiento y confesión de la falsedad, antes de terminada la fase probatoria en un juicio criminal o la sentencia en un juicio civil, sólo en el Código de 1928 son admitidos como determinantes de una aminoración de las sanciones[456].

La acusación o denuncia falsas consisten, según se deduce o se expresa en los diferentes Códigos, en la imputación falsa de hechos que de ser ciertos constituirían delito o falta, perseguible o no de oficio[457]. Según el Código de 1822 la acusación de un delito o culpa exige la prueba del hecho imputado y el mantenimiento de la acusación durante el juicio. La falta de una de estas circunstancias hace presumir que la acusación versa sobre algo que no es cierto, es decir, que se trata de una acusación falsa, conducta que el Código sanciona como falsedad aunque en ella no existiera malicia[458], pero si la falta de prueba encierra una calumnia, la falsedad sería castigada con la mayor severidad. Según los Códigos posteriores la falsa acusación o falsa denuncia debe

[454] La equiparación de penas, en el *Código de 1848*, art. 238. En los restantes, la declaración falsa hecha por un perito motiva la aplicación de la pena en su grado máximo: *Código de 1870*, art. 336; *Código de 1928*, art. 396, donde además de la agravación citada, el perito sufre la inhabilitación en su oficio por un tiempo de cuatro a ocho años; *Código de 1932*, art. 337; *Código de 1944*, art. 330.

[455] *Código de 1822*, arts. 432 y 433; *Código de 1848*, art. 239; *Código de 1870*, art. 337; *Código de 1928*, art. 397; *Código de 1932*, art. 338; *Código de 1944*, art. 331.

[456] *Código de 1928*, art. 339.

[457] La imputación puede ser de delito grave, delito menos grave o falta, en los *Códigos de 1848*, art. 241; *de 1870*, art. 341; *de 1928*, art. 404. En tanto que el *Código de 1932*, art. 332, y el *Código de 1944*, art. 325, sólo distinguen entre imputación de delito o falta.

[458] *Código de 1822*, art. 429. La ley prevé la posibilidad de que aunque la acusación no haya sido probada plenamente, el juez la tuviera en cuenta, siendo causa del perjuicio que en la sentencia pudiera recaer sobre la víctima.

ser declarada en sentencia firme o auto de sobreseimiento del delito imputado[459].

Es sumamente interesante por las consecuencias diversas que pueden derivarse de él el supuesto consistente en desistir de la acusación, una vez iniciados los trámites del procedimiento judicial. Puede tratarse, en primer lugar, de una causa que pudiera continuar de oficio, y en este caso aquel abandono no paraliza o termina el juicio, y, aunque presuponga falsedad, su gravedad es menor. Pero si, por el contrario, se trata de una causa que sólo puede proseguir a impulso de parte, el desistimiento además de llevar implícita la idea de falsedad pondría fin al juicio. Si lo que interesa es precisamente esto, sobre todo al acusador que intenta después evitar las consecuencias a que podría llevar su acción inicial delictiva, o al acusado de un hecho cierto cuando quiere evadir la responsabilidad penal a que diera lugar la conducta que motivó la acusación, se comprende la trascendencia y la preocupación que el Código de 1822 muestra por el desistimiento en este tipo de causas.

Pero la valoración del desistimiento en causas que para proseguir necesitan impulso de parte, aparece en el citado Código en función de una idea de soborno que parece consustancial con esta situación. Esta afirmación lleva a considerar que el desistimiento por precio no constituye realmente falsa acusación: el soborno sería realizado normalmente por el acusado, es decir, por quien más interés puede mostrar en que la causa no continúe –para evitar así el perjuicio que de ella podría derivarse para él–, lo que revela que los hechos imputados serían, en la generalidad de los casos, ciertos, y en condiciones normales habrían de originar una sanción al acusado. La falsedad radicaría entonces tal vez en el motivo alegado para justificar el desistimiento, circunstancia que a su vez puede estar en función del soborno.

Con menos frecuencia la falsedad se encontraría en el hecho de la acusación. El desistimiento podría tal vez explicarse como un acto de arrepentimiento, pero si ha existido soborno el interés del acusado sólo se explicaría por el deseo de aquél de evitar males mayores o de no arriesgarse a ser juzgado[460].

---

[459] *Código de 1848*, art. 241; *Código de 1870*, art. 340; *Código de 1928*, art. 403; *Código de 1932*, art. 331; *Código de 1944*, art. 325.

[460] *Código de 1822*, art. 430.

Estas consideraciones nos llevan a resumir quiénes pueden ser los responsables de esta conducta. Cuando la falsedad consiste en la acusación no probada, el sujeto responsable de la misma puede ser un extraño o una de las partes; cuando la falsedad se comete por abandono o desistimiento del acusador, si es en causa a instancia de parte, en cuyo caso tras el abandono no cabe continuación de oficio, es muy posible que el acusado o un tercero ante el interés en evitar la continuación del juicio actúe sobre el acusador para lograr incluso mediante precio su desistimiento. Ante esta posibilidad contemplada por el Código de 1822 aparecen como responsables el acusador y el sobornador, ya sea éste el mismo acusado o un tercero[461].

Dos circunstancias, a las que se ha aludido anteriormente, son tenidas en cuenta para determinar la sanción del falso testimonio y de la falsa prueba pericial: la naturaleza civil o criminal de la causa en que aquellas conductas tuvieron lugar y la posible presencia de soborno.

Según el Código de 1822, el falso testigo en causa criminal en que la víctima pudo sufrir la máxima pena, aunque ésta no se hubiera llegado a ejecutar, será sancionado con pena talional. En causa criminal de la que pudiera derivar pena corporal, no capital, o de infamia, la sanción consistirá en cumplir de cinco a diez años de trabajo en obras públicas además de la pena de infamia; la pena de trabajo personal, que aún guarda cierta relación con la de trabajos forzados, en galeras, en vigor desde el siglo XVI, se incrementa en otros dos años si hubiera mediado soborno por dones o promesas. En causa civil, juicio verbal o causa criminal sobre delito no sancionable con pena corporal o infamia, se mantiene la pena anterior ligeramente aminorada, ya que el trabajo en obras públicas se reduce a un plazo de tres a siete años, manteniéndose la pena de infamia y el incremento de dos años en aquella sanción si existió soborno[462].

Las mismas sanciones establecidas respectivamente para el testigo sobornado se extenderían al sobornador, con una excepción: si el falso testimonio no va dirigido contra persona alguna o por su contenido no puede resultar de él perjuicio ajeno, sino que tan sólo produciría un beneficio al sobornador o a otra persona, en este caso la pena se reduce a un arresto de seis meses a dos años[463].

---

[461] *Código de 1822*, art. 430.

[462] *Código de 1822*, art. 432.

[463] *Código de 1822*, art. 433. En las *Observaciones del Ateneo sobre el Proyecto de Código Penal*, Madrid 1821, se hace constar que en opinión de este organismo el

De los códigos posteriores, sólo el de 1848 mantiene la pena talional ante un supuesto concreto, cuando el falso testimonio se produce en causa criminal sobre delito grave si la pena impuesta al acusado llegó a ejecutarse, rebajándose aquélla en uno o más grados si no se hubiera llegado a ejecutar en la víctima o si, pese al testimonio falso, la sentencia hubiera sido absolutoria[464]. En los demás casos previstos en este Código así como en todos los posteriores, la sanción contra el testigo falso pierde su carácter talional para ser establecida en cuantía fija y de acuerdo con el juego de las circunstancias señaladas, consistiendo generalmente en penas de privación de libertad y multa.

Respecto de la acusación calumniosa, el Código de 1822 establece también una pena talional, similar a la que se hubiera podido imponer al acusado, de haber sido cierta la acusación. Junto a ella el acusador incurriría además en la pena de infamia y perdería el derecho de poder acusar en el futuro salvo en causa propia.

La acusación no probada que, pese a ello, pudiera ser causa de que el acusado fuera condenado[465], es sancionada con pena talional y el pago de costas, daños y perjuicios sufridos por el acusado[466].

Ante el desistimiento por dinero, precio o merced, puede pensarse que en la mayoría de las ocasiones coinciden las personas del acusado

---

citado artículo 433 –435 en el Proyecto– aparece confuso, el medio a través del cual se ha concebido es juzgado contradictorio y la pena que establece resulta excesiva, motivos todos ellos que llevaron a la docta institución a solicitar su reforma, a pesar de lo cual la redacción que ofrecía el Proyecto fue mantenida en el Código.

464 *Código de 1848*, art. 234 en sus diferentes apartados. La opinión de los comentaristas de la época acerca de la persistencia de la pena talional, parece favorable a ella. T. VIZMANOS y C. ALVAREZ, *Comentarios al Código penal*, II, págs. 191 y ss., señalan que si precisamente en algún caso no es injusta esta sanción generalmente repugnante y absurda, es en los delitos de esta clase, aunque insisten en que sólo el falso testimonio en virtud del cual precisamente se impuso una sanción al acusado es el delito que merece la pena talional, no así el simple perjurio o la falsedad de la declaración en cuestiones insignificantes y no trascendentales en orden a la determinación de la pena contra el acusado.

465 La condena prevista en el art. 429 es de prisión. La posibilidad de que el acusado fuera condenado a una pena diferente no aparece contemplada en el Código, como tampoco se resuelve la situación que se plantearía si la referida pena de prisión no llegara a aplicarse al acusado.

466 A tenor del art. 430, la misma pena antes señalada contra el acusador que no prueba plenamente es aplicable contra el que desiste de la acusación.

y el sobornador y que aquel abandono de la acusación se produce por interés en causa promovida a instancia de parte. Cuando esto ocurre, aparte de las penas precedentes, los responsables, acusador y acusado, pagarán mancomunadamente una multa del triplo del precio del concierto que entre ellos hubiera existido, en tanto que el acusador pierde también la facultad de volver a ejercer acusación, salvo en causa propia, y no se logra la finalidad perseguida de evitar la continuación del juicio, ya que éste seguirá de oficio hasta sus últimas consecuencias, que se supone serán perjudiciales para el acusado puesto que trataba de eludirlas[467].

En los restantes códigos, la pena contra el falso acusador consiste siempre en prisión o multa, si bien en el de 1928 puede reducirse atendiendo a las condiciones personales del delincuente, al móvil de delito así como a otras circunstancias del hecho[468].

Tanto por lo que respecta al falso testimonio como a la acusación falsa, se advierte en general una atenuación del rigor de las penas, en comparación con el sistema precedente. Así lo revela la tendencia al establecimiento de sanciones, fijas o variables, pero no talionales, y por tanto siempre inferiores a las que hubiera podido sufrir la víctima de la falsedad, aun cuando ésta hubiera sido capital. A aquella atenuación responde también el paulatino desplazamiento de todo tipo de penas corporales o físicas. A esta tendencia no han debido ser ajenas las modernas corrientes humanitarias y la influencia doctrinal que llega de otros países, especialmente de Francia y de Italia. Pero hay además una razón que ha de ser tenida en cuenta, cual es la de la pérdida de importancia que experimenta la prueba de testigos tanto en términos absolutos como relativos en el conjunto de medios probatorios ordenados en función de proporcionar al juez el convencimiento sobre la verdad de los hechos acerca de los cuales debe emitir sentencia.

---

467 *Código de 1822*, art. 430.

468 La naturaleza de la imputación es tenida en cuenta en los diferentes Códigos: *de 1848*, art. 241; *de 1870*, art. 341; *de 1928*, art. 404; *de 1932*, art. 332; *Código de 1944*, art. 325. Las circunstancias que a juicio del legislador en 1928 reducirían la pena son especificadas en el art. 406.

Made in United States
Orlando, FL
05 November 2026

90231084R00127